本书获得上海市文教结合高校服务国家重大战略出版工程资助

U0753888

中国企业最低工资经济效应研究

Research of the Economical Effection of the Minimum Wage System in China

罗小兰○著

立信会计出版社
LIXIN ACCOUNTING PUBLISHING HOUSE

图书在版编目(CIP)数据

中国企业最低工资经济效应研究/罗小兰著. —上海：立信会计出版社,2018.8
ISBN 978-7-5429-5889-1

Ⅰ.①中… Ⅱ.①罗… Ⅲ.①企业管理—工资管理—研究—中国 Ⅳ.①F279.23

中国版本图书馆 CIP 数据核字(2018)第 168969 号

策划编辑　　方士华
责任编辑　　方士华　杨　帆
封面设计　　南房间

中国企业最低工资经济效应研究

出版发行	立信会计出版社		
地　　址	上海市中山西路 2230 号	邮政编码	200235
电　　话	(021)64411389	传　　真	(021)64411325
网　　址	www.lixinaph.com	电子邮箱	lxaph@sh163.net
网上书店	www.shlx.net	电　　话	(021)64411071
经　　销	各地新华书店		
印　　刷	江苏凤凰数码印务有限公司		
开　　本	710 毫米×1000 毫米　　1/16		
印　　张	15.75		
字　　数	307 千字		
版　　次	2018 年 8 月第 1 版		
印　　次	2018 年 8 月第 1 次		
书　　号	ISBN 978-7-5429-5889-1/F		
定　　价	38.00 元		

如有印订差错,请与本社联系调换

前　　言

　　最低工资制度自 19 世纪 90 年代诞生以来,经历一个多世纪的发展,目前已成为世界各国的普遍做法。在实施过程中,最低工资制度除了保障劳动者权益外,还对就业、收入等诸多方面产生了经济影响。然而,关于最低工资究竟产生怎样的经济效应,目前仍存在很多争议。首先,就各国实际运行来看,由于各国经济发展程度不一,再加上具体的经济体制环境存在差异,因此各国实施最低工资制度后对经济产生的实际效应并不相同。其次,从国内外已有文献可知,由于研究方法、假设前提及样本选择的不同,目前学界关于最低工资的经济效应,无论是在理论研究方面还是实证分析方面,也都存在分歧。

　　我国最低工资制度自 1989 年广东省珠海市率先试行以来,至今仅有 30 年左右的历史。与国外相比,无论是制度建设方面,还是文献研究方面,都不太成熟。一方面,从制度建设来看,经过多年的摸索和改革,我国最低工资制度不仅提高了低端劳动者的收入、促进了社会公平,而且还在一定程度上遏制了企业的乱扣滥罚,规范了中国企业的工资管理和调整。然而,必须承认的是,当前中国最低工资制度建设仍然存在诸多有待改进的地方,如法律层次不高、决策机制不透明、评估机制有待建设等。另一方面,从文献研究来看,尽管国内相关分析日益丰富,但总的来看,仍存在一些不足,一是研究内容主要集中于最低工资制度的就业和收入方面,不仅关于其他方面如产业结构升级、经济增长等的研究鲜有涉及,而且即便是就业和收入方面,也以农民工为主要对象展开,其他对象则研究得较少;二是研究方法多以宏观层面数据为样本,中观及微观数据方面的分析还不多。上述关于制度建设和文献研究的不足,无疑会使中国最低工资制度的发展面临许多障碍。尤其是中国经济进入新常态后,GDP 增速放缓、人口红利逐渐消失、中等收入陷阱等现象的出现,不仅会使未来最低工资制度的发展面临新的环境,而且也为其带来一系列挑战。在这种情况下,系统研究最低工资的经济效应,并实现最低工资与经济新常态的协调发展,是当前中国最低工资制度研究重要而紧迫的课题。

　　有鉴于此,本书以最低工资经济效应为研究对象,在梳理国内外最低工资制度的起源和发展史的基础上,对中国 1994 年以来的经验数据进行统计描述,同时,以中国市一级数据为样本,就中国最低工资对就业性别差异、农民务农收入、农村贫困、城乡劳动收入差距、产业结构升级、经济增长等六个方面产生的影响展开理论与实证分析,最后提出实现最低工资与经济新常态的总体思路与具体对策。总体来说,本书主要利用实证分析的方法,遵循从制度考察到制度经济效应分析再到制度可持续发展的基本思路,从三个层次、共十章展开相关分析。具体来说,本书的主要内容为:

(1)本书的第一个层次为最低工资制度分析,从国内外最低工资制度的发展、最低工资标准的增长情况及其调整因素三个角度入手,对最低工资制度本身展开详细分析。这一个层次包括第一章、第二章、第三章。其中,第一章为绪论。本章介绍研究背景、研究意义、研究思路、研究方法及研究框架,最后指出研究的创新与不足之处。第二章为最低工资制度起源及发展。本章首先介绍最低工资制度总体发展情况,其次以美国、英国为代表国家,介绍成熟国家的最低工资制度发展状况,最后就中国最低工资制度的建立与发展展开相应分析,并在此基础上对中、外最低工资制度展开比较分析。第三章为中国最低工资标准水平及其调整机制。本章首先分析中国最低工资标准增长历史,其次通过国、内外比较分析,探讨当前中国最低工资标准的水平高低,最后对中国最低工资标准调整的影响因素展开理论及实证分析。研究发现,自 1994 年实施以来,中国名义最低工资标准绝对值经历了较快增长,但其增速慢于人均 GDP、城镇职工平均工资、城镇居民人均生活消费性支出,导致实际最低工资标准虽然没有下降,但中国最低工资标准与人均 GDP、人均工资、人均生活消费性支出等变量的比值却不断下降。此外,从国际横向比较来看,与经济发展尚处于发展中阶段相一致,当前中国的最低工资标准无论是绝对水平,还是相对水平,都处于较低水平。理论上,劳动者及其赡养人口生活费用、通货膨胀率、平均工资、经济发展水平、第三产业发展水平、就业人员负担系数、企业支付能力、失业率等因素都会对最低工资标准调整产生影响。但经过实证分析却发现,地方政府在调整最低工资标准时,首先考虑的是上年度最低工资标准的水平。从总样本来看,地方政府在调整最低工资标准时,除了上年度最低工资标准外,通货膨胀、居民消费支出水平、第三产业发展及社会平均工资等因素也是最低工资标准的调整依据。从地区样本来看,东部地区最低工资标准的调整主要受第三产业发展水平、经济发展、平均工资等因素的影响,而中、西部地区最低工资标准的调整则主要受物价指数的影响。

(2)本书的第二个层次为最低工资经济效应分析,围绕着最低工资实施后对经济产生的六种效应展开详细分析。详细来说,该层次包括第四章、第五章、第六章、第七章、第八章、第九章。其中,第四章为中国最低工资标准就业性别差异效应分析。本章主要以就业性别差异为研究对象,在描述中国就业性别差异现状的基础上,构建最低工资标准作用于就业性别差异的理论模型,分析发现,无论是短期,还是长期,最低工资标准的上涨都将对女性产生排挤效应,不利于女性就业。进一步实证分析表明,最低工资标准的上涨对城镇地区女性就业比例产生了负面影响,并且该负面影响更显著地体现在滞后一期的最低工资标准。第五章为中国最低工资标准农民务农收入效应分析。本章尝试以最低工资为切入点,以从事农业的农民为研究对象,详细分析当前中国农民务农收入的现状及其特征,并以二元劳动市场为基础,构建了一个两部门经济模型,说明最低工资对农民务农收入的影响机理,进而通过实证分析说明中国最低工资对农民务农收入的实际作用。研究发现,第一,最低工资作为农村转移劳动力的城市预期工资,将诱导并强化劳动力从农村至城市的长期转移,进而提高农业生产效率,增加务农收入;第二,最低工资标准对农民务农收入的影响主要取决于城市对农民工的需求弹性,当该需求缺乏弹性时,提高最低工资标准能增加农民务农收入,反之,当需求富有弹性时,提高最低工资将降低务农收入;第三,当前中国城市对农民工的劳动需求缺乏弹性,最低工资标准在1%的显著水平下对农民务农收入具有正作用,其大小为0.52;第四,从分地区来看,东、中、西部地区最低工资都对务农收入具有正作用,但东部地区作用最大,中部地区作用最小。第六章为中国最低工资标准农村贫困效应分析。本章试图以中国最低工资与农村贫困关系为研究对象,通过建立中国最低工资与农村贫困的理论分析框架,以及对1995—2009年省际面板数据的实证分析,深入剖析中国最低工资对于农村贫困的作用路径及机理。分析表明,最低工资能否减贫主要取决于最低工资对于农民非农就业的弹性大小及分布情况。弹性越大,最低工资减少贫困率的作用越强;分布越集中于深层贫困农户,最低工资减轻贫困深度、贫困强度的作用越强。而且,在当前中国最低工资就业弹性下,在1067元/年的官方贫困线、每天人均1.25美元、每天人均2美元三条不同贫困线下,最低工资对农村贫困率、贫困深度、贫困强度都具有降低作用。第七章为中国最低工资标准城乡劳动收入差距效应分析。本章试图从最低工资的角度来考察城乡劳动收入差距,研究发现,中国最低工资标准对城镇工资与农民工工资比值及城镇工资与农民务农收入比值均具有降低作用。并且从地区来说,东部地区作用最大,中部地区作用最小,西部地区居中。从时间段来说,2004—2013年期间的缩小作用大于1995—2003年期间。研究结论表明,当前中国最低工资标准对于打破城镇劳动力的工资优势、遏制城乡劳动收入差距的无序扩大,具有重要意义。第八章为中国最低工资标准产业结构升级效应分析。本章将通过说明中国最低工资制度与产业结构的发展现状,以最低工资标准的提升为切入点,阐释最低工资标准对产业结构升级产生的收入、替代、规模、转移和退出五种效应。研究发现,在五种效应的综合作用下,中国最低工资标准对产业结构升级具有正影响。其中,总样本分析表明提高最低工资标准,能促进产业结构的升级,作用大小为0.102,且通过5%水平统计显著性检验。地区分析结果发现东、中、西部地区最低工资对产业结构升级都具有正作用,其中,东部地区作用最大,且通过10%水平统计显著性检验,而中、西部地区统计不显著。第九章为中国最低工资标准经济增长效应分析。本章以经济增长效应为分析对象,在研究中国经济增长现状基础上,构建了最低工资经济增长理论框架,展开了市一级的实证分析。研究发现,理论上,最低工资对于经济增长具有倒U型的作用。也就是说,提高最低工资标准对经济增长有促进作用,但随着标准的不断提升,其促进作用会逐渐减小,当最低工资标准超过某个阈值后,会对经济增长起到负作用。实证中,中国最低工资对于经济增长存在着正向促进作用,但统计不显著,并且存在阈值。就地区情况来看,东、中、西部地区最低工资标准均对经济增长具有正作用,而且东部地区作用最大,统计显著。中、西部地区统计不显著,并且中部地区作用最小。

(3) 本书的第三个层次为最低工资制度可持续发展研究,即第十章,中国最低工资与经济新常态协调发展分析。本章围绕着中国经济新常态的基本国情,揭示经济新常态给最低工资带来的挑战,提出经济新常态下中国最低工资制度可持续发展的路径,即保底线、差别化、可持续发展的整体思路,以及规范最低工资标准的调整、完善最低工资民主协商程序、建立最低工资评估机制、加强最低工资标准适度性研究的具体改革措施。

综合上述分析可知,本书的研究目的是探讨最低工资实施后对经济产生的诸多影响,摸索最低工资与经济新常态协调发展的改革措施。显然,与已有研究不同的是,本书的研究内容不仅包括最低工资就业效应、收入效应,而且还进一步扩展到最低工资贫困效应、收入分配效应、产业结构效应、经济增长效应等方面;另外,本书以中国市级数据为样本,展开相应的实证分析,这样不仅使本项目研究严格基于中国现实,而且也一定程度上弥补了当前研究在中观层面的不足。显然,本书的研究对于丰富和拓展中国最低工资制度理论研究具有一定意义,同时也可以为中国政府部门制定最低工资政策提供决策参考依据,为实际工作部门提供实践指导,推动中国最低工资制度进一步科学发展,保护低收入劳动者合法权益,使其分享社会经济进步成果。但必须承认的是,本书也存在明显不足。诸如研究数据不完整、研究方法单一,研究深度不够等,这些都是本研究未来有待进一步拓展的方向和内容。

本书是在上海市文教结合"高校服务国家重大战略出版工程"资助下,与立信会计出版共同合作完成的。衷心感谢方士华副编审和其他编辑,感谢他们为本书的写作及出版给予的帮助、支持以及付出的辛勤劳动。此外,我尤其要感谢我的家人。在我写作的时间里,妈妈电话那头往日的絮叨变成了"赶紧休息休息,别累着了",爱人主动承担了大量的家务,任劳任怨,可爱、漂亮的女儿则在我每天回家后搂着我、仰着头、眨着清亮的眼睛说:"妈妈,我最爱、最爱的就是你!"伴随着无尽的爱与关怀,我每天写作的枯燥和疲倦总是在不知不觉间烟消云散。真诚地感谢并祝福所有的家人和朋友!

罗小兰

2018 年 8 月

目　　录

第一章　绪　　论

　　自 19 世纪 90 年代诞生以来,经历一个多世纪的发展,最低工资制度已成为世界各国保障劳动者的普遍做法,同时对世界各国的经济和政治产生了深刻的影响。然而,最低工资制度对经济到底产生了什么样的影响,学界却存在很多争议。究其原因,关键在于最低工资运行所处的经济和制度环境存在差异。中国是个发展中国家,一方面需要政府运用最低工资来保障劳动者权益以促进社会公平,另一方面,又希望最低工资的发展保持适度,尽量避免或减少最低工资制度对经济带来的不利影响。在这种情况下,从中国基本国情出发,研究中国最低工资的经济效应,就成为顺利发展最低工资制度必须首先解决的前提。本章从研究背景入手,介绍研究意义、研究思路、研究方法及研究框架,最后指出研究的创新与不足之处。

第一节　研究背景与研究意义

一、研究背景

　　自从 1989 年广东省珠海市率先试行最低工资标准,到 1993 年原劳动部发布《企业最低工资规定》,再到 2004 年劳动和社会保障部颁布《最低工资规定》,目前最低工资制度在中国已经实施了将近 30 年的时间,吸引了越来越多的学者的关注与研究。然而,必须指出的是,当前国内关于最低工资经济效应方面的研究仍然较薄弱,表现为研究范围局限于最低工资的就业及收入方面,研究数据大多采用宏观数据等,这不仅在一定程度上造成了最低工资理论研究的不足,而且也使中国最低工资制度的建设面临诸多障碍。尤其是在当前中国进入经济增长新常态情况下,当 GDP 增速放缓、人口红利逐渐消失、产业结构亟须升级等系列挑战不断出现时,一些地方政府对于如最低工资制度是否引发失业、最低工资能否缩小收入差距等方面的疑虑,就不可避免地日益加深。实际上,上述疑虑不仅会阻碍最低工资制度的发展,也不利于中国劳动市场的完善,以及和谐社会的构建。基于此,明确中国最低工资制度实施后究竟产生了怎样的经济效应,进而提出完善中国最低工资制度的相关政策建议,这是顺利发展中国最低工资制度的首要前提。

二、研究意义

(一)现实意义

建立健全最低工资制度,具有以下现实意义。首先,保护劳动者合法权益。中国目前的工资集体谈判制度还很不完善,不能从根本上起到保障劳动者报酬权益的作用。同时,中国劳动力供大于求的现状在短期内不可能转变,而且随着大量农村剩余劳动力的转移,劳资力量差距对比甚至会进一步拉大,这就决定了处于劳动力市场底层的劳动者无法采取联合的方式通过集体谈判保护自身权益。在这种情况下,政府有必要采取最低工资立法的形式对收入分配进行调整,以保护劳动者的权益。其次,中国劳动力市场不完善,存在着劳动力市场分割和买方垄断的情况,实施最低工资保障有利于促进劳动力就业。最后,实行最低工资保障制度并适当提高最低工资标准,将有效提高低端劳动者的收入,使社会全体成员都能够公平享受经济发展成果,在一定程度上缓解我国目前收入分配差距过大的现状,提高这部分人的人力资本投资能力,帮助他们摆脱贫困,促进和谐社会建设。

(二)政策意义

最低工资制度既是政府的一项工资制度,又是一项社会保障制度。本书通过理论与实证研究,详细论证中国最低工资制度实施后对就业、收入、贫困、收入分配、产业结构、经济增长等方面产生了怎样的影响,从而为政府部门制定最低工资政策、确定最低工资标准提供决策参考依据。

(三)理论意义

在理论研究方面,国外经济学家对最低工资经济理论研究广泛而深入,文献资料汗牛充栋。与国外研究情况相比,国内理论基础较薄弱,相关研究主要集中于就业、收入分配等方面。即便是就业、收入分配,其主题也主要是农民工就业、城镇工资分布等。而本书则以就业性别差异、农民务农收入、农村贫困、城乡劳动收入分配、产业结构升级、经济增长等为视角展开相关研究。可以说,作者在这些问题上作一些探讨是很有理论意义的。

第二节　研　究　框　架

如图1.1所示,本书内容共计十章。除第一章绪论外,第二章、第三章主要分析当前中国最低工资制度的建设和发展。第四章到第九章主要研究最低工资的经济效应,包括就业、收入、贫困、劳动报酬、产业结构、经济增长六个方面。第十章则围绕着经济增长新常态,提出未来中国最低工资制度的改革与发展路径。

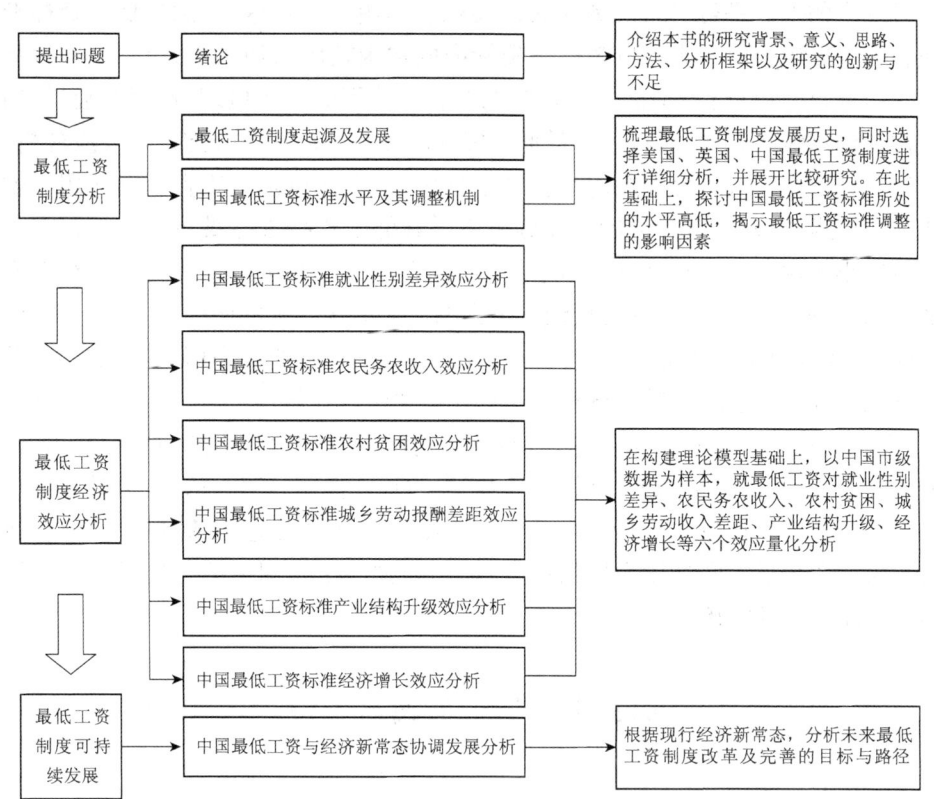

图1.1 论文研究内容和框架

详细来说,本书的基本分析框架为:第一章,绪论。本章介绍论文研究背景、研究意义、研究内容、研究方法及研究的创新与不足。第二章,最低工资制度起源及发展。本章描述世界范围内最低工资制度的起源及发展史,在此基础上,详细阐述美国、英国、中国最低工资制度的发展史,并从最低工资的内涵、覆盖面、例外规定等方面进行比较分析。第三章,中国最低工资标准水平及其调整机制。本章以最低工资标准水平为对象,从国内纵向、国际横向两个角度对中国最低工资标准所处的水平进行统计描述。同时,从理论上阐明生活费用、物价指数、平均工资水平等因素对政府调整最低工资标准的影响原理及影响路径,随后采用计量分析法确定各因素对中国最低工资标准调整所起的作用方向及作用大小。第四章,中国最低工资标准就业性别差异效应分析。本章首先梳理已有文献研究,其次分析中国就业现实情况,再次以歧视经济学为原理,构建最低工资影响就业性别差异的理论模型,最后从全国样本、地区样本入手,详细分析中国最低工资标准对就业性别差异带来的影响。第五章,中国最低工资标准农民务农收入效应分析。本章以农民务农收入为视角,说明农民务农收入的现状及特征,揭示最低工资标准对农民务农收入的作用机理,运用计量分析方法考察中国最低工资标准的上涨是否对农民务农收入有积极作用。第六章,中国最低工资标准农村贫困效应分析。本章以最低工资标准的贫困效应为切入点,以中国农村贫困为对象,详细分析中国最低工资标准对农村贫困的作用机理、作用途径、作用方向和作用大小。第七章,中国最低工资标准城乡劳动收入分配差距效应分析。本章首先对中国收入分配差距进行详细分析,其次探讨最低工资标准作用于收入分配差距的理论依据,最后实证分析中国最低工资标准对城乡收入差距是否具有缩小作用。第八章,中国最低工资标准产业结构升级效应分析。本章以产业结构为分析对象,详细说明最低工资影响产业结构升级的原理,并据此构建计量模型,实证分析中国最低工资标准上调对产业结构升级的作用。第九章,中国最低工资标准经济增长效应分析。本章在描述中国经济增长的现状及特点基础上,阐释最低工资对经济增长的作用机理,构建相应的理论模型,并展开实证分析,揭示中国最低工资对经济增长实际产生的具体作用。第十章,中国最低工资与经济新常态协调发展分析。本章围绕着中国经济新常态的基本国情,分析新常态对中国最低工资制度发展的挑战,提出新常态下中国最低工资标准改革的整体思路和具体措施。

第三节 研究思路与方法

一、研究思路

为实现研究目的,本书的研究思路基本遵循从提出问题、分析问题,再到解决问题的基本思路。具体说明如下。

(一) 界定制度经济环境

描绘和刻画中国最低工资制度所处的二元分割的劳动力市场环境,总结在这一特定经济环境下,中国最低工资制度的发展特点及其对经济产生的各种影响。

(二) 设定制度行为假设

将政府、企业、职工作为理性经济人看待,即他们能够理性地追求自身利益的最大化。本书研究最低工资制度对经济产生的各种影响,将始终在这一行为假设之下进行。

(三) 分析制度运行效应

通过建立符合中国实际的扩展的经济模型,对最低工资标准调整的影响因素、最低工资与就业性别差异、农民务农报酬、农村贫困、城乡劳动收入分配差距、产业结构升级、经济增长等之间的关系进行理论诠释。接着,借助 Stata 软件,以 2005—2015 年市级数据为样本,通过固定效应回归分析,进行面板实证分析。

(四) 研究制度改革路径

在上述分析基础上,对最低工资制度存在的问题及重要观点进行论证和研讨,进而总结制度改进的目标与路径,提出完善最低工资制度的政策建议。

二、研究方法

本书在文献研究的基础上,以数量分析法为突破,综合采用各种方法。具体来说,用到如下几种方法。

(一) 历史研究与现实研究相结合

本书运用历史研究方法对国内外最低工资制度史进行分析,又运用现实研究方法对中国最低工资制度的现状进行深入剖析。

(二) 比较政策分析和比较制度分析相结合

本书对国际上相关的最低工资制度进行比较研究,分析各国最低工资制度,发现最低工资的发展规律,总结经验和教训,为中国最低工资制度改革与发展服务。

(三) 理论研究与实证研究相结合

理论研究是通过理性思维认识事物本质及其规律的一种科学分析方法。本书借助西方经济学及劳动经济学的理论知识来阐述本书所研究的问题,使本书的分析有坚实的理论基础。

在建立理论模型的同时,本书采集权威部门的统计数据,运用面板数据分析方法对中国最低工资标准的就业、收入、贫困、收入分配、产业结构、经济增长等经济效应进行深入的实证分析。

第四节 研究创新及不足

一、研究创新

当前中国关于最低工资的相关专著并不多。韩兆洲等(2006)的《劳动工资与社会保障:广东最低工资调研与统计测算模型研究》研究了最低工资的测算及其水平问题,而 David Neumark, William L. Wasche (2008) "Minimum Wages"、王梅(2012)《最低工资与中国劳动力市场》、罗伯特·波林(2012)《衡量公平:生存工资与最低工资经济学》、傅端香(2012)《中国最低工资就业效应研究》、叶林祥(2015)《我国最低工资问题经验研究》等,则更多是将研究视角立足于最低工资的就业效应方面。

与已有专著不同的是:第一,本书的研究目的是分析最低工资实施后对经济产生了怎样的影响,探讨最低工资如何与经济新常态协调发展;第二,本书的研究内容不仅包括最低工资就业效应、收入效应,而且还进一步扩展到最低工资贫困效应、收入分配效应、产业结构效应、经济增长效应等;第三,在研究方法上,本书的研究样本为中国市级数据,不仅严格基于中国现实,而且也弥补了当前研究在中观层面的不足。

二、研究不足

第一,研究方法的不足。本书在研究过程中虽然采用了历史研究、现实研究、比较政策分析、比较制度分析、理论研究与实证研究等各种方法,但在研究方法上面仍然存在一些不足。尤其是在实证研究方面,其缺陷主要表现为:首先,研究数据的不完整。本书采用的主要数据为2005—2015年的市级数据,没有包含从1994年实施最低工资之初的相关数据。其次,在计量分析时主要采用面板固定效应分析方法,而关于双重差分法(DID)、工具变量法等其他方法则未有涉及。

第二,研究深度的不足。本书虽然尝试用数量分析法将最低工资经济效应进行量化分析,但在研究深度方面仍显不够。例如,缺乏以微观数据为样本展开研究,没有根据企业承担能力,站在企业的角度进行分析,对研究结果分析不透彻等。

第二章　最低工资制度起源及发展

　　最低工资制度的诞生及发展不仅是一种经济现象,也是一种政治现象。最低工资制度长达一个多世纪的发展史,反映了各种政治力量的此消彼长。从经济学的角度来说,最低工资制度是政府干预劳动力市场的一种重要手段。它既是一项工资制度,又是一项社会保障制度。要正确运用这项制度,最大限度地发挥它的作用,首先必须掌握它的发展历史。本章将从经济学的角度围绕这方面展开研究。具体结构安排为:首先介绍最低工资制度总体发展情况,其次以美国、英国为代表国家,介绍成熟国家的最低工资制度发展状况,最后就中国最低工资制度的建立与发展史展开相应分析,并在此基础上对中、外最低工资制度展开比较分析。

第一节　最低工资制度总体发展情况

一、最低工资制度的起源

　　最低工资制度最早起源于 19 世纪末、20 世纪初的新西兰和澳大利亚。为了制止和解决劳资争端,1894 年新西兰颁布《产业调解仲裁法》,规定仲裁法庭有权裁定有争议的最低工资标准。1896 年澳大利亚建立工资委员会制度,制止企业支付极低的血汗工资。进入 20 世纪后,最低工资制度逐渐在英国、法国等国家普及,如表 2.1 所示。

表 2.1　　　　　　　　　　最低工资制度的起源

国家	最低工资实施年份	最低工资适用范围
新西兰	1894 年	裁定区所有工人
澳大利亚	1896 年	6 个行业
英国	1909 年	4 个易受冲击行业
法国	1915 年	家庭工人
挪威	1918 年	家庭工人

（续表）

国家	最低工资实施年份	最低工资适用范围
奥地利	1918 年	家庭工人
捷克斯洛伐克	1919 年	家庭工人
联邦德国	1923 年	家庭工人
西班牙	1926 年	家庭工人
比利时	1934 年	家庭工人
美国	1912 年	妇女、未成年人
加拿大	1917 年	妇女、未成年人
斯里兰卡	1927 年	印第安种植业工人
比利时	1922 年	—
阿根廷	1918 年	—

二、最低工资制度的发展

（一）20 世纪 30 年代以前缓慢发展

20 世纪 30 年代以前，最低工资制度更多的是作为政府缓解社会矛盾的一项法律制度，它的发展仍然比较缓慢。具体表现为：除少数国家外，大多数工业化国家和发展中国家通常只是将最低工资作为政府政策的一个有限的手段，而很少采取一般最低工资。此外，许多国家尚无最低工资立法，已实行最低工资立法的国家，又将其范围限制在少数几类工人的范围。而且，最低工资经常通过特别措施加以确定，即使是选择立法手段，运用起来也不正规。[①]

（二）20 世纪 30 年代后曲折发展

20 世纪 30 年代后，随着经济大萧条的结束以及第二次世界大战的发生，最低工资制度发展缓慢的情况逐渐发生了变化。然而，值得注意的是，由于经济增长及认识等方面的原因，最低工资制度发展虽然迅速但却不乏曲折。

首先是 20 世纪 30 年代至 70 年代的迅速发展阶段。这期间，不仅几乎所有的资本主义国家都制定了最低工资法，最低工资的适用范围也得到了不同程度的扩展，而且各国对最低工资标准的调整也较频繁，尤其是在 20 世纪六七十年代。

其次是 20 世纪八九十年代的低谷时期。一方面，这段时间世界经济增长减缓，甚至出现了较长时间的经济衰退；另一方面，当时的理论研究普遍认为最低

[①] 杰拉尔德·斯塔尔，著，马小丽译：《最低工资——实践与问题的国际评述》，经济管理出版社 1997 年版，第 3 页。

工资的调整会在一定程度上减少就业,进而使贫穷者失去工作机会。这样,在上述双重因素作用下,世界各国开始重新审慎考虑最低工资标准,不少国家担心最低工资走得太远而脱离经济发展水平,由此导致最低工资制度发展迟缓,最低工资标准调整的频度和幅度都有缩小的趋势。以美国最低工资为例,从1938—1981年共上调16次,平均每2.7年一次,而1983—1993年,仅上调3次,平均每4年一次。调整幅度平均每年只上调2.0%,小于同时期的通货膨胀率,实际最低工资处于下降状态。[①]

最后是20世纪90年代中期至今的发展新阶段。此时,关于最低工资的理论及实证研究都取得重大突破,经济学家对最低工资的经济效应有了新的认识,即适度增加最低工资标准并不会降低就业率。而且,这些新的研究结论成为一些国家提高最低工资标准的依据。例如,英国低薪委员会提出了在2003年度、2004年度将成人最低工资连续提高至7%~8%左右水平的议案。

这样,从1894年至今,经过一个多世纪的发展,现在世界上90%以上的国家都已实施了最低工资制度。有有限使用者,如奥地利、丹麦、芬兰、意大利、挪威、瑞典及原联邦德国等;有部分使用者,如英国、爱尔兰;有广泛使用者,如美国、法国、日本、澳大利亚和新西兰等。[②]

第二节　美国最低工资制度起源及发展

一、美国最低工资制度发展历史

美国于1938年颁布《公平劳动标准法案》(Fair Labor Standards Act,FLSA),在全国范围内确立了最低工资制度。根据该法案规定,最低工资的适用对象为从事生产、制造州际贸易商品的工人,最低工资标准为每小时25美分。与早期各州的最低工资法案相比,该法案具有以下优点:第一,统一了全国最低工资,消除了洲际差异性;第二,扩大了最低工资的覆盖范围,即在原有女性的基础上,增加了男性;第三,明确了最低工资制度的惩罚制度,规定雇主一旦违法将被处以关押、罚款、赔偿等条例。

二、美国最低工资制度现状

(一) 美国最低工资制定及执行机构

美国最低工资分联邦最低工资以及州最低工资。其中,联邦最低工资由总

---

① 韩兆洲:《劳动工资与社会保障——广东最低工资调研与统计测算模型研究》,经济科学出版社2006年版,第370页。

② 罗小兰:《中国企业最低工资制度》,立信会计出版社2009年版。

统提出议案,由国会表决批准。各州最低工资则由该州立法机关通过法律自行制定,在情况允许的条件下,各州可以超越联邦法规的范围制定更高、更合适于该州的标准。如果一名雇员同时受州及联邦最低工资法例保障,则该雇员可领取两个最低工资额中较高的金额。

最低工资的执行由美国劳工部(Department of Labor)的工资与工时处(Wage and Hour Division)负责管理和执行。通常来说,分布在各州的工资与工时处的调查员会随时调查及搜集与工资事宜有关的资料,其调查范围涵盖各类人员包括移民等。一旦发现违规情况,调查员可利用行政权对雇主发出违规通知书,责令其30天内予以改正。如雇主在规定时间内没有改正,调查员则可代表雇员本人向法院提起诉讼。

(二) 美国最低工资适用范围

美国最低工资适用的单位包括:雇有至少两名雇员的行业或政府机构;每年营业额至少达50万美元的公司;为居民提供医疗或护理服务的行业,包括伤残儿童的学校或幼儿园;为病人、老人、精神病患者或弱智人士提供服务的机构。

美国最低工资适用的个人包括从事商业服务和货品生产的一些雇员,即使并不属于所适用的企业,也可获得最低工资制度的保障。此外,家居服务从业人员,如管家、司机、厨师、日间工作员和全职保姆等也在法案的适用范围内。实际上,美国目前领取最低工资的人员比例不高,占全部就业人员的2.5%,其中大部分为与父母合住的在校学生和年轻人,大多分布在餐饮、饭店等服务行业。

要注意的是,根据规定,美国最低工资并不覆盖所有雇员。具体来说,不受最低工资制度覆盖的人员主要为:专业人士、对外销售员、行政人员、管理人员以及电脑行业雇员;受雇于外国船舰的海员;派送报纸的雇员;从事捕鱼业的雇员;某些按季节提供娱乐设施的雇员;某些小规模报章的雇员以及小型电话公司的接线生;受雇于小型农场的农场工人、临时保姆及受雇陪伴长者或衰弱残障者的人员。[①]

(三) 美国最低工资制度特殊条例

为避免因实行最低工资而使低收入者失去就业机会,美国最低工资制度规定,雇主在取得劳工部的授权证明书后,可以向学生、伤残工人等四类特殊人员支付比法定最低工资标准更低的工资额。具体为:

第一,对于就读于职业学校的学生(至少年满16岁的中学生),雇主可以仅支付联邦最低工资75%的工资。

第二,对于受雇于零售或服务机构、农业或高等教育机构的全职学生,雇主可以仅支付联邦最低工资85%的工资。

第三,对于失明、精神病、弱智、痉挛、酗酒及毒瘾、教育障碍等因素导致的伤

---

① 这里的小型农场是指在上一年的任何季度中,每天雇用的劳动力少于500人的农场。

残人员,雇主也可以支付比最低工资标准更低的工资额。一般来说,政府在确定这些人的工资水平时,既要考虑这些人员的生产能力,同时也要参考当地相同或类似工作的健全熟练工人的工资水平。通常情况下,政府至少每 6 个月会评估一次伤残工人生产能力的量与质,至少每 12 个月进行一次调查、调整伤残人员的工资水平。

第四,对于小费雇员,即每月收取小费超过 30 美元的雇员,如餐厅服务员、旅店和机场行李员等,雇主可以将小费作为工资支付给雇员,但是小费的工资额度不能少于每小时 2.13 美元。如果雇主发放的现金工资加上雇员所得的小费工资仍然低于最低工资水平,那么雇主必须向雇员支付不足的差额。实际过程中,小费雇员的收入都超过了最低工资,因此关于小费雇员的最低工资问题方面从没有发生过劳动争议。

(四) 美国最低工资处罚规定

美国对违反劳工法规和最低工资法规的处罚比较严厉。根据规定,对违反最低工资或超时工作薪酬条文的雇主,除支付少付的工资外,每项违规行为还可被处以最高 1 100 美元的罚款。如果是蓄意违反,则可被刑事起诉,罚款额最高达 10 000 美元。而如果是第二次定罪,则可被判处监禁。

三、美国最低工资制度特征

纵观美国最低工资制度发展历程,可知其主要表现出以下特点。

(一) 混合型最低工资运行模式

所谓混合型最低工资运行模式,是指联邦政府可以制定统一的最低工资标准,同时州、地区政府还可以根据实际情况来设立州、地区最低工资标准,并且州、地区最低工资水平的调整不受联邦最低工资标准的影响。由于州、地区最低工资标准高低不一,结果导致一些州、地区设立的最低工资标准高于联邦最低工资标准,一些州、地区与联邦标准持平,另一些州、地区则低于联邦标准。另外,还有些州、地区政府没有设定最低工资标准。对此,美国相关法案规定,当州、地区最低工资标准与联邦最低工资标准不一致时,选择最低工资标准较高的一方来执行。换句话说,如果州、地区最低工资标准低于联邦最低工资水平时,采用联邦标准;如果州、地区最低工资标准高于联邦最低工资标准,则采用州、地区标准。

(二) 多因素联动的最低工资调整

在混合型运行模式下,美国联邦、州、地区最低工资标准的调整依据也各不相同。其中,联邦最低工资标准调整的主要依据为:劳动者生活费、企业生产力、企业工资水平及雇主支付工资的能力。而州、地区最低工资标准调整时考虑的因素则存在差异,有的与联邦最低工资联动,有的与消费物价指数联动。

值得注意的是,美国法案并没有明确规定最低工资标准、包括联邦最低工资标准的调整频率。这样,美国最低工资标准历次的调整时间、调整频率、调整幅度等都存在着较大差异,没有什么规律可言。

(三) 波折发展的最低工资水平

美国最低工资标准总体呈现为不断增长的发展趋势,但也不可避免地经历了曲折发展的过程。例如,1939—1945 年由于第二次世界大战的爆发,美国最低工资制度发展处于停滞状态,最低工资标准连续几年未进行任何调整。1950—1980 年在凯恩斯主义国家干预政策下,美国最低工资制度的发展开始进入黄金时期,最低工资标准得到了连续的调整,尤其是 1963—1980 年,美国政府几乎每年提高一次最低工资标准。

(四) 不断扩大的最低工资覆盖范围

自 1938 年实施以来,通过多次修改及完善,美国最低工资制度覆盖范围和适用范围不断扩大。具体表现为:由私人行业扩展至公共部门;由生产性行业扩展至建筑业、服务业、护理业、零售业、航空运输业等行业;由工业、服务业扩展至农业;由全国统一最低工资标准扩展至各个州、地区的最低工资标准。

(五) 政治意味浓厚的最低工资

美国最低工资最早是作为一项收入分配政策出台的,其实质是一项经济政策。然而,它的发展却和国家的政治因素、尤其是执政党派密切相关。一般来说,民主党倾向于积极发展最低工资,而共和党则主张自由放任。例如,在2001—2008 年共和党人乔治·布什任职期间,美国最低工资标准没有任何调整。

第三节 英国最低工资制度起源及发展

一、英国最低工资制度发展历史

作为工业革命的发祥地,英国的最低工资制度历史悠久而发展曲折。根据发展特征,英国最低工资大致可以分为起源、推广、低谷及重新发展四个阶段。

(一) 英国最低工资制度的起源:1891 年

1891 年英国政府颁布第一部最低工资法案《公平工资决议》,规定雇主支付的工资必须是有关行业或地方普遍认可的最低工资水平。

(二) 英国最低工资制度的推广:1909—1960 年

1909 年,为解决劳资纠纷,消灭血汗工资,英国政府颁布《行业委员会法》,设立了委员会和最低工资标准。由于资方的反对,此时并没有实施全国性的最低工资标准,而是仅针对当时四个容易遭受冲击的制造业,覆盖的人数为 2 万多名。

1918 年英国对 1908 年的《行业委员会法》进行修订,并颁布新的《行业委员会(修订)法》(Trade Boards Amendment Act),规定如果行业缺乏集体谈判机制,或者行业工资低于合理水平时,劳动部部长可为这些行业设立委员会,帮助制定行业最低工资。由此,最低工资制度适用范围开始加快了扩展的步伐。

1945 年英国政府颁布《工资法》(Wages Act)。该法案规定,如果行业集体谈判机制有争议,劳动部部长有权设立工资局,决定行业劳动薪酬和劳动工时。而且,只有当行业内部形成了集体谈判机制之后,劳资双方才可取消工资局。1953 年,英国共有 66 个工资局。

(三) 英国最低工资制度的低谷:1970—1990 年

进入 1970 年代后,由于英国经济增长减缓,再加上当时理论界普遍认为最低工资标准会减少就业,阻碍经济发展,为此,英国政府开始日益排斥最低工资制度。

1971 年英国政府颁布《劳资关系法》(Industrial Relations Act)简化了取消工资局的限制和程序,直接导致了大量的工资局被取消和合并。

1975 年英国政府制定《雇佣保障法》(Employment Protection Act),成立联合劳资关系局(Statutory Joint Industrial Councils),健全集体谈判机制。

1986 年英国政府规定,18～23 岁的青年人不受最低工资标准的保障。此后,英国政府不断缩小最低工资的覆盖范围。具体表现为:1992 年英国政府取消《农业工人最低工资标准》,规定农业不受最低工资标准的束缚。1993 年英国政府进一步取消原有的《年轻人(16～38 岁)最低工资规定》《记者、电信业最低工资规定》,同时修改《社会宪章》,规定工人如果每周工作没有达到法定最低工资标准要求的时间,则不受最低工资的保障。

伴随着对最低工资的排斥日益严重,1994 年英国政府最终彻底废除最低工资制度。他们确信,取消最低工资标准,采取自由放任的劳动力市场政策,对于提高英国就业率、实现英国经济增长具有重要作用。

(四) 英国最低工资制度的重新发展:1997 年至今

1997 年后,英国政府开始重新重视并发展最低工资制度。造成该转折的原因主要来自两个方面:第一,20 世纪 90 年代中期以来,关于最低工资的理论和实证研究已取得重大突破,最低工资被重新认为是减少贫困的有效工具,适度增加最低工资标准并不会降低就业率。这极大地推动了政府发展最低工资标准的热情。第二,在英国政府 1994 年彻底废除了最低工资制度后,很多行业、尤其是餐饮和零售行业的工资出现大幅下跌,然而英国的就业率却并没有因此增加。这样,在上述因素作用下,英国政府开始反思最低工资制度。1997 年英国政府重新设立低收入委员会,调查全国最低工资水平。1998 年颁布《国民最低工资法》(National Minimum Wage Act),规定从 1999 年 4 月起恢复实施最低工资制度。与以前的法案相比,1998 年的法案关于最低工资的保障措施更加强硬,不仅如此，还规定了雇主必须承担的举证责任，拓宽了最低工资制度所适用的劳动者范围，明确了以前法案中的一些不明确的术语表达，这些都更好地保障了最低工资制度的践行。

1999 年英国政府颁布了新的《全国最低工资条例》，该法案最重要的补充和完善表现为，明确最低工资的含义，详细规定了不属于最低工资的部分，包括退休金、解散费、退休补贴金、离职补偿金、顾客所付小费等。

这样，历经一个多世纪的曲折发展，目前英国的最低工资制度已日渐成熟，从表 2.2 可知，1999—2011 年，英国最低工资标准每年调整一次，已成为英国政府保障低收入劳动者的一项重要措施。可以说，在多年的发展中，作为工资集体谈判的补充和基础，英国的最低工资制度通过一个透明的、兼顾各方利益的形成机制，来不断地推动社会或行业工资体系的完善。

表 2.2　　　　　　　英国最低工资历次调整(1999—2011 年)

| 时间 | 成人时薪 | | 年轻人时薪 | | 16～17 岁工人时薪 | | 学徒时薪 | |
| | 21 岁以上工人 | | 18～20 岁工人 | | | | | |
	工资(英镑)	增幅	工资(英镑)	增幅	工资(英镑)	增幅	工资(英镑)	增幅
1999 年 4 月 1 日	3.60	—	3.00	—	—	—	—	—
2000 年 10 月 1 日	3.70	2.8%	3.20	6.7%	—	—	—	—
2001 年 10 月 1 日	4.10	10.8%	3.50	9.4%	—	—	—	—
2002 年 10 月 1 日	4.20	2.4%	3.60	2.9%	—	—	—	—
2003 年 10 月 1 日	4.50	7.1%	3.80	5.6%	—	—	—	—
2004 年 10 月 1 日	4.85	7.8%	4.10	7.9%	3.00	—	—	—
2005 年 10 月 1 日	5.05	4.1%	4.25	3.7%	3.00	0.0%	—	—
2006 年 10 月 1 日	5.35	5.9%	4.45	4.7%	3.30	10.0%	—	—
2007 年 10 月 1 日	5.52	3.2%	4.60	3.4%	3.40	3.0%	—	—
2008 年 10 月 1 日	5.73	3.8%	4.77	3.7%	3.53	3.8%	—	—
2009 年 10 月 1 日	5.80	1.2%	4.83	1.3%	3.57	1.1%	—	—
2010 年 10 月 1 日	5.93	2.2%	4.92	1.9%	3.64	2.0%	2.50	—
2011 年 10 月 1 日	6.08	2.5%	4.98	1.2%	3.68	1.1%	2.60	4.0%

资料来源：Low Pay Commission (LPC). http://www.lowpay.gov.uk/lowpay。

二、英国最低工资制度的现状

英国最低工资制度主要由低收入委员会负责向政府提供专业咨询建议,包括最低工资标准水平、最低工资评估报告等,具体的执行则由税务海关总署展开。

(一)英国最低工资的定义和范围

英国最低工资的内涵规定得较为详细,明确以下七项不属于最低工资的内容,分别为:第一,企业向职工支付的解散费;第二,企业给予退休职工的补贴或者企业给予离职职工的补偿金;第三,企业根据建议书计划给予职工的奖励报酬;第四,企业根据贷款协议给予职工的预付款或预付工资;第五,企业根据法院、法庭的判决或协商结果,给予职工的报酬;第六,企业根据条例给予职工的除住宿之外的现金或实物;第七,企业给予职工的代金券和邮票等,以及顾客直接支付给职工的小费等。

(二)最低工资制度的适用范围

英国最低工资制度的覆盖对象为在英国按照劳动合同从事正常工作并且超出法定上学年龄的工人。公务员、军人、自雇人、有股份的渔民、不满 26 岁的学徒、为家庭事务工作的家庭成员、根据监狱规定而工作的犯罪人员、年龄低于法定离校年龄的求学儿童、不存在雇佣合同的董事、受雇于志愿者组织或慈善机构的志愿者等十类人员不属于最低工资的适用对象。

(三)英国最低工资工种性模式

英国最低工资标准采取工种性模式,其优点在于将保障范围集中于最需要保障的一群劳动者,而且能够由熟悉行业情况的劳资双方代表共同商议,有弹性地为不同行业及工种订立不同的最低工资标准,这样制定的最低工资标准既易达成共识,实施效果也好。

三、英国最低工资相关机构

(一)低收入委员会

低收入委员会成立于 1998 年,是一个社会团体,由 1 名委员会主席、9 名委员组成,负责向政府提供独立的专业咨询意见。一般来说,委员们都来自雇主联会、工会、学术界等,所有委员均以个人身份加入委员会,不代表其工作机构。通常情况下,3 名委员来自雇主联会,维护雇主团体利益,3 名委员来自工会,维护劳动者利益,剩下的 3 名委员则由既不属于劳方,也不属于资方的人士充任,以便保持调查或执行的严密性和准确性。具体工作时,低收入委员会主要采用会议讨论的形式,达成一致意见后将会议结论形成最低工资标准的书面文件,提交政府参考。

低收入委员会的职责除了确定最低工资标准外,还要通过普查、咨询、调查等方式,就最低工资标准在就业、就职、离职、生产效率、工作时间及受益人群的特征等方面的影响,对已经实施的最低工资标准进行评估,找出最低工资标准的不足和需要改善的地方,给出合理化建议。

(二) 英国最低工资执行机构

英国最低工资的执行机构是英国税务海关总署(也叫英国收入关税委员会),主要负责最低工资的执行及惩罚。具体工作包括三个方面:第一,发放执行通知。如果雇主没有遵守最低工资制度,税务海关总署有权向这些雇主发放执行通知,命令他们必须遵守最低工资制度。第二,发放惩罚通知。如果雇主有意违反最低工资,则税务海关总署可以向雇主发放惩罚通知并处以一定金额的罚款。第三,代表劳动者向法院提出申诉。对于违反最低工资的雇主,税务海关总署也可以代表劳动者在民事法庭或雇佣审裁处提起诉讼等。

四、英国最低工资制定程序

根据《全国最低工资法》的规定,在低收入委员会负向政府提供咨询意见后,政府厘定最低工资标准,并向国会提交,经由国会辩论后,再决定是否通过有关最低工资规则。因此,最低工资标准由国会决定。在实际运行过程中,国会从未推翻政府建议的最低工资额。

五、英国最低工资标准的特点

(一) 英国最低工资标准的调整依据

第一,英国最低工资的调整以低收入委员会的评估分析结果为依据。为了确定最低工资标准的水平,低收入委员会会组织调查研究,统计相关数据,观察不同国家的最低工资发展动向,然后进行经济分析。而该经济分析的结论就是最低工资标准调整的最重要依据。也就是说,低收入委员会在调整最低标准时,并没有采取特定公式、或简单的将平均工资的某一百分比作为执行目标。实际上,将最低工资标准换算为平均工资的百分比,只是其数学上的一种表达方法。

(二) 英国最低工资标准的审慎调整

英国最低工资标准每年调整一次。通常在每年的 10 月生效。为了尽量减少可能引发的失业,低收入委员会对最低工资标准的调整相当谨慎。1999 年 4 月实施时,低收入委员会就审慎地建议了一个相当保守的最低工资标准,该最低工资标准为平均工资中位数的 45.7%。到了 2007 年,英国最低工资标准仍然仅为平均工资中位数的 51.1%。

(三) 英国最低工资调整的影响因素

英国政府在调整最低工资标准时一般会考虑企业及劳动者双方情况:一是解决劳动者低收入问题;二是确保公司和经济运行良好。因此,通常情况下,影响最低工资标准调整的因素包括经济状况、工资水平、经营成本、经济竞争力、通货膨胀率、就业率等。

六、英国最低工资处罚条例

根据规定,雇主拒绝或有意不支付雇员最低工资标准、保存或出示虚假记录、没有保存最低工资记录、有意妨碍执行官员执行工作、拒绝向执行官员提供所需资料等,政府可以按最低工资的两倍进行罚款,罚款额最高可达 5 000 英镑,情节严重的追究刑事责任。[①]

第四节　中国最低工资制度起源及发展

一、中国最低工资发展历史

中国的最低工资最早可追溯至 1930 年代的南京国民政府时期。1930 年南京国民政府正式批准了《制定最低工资确定办法公约》,并于 1931 年颁布《最低工资法》。新中国成立后,由于各种原因,我国废除了最低工资制度。直到 1984 年,中国政府宣布承认 1930 年南京政府的《制定最低工资确定办法公约》。之后,1989 年,珠海、深圳、广州等市率先出台了最低工资法规。1993 我国劳动和社会保障部颁布《企业最低工资规定》,1994 年政府再次颁布《关于实施最低工资保障制度的通知》,并要求在 1995 年 1 月之前,各地拟定最低工资标准。这样到 1995 年年底,我国绝大部分省区市均颁布了当地的最低工资标准。

2002 年后,社会公平及民生问题逐渐成为政府关注的焦点,最低工资制度也日益受到政府的重视。2004 年 3 月,劳动和社会保障部颁布新的《最低工资规定》,极大地推动了我国最低工资制度的发展。第一,扩大了最低工资的适用范围,将中国境内企业、民办非企业单位、有雇工的个体工商户和与之形成劳动关系的劳动者,国家机关、事业单位、社会团体和与之建立劳动合同关系的劳动者纳入最低工资制度的适用范围。第二,增加了最低工资标准的组成要素,将社会保险费用和住房公积金纳入最低工资标准的考虑因素中。第三,增加了最低工资标准形式。明确提出小时最低工资标准,适应了就业形式多样化,尤其是灵活就业劳动者越来越多的潮流。第四,原《企业最低工资规定》规定最低工资标准每年最多调整一次,没有对调整下限进行规定,由此导致许多省、市多年不调整最低工资标准,针对这一弊端,新的规定明确提出最低工资标准每两年至少调整一次。第五,新的《最低工资规定》对企业的要求也更加严格,除了要求企业必须在最低工资标准发布 10 日内将该标准向本单位全体劳动者公示外,还加大了对企业违反最低工资规定的处罚力度,将赔偿金额从原来的所欠工资的 20%～100%增加到现在的 1～5 倍。在政府的大力推动下,西藏自治区于 2004

17

---

① 田青久:《最低工资制度中外比较研究》,东北师范大学,2015 年。

年11月也颁布自治区的最低工资标准,这样,目前我国31个省、自治区和直辖市均已建立了最低工资保障制度。

总体来说,中国最低工资制度经历了从不为人重视、标准调整缓慢到逐渐受到各级政府的重视和广大劳动者的关心,制度建设日益科学化、规范化的过程。

二、中国最低工资制度现状

(一) 中国最低工资制度的目标

中国实施最低工资制度的目标主要包括实现低端劳动者权益、弥补市场失灵,以及促进形成完善的工资增长机制等。

第一,实现劳动者合法权益的保障。以公平原则为出发点,借助于行之有效的方式,通过设立最低工资标准,使劳动者及其赡养人口能够维系其最低生活标准,实现保障劳动者维系其家庭生活需要的底限保障。

第二,弥补市场调整机制的缺陷。从目前中国劳动力整体供需情况来看,毋庸置疑,劳动力的供给数量远远超过劳动力的市场需求。尽管市场具有自我调节机能,如亚当·斯密所说,"市场为一只看不见的手",但并不意味着国家必要的宏观调控是多余的,如果将抉择权完全放手交给市场,允许市场按其自身规律进行选择,那么其结果必然导致劳动者薪资报酬水平的持续下行,任其发展则会阻滞生产力水平的提升。基于这个意义,国家借助法律、行政法规的方式,化解动力在价值选择层面的冲突,也是政府借助立法以及行政行为规避免市场机制内在缺陷的必然选择,同时,也是公平原则的体现,保障处于弱势地位的劳动者在市场逆淘汰机制中的底限权益。

第三,影响平均工资涨幅。在衡量国家的居民人均收入情况时,居民平均工资收入往往是主要的参照基数。通常而言,经济增速意味着人均收入水平的提升。就中国当前而言,不同职业的从业群体薪资水平差距明显。此外,我国劳动密集型产业较多的特定现实也直接决定了国内劳动力市场以低端为主,因此,在经济发展出现起伏时,第一个受到冲击的往往就是这一群体,这样一来,势必造成社会整体水平的居民收入指数下行。因此,将最低工资标准作为基准线,则会使居民平均工资的震荡幅度减弱,同时使国内居民收入水平大致处于平稳装套,并且间接使社会趋于和谐。

(二) 中国最低工资适用对象

根据规定,中国最低工资的保障对象是指,中国境内的一切与法人经济组织、非法人经济组织以及个体工商户建立劳动关系的劳动者,此外,还包括与国家政府机关、社会团体和事业单位建立劳动合同关系的劳动者。简单来说,只要建立劳动关系的劳动者,无论是全日制,还是非全日制都属于最低工资的保障对象。[1]

---

[1] 罗小兰:《中国企业最低工资制度研究》,立信会计出版社2009年版。

三、我国最低工资制度的特点

（一）地区型最低工资模式

中国最低工资采取的是地区型模式。也就是说,中国并没有实行全国统一的最低工资标准,而是由各省级政府(包括自治区、直辖市)制定当地的最低工资规定,并负责确定和调整本地区的最低工资标准。结果,我国有些地区如北京、上海和天津仅设置一档最低工资标准,而有些地区则分别设置两三个,乃至多个档次最低工资标准。

（二）差异化的中国最低工资内涵

与地区型模式相对应,各地区关于最低工资的内涵也存在较大差异。尽管2004年的《企业最低工资规定》明确表明以下三项予以剔除,一是延长工作时间工资;二是中班、夜班、高温、低温、井下、有毒有害等特殊工作环境、条件下的津贴;三是法律、法规和国家规定的劳动者福利待遇等。然而,由于第三项关于劳动者福利待遇的表述过于宽泛,缺乏统一标准,结果各地区对于这一项的处理很不一致。

由表2.3可知,对于"法律、法规和国家规定的劳动者福利待遇等",各省市的处理明显存在较大区别。其中,关于职工个人缴纳的社会保险和住房公积金是否属于"劳动者福利待遇",目前仅有北京、上海和山西将其视作"劳动者福利待遇",并从最低工资标准中剔除,江苏仅将个人缴纳的住房公积金剔除,而其他省份并没有将以上两项视作"劳动者福利待遇"从最低工资中扣除。除此以外的其他一些费用,包括伙食补贴、住房补贴、劳动保护费用等诸多与劳动者福利待遇相关的费用,各地也存在着不同的做法。

表 2.3　　　　　　　中国各地最低工资标准的剔除项目

省份	剔除项目	
北京	个人缴纳的社会保险和住房公积金	法定福利待遇
天津		法定福利待遇
河北		书报费、洗理费、妇女卫生费、独生子女费和补贴等福利待遇
山西	个人缴纳的社会保险和住房公积金	住房补贴等福利待遇
上海	个人缴纳的社会保险和住房公积金	通过补贴伙食、住房等支付给劳动者的非货币性收入
江苏	个人缴纳的住房公积金	通过补贴伙食、住房等支付给劳动者的非货币性收入

（续表）

省份	剔除项目
浙江、安徽、福建	各项福利待遇
河南	补贴伙食等支付给劳动者的非货币收入
湖南	通过补贴伙食、住房等支付给劳动者的非货币性收入
西藏自治区	用人单位支付给劳动者的非货币性补贴
陕西	福利费用、劳动保护费用、教育费用、与劳动者解除劳动关系的一次性补偿等
内蒙古自治区、黑龙江、辽宁、江西、湖北、海南、重庆、四川、贵州、甘肃、青海、宁夏回族自治区、云南	通过补贴伙食等支付给劳动者的非货币性收入

第五节　中外最低工资制度比较

中国最低工资制度经过不断地实践和改进，已取得了较大的成功，不仅保护了低收入劳动者的合法利益，提高了劳动者的收入水平，也体现了国家收入分配的公平性，促进了社会的和谐与稳定。但由于发展时间较短，也出现了一些亟待解决的问题。

一、最低工资立法方面

美国、英国等国家早在 20 世纪初就制定了最低工资制度的相关法律，之后又多次修改，经过近一个世纪的发展，目前已形成了较为完善且执行力较强的法律制度。

与国外相比，中国最低工资立法层次低、强制性差。具体表现为：第一，当前仅有 2004 年颁布的《最低工资规定》，其他各项法律、法规中特别针对最低工资制度的相关规定、条文几乎没有。第二，目前该《最低工资规定》仅停留于规章制度层面，并未上升至法律层次，这无疑大大降低了执行力。

二、最低工资制度覆盖面

中国 2004 年《最低工资规定》把非全日制劳动者也纳入了最低工资的覆盖

范围,适用对象随之扩大了较多,但不可否认的是,较之于国外,中国最低工资制度的保障范围仍显狭窄。具体表现为:首先,临时工、兼职工或学徒没有纳入最低工资保障范围。这部分劳动者虽然能创造和全日制员工的相同的价值,但由于工作时间较短,处处受到用人单位的限制,只能获得基本工资,从而造成这部分人的利益受损。其次,一些实行计件工资制度或者提成工资制度的企业,在实践中没有真正纳入最低工资的范畴。这些企业中的劳动者虽然创造了大量的价值,却未享受到应有的报酬,既对劳动者不公平、不合理,也阻碍了最低工资制度在全国范围内的实施。

三、最低工资的例外规定

国外对于学生、学徒工、伤残人员等都有关于最低工资的例外规定,即允许用人单位将工资的一部分用于支付培训费用,以培训技能较低的弱势劳动者,提升其劳动技能。反观我国,并没有相似的规定。显然,这对于企业培训低技能劳动者是极其不利的。

四、最低工资标准的内涵不统一

国外关于最低工资标准的内涵明确而统一。相比之下,中国关于最低工资标准的内容,由于概念模糊,各地政府对最低工资标准的理解不统一,各地最低工资标准的内容不一致,这不仅造成了国家统一调控的障碍,不能对各省份进行统一管理,而且也容易引起人们关于最低工资的误解。

第三章 中国最低工资标准水平及其调整机制

最低工资标准水平是最低工资制度的核心。其水平的高、低决定了最低工资实施后会产生怎样的经济效应。从理论及实践中来看,最低工资标准的确定及调整受政治、经济等多种因素的影响,但显然经济因素是最关键因素。一般来说,这些经济因素为:首先,最低工资必须保障劳动者及其赡养人口基本生活,因此,就业者及其赡养人口的最低生活费用、城镇居民消费价格指数是基本因素。其次,低收入劳动者也应分享社会经济的发展成果,所以经济发展水平、劳动生产率、职工平均工资也是影响最低工资标准的因素。最后,最低工资标准制定还应考虑它对经济发展的影响,包括失业率、企业支付能力等因素。本章首先分析中国最低工资标准增长历史,其次通过国、内外比较分析,探讨当前中国最低工资标准的水平高低,最后对中国最低工资标准调整的影响因素展开理论及实证分析。

第一节 中国最低工资标准增长历史

目前,我国最低工资标准主要是以 1993 年资料为主要依据,在 1994 年下半年测算和确定,然后进行调整所得。尽管劳动和社会保障部门对各地进行最低工资标准确定和调整应参考的因素进行了规定,但由于中国地区间经济发展存在较大差距,因此,各地确定和调整最低工资标准时参考的因素并不一致,各地区调整的力度也不同。总体来说,2004 年《最低工资规定》颁布前,各地最低工资标准调整缓慢,2004 年后各地政府开始大幅上调最低工资标准,最低工资标准由此进入一个新的发展阶段。

一、中国最低工资标准总体调整与增长情况

中国最低工资自 1994 年实施以来,总体呈现为不断增长的趋势。由表 3.1 可知,就最低工资标准均值而言,1994 年仅为 176 元,2016 年时已增长为 1 591 元,增长了 1 415 元,年均增长 64.32 元。然而,要注意的是,就增长速度来看,年均增速并不均衡。其中 2004 年增速最大,高达 40%,1998 年增速最低,仅为

1.44%。总体而言,2004 年后政府颁布《最低工资规定》后,最低工资增幅显著。2004—2016 年最低工资年均增速为 13.25%,比 1994—2003 年的 7.36% 高出几乎 1 倍。究其原因,主要在于 1994 年的《企业最低工资规定》对于最低工资标准的调整没有详细的规定,只是提出当相关因素发生变化,或本地区职工生活费用价格指数累计变动较大时,应适时调整。然而在调整的频率上,仅规定每年最多调整一次,而没有规定调整下限,结果是许多地区、尤其是那些经济欠发达地区最低工资标准多年不变。而 2004 年的《最低工资规定》,则较好地弥补了这一不足,明确规定最低工资标准每两年至少调整一次。

表 3.1　　　中国最低工资标准增长(1994—2016 年)

年份	最低工资标准均值(元/月)	增长额(元/月)	增长率	年份	最低工资标准均值(元/月)	增长额(元/月)	增长率
1994	176	—	—	2006	573	83	16.94%
1995	182	6	3.41%	2007	626	53	9.25%
1996	194	12	6.59%	2008	664	38	6.07%
1997	209	15	7.73%	2009	710	46	6.93%
1998	212	3	1.44%	2010	873	163	22.96%
1999	256	44	20.75%	2011	942	69	7.90%
2000	270	14	5.47%	2012	1 147	205	21.76%
2001	288	18	6.67%	2013	1 292	145	12.64%
2002	318	30	10.42%	2014	1 364	72	5.57%
2003	330	12	3.77%	2015	1 427	63	4.62%
2004	462	132	40.00%	2016	1 591	164	11.49%
2005	490	28	6.06%				

资料来源:根据各地政府网站最低工资标准数据计算所得。

二、中国最低工资与职工平均工资比值

最低工资标准与职工平均工资的比值,是判断最低工资水平高低的重要指标之一。国际上该比值通常为 40%～60%,中国《最低工资规定》也明确认可这一标准。

观察表 3.2 可知,在 1994 年、1995 年最初两年实施最低工资制度时,中国最低工资标准尽管绝对水平较低,但相对水平却较高,其与同期平均工资的比值分别为 46.54％、40.84％,均达到国际水平 40％的下限值。然而,进入 1996 年后,中国最低工资标准与平均工资的比值下降的趋势就非常明显。详细来说,1996—2015 年,仅 1996 年、1997 年、1999 年 3 年高于 35％,其余年份均低于35％,最低的 2009 年甚至仅为 26.44％,之后虽然有所回升,至 2013 年时达到30.13％,但 2014 年再次下降,2015 年时只有 27.61％。进一步分析显示,2015年中国所有省份的最低工资标准与当地职工平均工资的比例均低于 40％的国际下限值。其中,河北、广东、山西、内蒙古自治区、吉林、江西、山东、河南、湖南、云南、甘肃、新疆维吾尔自治区都高于 30％,且以河北最高,为 39.59％,而北京、上海、海南、四川、青海则低于 25％,且北京为各省市之中最低的,仅为 16.81％,上海排名倒数第二,为 20.00％。值得一提的是,北京、上海这两个城市的最低工资标准的绝对值水平历来在全国位列前茅,而出现这种相对比值较低的情况,显然是因为这两个城市的职工平均工资水平较高。无疑,中国最低工资标准与平均工资的比值自 1996 年以来一直处于下滑状态,其中最重要的原因就是中国最低工资标准的增速远不及平均工资的增速。

表 3.2　　　　中国最低工资标准与平均工资比值(1994—2015 年)

年份	最低工资与平均工资比值	年份	最低工资与平均工资比值
1994	46.54％	2005	32.34％
1995	40.84％	2006	33.01％
1996	37.49％	2007	30.41％
1997	38.76％	2008	27.60％
1998	34.02％	2009	26.44％
1999	36.81％	2010	28.70％
2000	34.72％	2011	27.07％
2001	31.79％	2012	29.44％
2002	30.72％	2013	30.13％
2003	28.21％	2014	29.04％
2004	34.67％	2015	27.61％

资料来源:根据各地统计年鉴数据计算所得。

三、中国最低工资与城市居民物价指数

最低工资标准合理与否,参考的因素除了平均工资外,另一个重要因素就是城市居民消费物价指数。正常情况下,最低工资标准的调整需与物价指数基本保持一致,否则的话,如果最低工资标准的调整低于物价指数,那么实际最低工资标准

的购买力将趋于下降,最低工资标准获得者及其家庭的基本生活也将受到影响。

为了衡量中国实际最低工资标准的增长状况,本书以1994年居民消费物价指数为基数,对名义最低工资标准进行平减处理。从表3.3中可以看到,实际最低工资标准除了1995年、1996年两年外,其余年份都呈现为增长趋势。与名义最低工资标准相吻合的是,实际最低工资标准也是在2004年之后才开始出现明显的增长。总体来说,中国最低工资标准的增长幅度大于物价指数,并没有出现实际购买力下降的现象。

表3.3 　　　　　　中国实际最低工资标准发展(1994—2015年)　　　单位:元/月

年份	实际最低工资标准	年份	实际最低工资标准
1994	176.00	2005	365.47
1995	158.54	2006	421.23
1996	156.04	2007	438.77
1997	163.52	2008	439.65
1998	167.21	2009	473.30
1999	204.78	2010	563.46
2000	215.12	2011	576.79
2001	227.86	2012	684.21
2002	253.63	2013	751.25
2003	260.08	2014	777.28
2004	351.13	2015	802.01

资料来源:根据统计年鉴数据计算所得。

四、中国最低工资与城镇居民人均消费性支出

最低工资标准的设置,其初衷是要保障低收入劳动者及其家庭的基本生活需求。观察表3.4可知,在1995年实施初期,中国最低工资标准的确远超人均消费性支出,前者是后者的170.77%,完全可以保障最低工资标准获得者及其家庭的基本生活。然而,随着最低工资制度的继续实施,其实际执行效果与制度设立初衷日益违背。从绝对值来看,2015年中国最低工资标准低于城镇居民人均消费性支出的差额最大,为355.43元/月,就相对比值来看,1998年,中国最低工资标准占人均消费性支出的比值最低,仅为58.75%。最高是2013年的83.9%,但之后又开始回落,到2015年时只有80.06%。实际上,2015年只有河北、山西两个省份的最低工资标准高于当地城镇居民人均消费性支出,其余各省、市的最低工资标准均低于城镇居民人均消费性支出,平均差额为每月348.44元。其中北京、上海两地最低工资标准与城镇居民人均消费性支出的差额最大,分别达到了每月1 493.5元、1 258.84元。与此相对应,这两个城市的最低工资标准占城镇

居民人均消费性支出的比例也是最低,分别仅为 51.09%、59.11%(见表 3.5)。

表 3.4　中国最低工资与城镇居民人均消费性支出比较(1995—2015 年)

年份	最低工资与城镇居民人均消费性支出月均差额(元)	最低工资与城镇居民人均消费性支出月均比例
1995	75.43	170.77%
1997	−185.28	59.92%
1998	−148.97	58.73%
1999	−128.66	66.55%
2000	−146.50	64.83%
2001	−154.42	65.10%
2002	−184.49	63.28%
2003	−212.58	60.82%
2004	−135.61	77.34%
2005	−171.43	74.10%
2006	−150.92	79.17%
2007	−206.74	75.18%
2008	−272.24	70.94%
2009	−311.52	69.52%
2010	−248.83	77.83%
2011	−320.65	74.62%
2012	−242.12	82.58%
2013	−248.08	83.90%
2014	−299.86	81.98%
2015	−355.43	80.06%

资料来源:根据统计年鉴数据自行计算所得。

表 3.5　2015 年中国各地区最低工资标准与城镇居民消费性支出

地区	最低工资标准与消费性支出差额(元/月)	最低工资标准与消费性支出比例
北京	−1 493.50	51.09%
天津	−365.79	83.27%
河北	214.45	114.63%
山西	131.78	110.00%

（续表）

地区	最低工资标准与消费性支出差额（元/月）	最低工资标准与消费性支出比例
内蒙古自治区	−323.04	82.28%
辽宁	−496.39	72.37%
吉林	−177.72	88.13%
黑龙江	−269.34	81.16%
上海	−1 258.84	59.11%
江苏	−450.50	78.35%
浙江	−738.44	69.08%
安徽	−176.13	87.74%
福建	−640.02	67.35%
江西	−4.32	99.69%
山东	−154.48	90.66%
河南	−29.52	97.93%
湖北	−216.03	85.75%
湖南	−235.12	85.53%
广东	−109.43	94.89%
广西壮族自治区	−160.10	88.23%
海南	−417.37	72.85%
四川	−406.40	74.70%
贵州	−159.52	88.68%
云南	−52.92	96.41%
陕西	−258.66	83.19%
甘肃	−104.24	92.83%
青海	−330.05	79.37%
宁夏回族自治区	−281.99	82.17%
新疆维吾尔自治区	−97.89	93.95%

资料来源：根据各地统计年鉴数据自行计算所得。

此外，除了北京、上海外，浙江、辽宁等经济相对发达的地区的最低工资标准与人均消费性支出的比值也较低。显然，与经济欠发达地区相比，这些地区经济虽然更发达，但生活成本无疑也相对更高，最低工资标准领取者的生活境况相对来说也就要更差了。即使这些地区的最低工资标准对劳动者个人的基本生活有一定的保障,这种保障作用对于劳动者整个家庭而言也会大打折扣。

第二节　中外最低工资标准比较

目前世界上大部分国家都已建立了法定的最低工资制度,一些国家虽然没有最低工资制度,但通过劳工团体或工会组织等构建的工资集体协商机制,也规定了企业应支付的最低薪资水平。

一、中外最低工资标准绝对水平比较

根据维基百科 2015 年年底整理的 192 个国家的最低工资数据可知,2014 年中国最低工资标准按当年购买力平价换算为 4 389.3 美元,在 192 个国家和地区中位于第 100 位,相对于中国人均 GDP 第 89 位的排名落后了 11 位。由此可见,中国最低工资标准绝对水平低于其经济发展水平。

此外,与经济合作与发展组织(OECD)国家相比,中国最低工资标准水平显得更低,2005 年中国最低工资标准仅为 OECD 国家最低工资平均水平的 17.8%,2014 年也仅为其平均水平的 29.5%。不过中国最低工资标准增速显然快于 OECD 国家的平均增速,9 年间就将最低工资标准与 OECD 国家平均水平之比提升了 11.7%。

二、中外最低工资标准与人均 GDP 比值比较

2005 年中国最低工资标准与人均 GDP 之比为 40.9%,与 OECD 国家大致相当。此后,由于最低工资标准的发展落后于经济增长水平,中国最低工资标准与人均 GDP 的比值基本都处于下降趋势,2014 年中国最低工资标准与人均 GDP 比值下降到 34.1%,比 OECD 国家的 41.6% 低了 7.5 个百分点。如果按维基百科 2015 年统计算的话,则位于 192 个国家中的第 135 位。

三、中外最低工资标准与平均工资比值比较

就最低工资标准与城镇就业者平均工资的比值来看,一般认为,工业化国家的最低工资标准应该在平均工资的 40%~60%。就 OECD 国家而言,该比值基本保持在 35%~40%,且呈缓慢上升趋势。而中国最低工资标准与城镇职工平均工资之比除了 1994 年、1995 年外,其余年份均低于 40% 水平,并呈现为波动中下降的趋势。2015 年中国最低工资标准与城镇职工平均工资比值仅为 29.04%。

必须提出的是,根据最低工资发展规律,随着经济发展程度的上升,国家对

劳动者的保护程度也将随之提高,因此,普遍而言,发达国家最低工资标准的相对水平都要高于转型国家和发展中国家。由表 3.6 可知,2004—2013 年,无论是所有年份的平均值还是各个独立年份的比值,除了美国和韩国之外,发达国家最低工资标准占社会平均工资的比例基本都在 40% 以上,法国、英国甚至接近、超过 50%。而在转型或发展中国家中,这一比例大都在 40% 以下。此外,从各国的变化幅度来看,2004—2013 年最低工资占社会平均工资的比例并没有较为一致的变化趋势,一些国家出现上升、一些国家基本稳定,还有些国家则出现下降。但进一步的研究显示,初始最低工资占比较低的国家,此后大都出现了明显上升的趋势。例如,2004 年日本和韩国的最低工资标准分别为其社会平均工资的 34.91% 和 25.16%,在发达国家中属于较低水平,但是 2004—2013 年的增长幅度却明显高于其他发达国家。2004 年俄罗斯和巴西的最低工资占比在转型或发展中国家也处于较低水平,但 2004—2013 年的增幅却分别达到了 6.69 和 7.12 个百分点,高于大多数同类国家。与此相对应,初始最低工资标准占社会平均工资较高的国家,此后的变化幅度基本都不大。[①]

表 3.6　最低工资标准占社会平均工资比例的国际比较(2004—2013 年)

国家	2004	2005	2006	2007	2008	2009	2010	2011	2012	2013	平均值
加拿大	41.18%	40.84%	41.05%	40.64%	42.58%	43.76%	46.37%	45.61%	45.03%	44.8%	43.19%
法国	55.84%	51.07%	51.93%	51.57%	52.19%	52.64%	52.64%	51.34%	52.08%	—	52.37%
日本	34.91%	35.00%	35.25%	36.02%	37.06%	38.85%	39.17%	39.45%	39.87%	40.87%	37.65%
韩国	25.16%	26.69%	27.56%	29.31%	33.17%	34.29%	32.98%	31.75%	31.96%	32.65%	30.55%
英国	46.92%	47.76%	48.62%	48.72%	48.43%	48.23%	48.65%	49.92%	50.4%	50.27%	48.79%
美国	—	—	—	32.26%	35.16%	38.5%	37.63%	36.59%	35.72%	35.11%	35.85%
印度	41.12%	40.40%	39.02%	36.64%	40.1%	45.81%	41.45%	—	—	—	40.65%
匈牙利	36.42%	36.00%	36.47%	35.4%	34.72%	35.78%	36.29%	36.6%	41.69%	42.49%	37.19%
波兰	36.25%	35.96%	36.31%	35.02%	38.27%	41.13%	40.85%	40.72%	42.49%	—	38.56%
罗马尼亚	34.22%	32.02%	28.8%	27.94%	30.66%	32.52%	31.55%	33.84%	33.93%		31.72%
巴西	28.87%	30.96%	33.68%	34.06%	33.84%	34.97%	35.13%	34.32%	35.66%	35.99%	33.75%
中国	34.67%	32.34%	33.01%	30.41%	27.60%	26.44%	28.70%	27.07%	29.44%	30.13%	29.98%

数据来源:谢勇:《中国最低工资水平的适度性研究:基于重新估算社会平均工资的视角》,《社会科学》2016 年第 2 期。

　　要注意的是,关于中国最低工资标准与城镇职工平均工资比值是否过低,当

---

① 谢勇:《中国最低工资水平的适度性研究:基于重新估算社会平均工资的视角》,《社会科学》2016 年第 2 期。

前国内并没有统一定论。魏章进、韩兆洲(2006)认为,以最低工资标准与社会平均工资之比为指标来衡量的话,中国最低工资标准水平明显偏低。而贾朋、都阳(2015)则认为,中国最低工资与平均工资比值之所以过低,主要原因是国家统计局公布的平均工资没有将农民工和非正规部门人员纳入统计,平均工资数据存在明显高估。他们指出,如果按城镇从业人员的实际工资来计算的话,那么中国的最低工资标准占其比重已经超过了 40%,达到了 OECD 国家水平,这相对于中国的经济发展水平来说是较高的,因此中国最低工资标准增长有过快之嫌。

四、中外最低工资标准调整依据比较

最低工资标准的增长并不是经济增长的自然结果,而是政府对劳动力市场实施外力干预的结果。因此,政府调整最低工资标准所参考的因素就是决定各国最低工资标准和理性与否的关键。在不同的施政理念及对最低工资的不同理解下,世界各国最低工资的调整依据也各有不同。

表 3.7 给出了若干国家最低工资标准调整的参考因素和调整频率。首先,就调整参考因素来看,职工收入水平、价格消费指数是各国调整最低工资标准时必须要考虑的两个主要依据。除此以外,职工的生活成本、就业情况、生产率等因素也是常见的调整依据。相比于其他国家,中国的最低工资标准参考因素较多,除各国常见因素之外,还包括了社会保险费、住房公积金等其他国家最低工资法律中很少出现的因素。

其次,就调整频率而言,最低工资标准的调整共有三种方式。一是固定调整方式,如法国每年 1 月 1 日自动调整。二是不固定调整方式,如奥地利,关于最低工资标准多久调整一次,并没有相关规定。三是介于固定调整和不固定调整之间的有限不固定调整方式,如中国规定每两年至少调整一次最低工资标准。

表 3.7　　　世界各国调整最低工资标准的参考因素及调整频率

国家	调整参考因素	调整频率
加拿大	各省不同。参考标准包括 CPI、生活成本增长率、低收入数据、收入指数增长等	各省不同,至少一年或两年评估一次
法国	CPI(当 CPI 增幅超过 2% 时,最低工资自动调整)、购买力、政府年度评估	每年 1 月 1 号自动调整,政府也可选择直接调整
英国	收入水平、通货膨胀率、劳动生产率、失业率	每年调整一次
澳大利亚	劳动生产率、商业竞争力和多样性、通胀率、经济增长	每年评估一次

（续表）

国家	调整参考因素	调整频率
奥地利	收入指数、CPI、体面的生活标准	没有规定
中国	当地就业者及其赡养人口的最低生活费用、城镇居民消费价格指数、职工个人缴纳的社会保险费和住房公积金、职工平均工资、经济发展水平、就业状况	至少两年调整一次

资料来源：工资指数基金网站，http：www. wageindicator. org/main。

要注意的是，尽管中国从法律、法规文本的层面来看，对最低工资标准的调整参考因素和调整频率规定得较为详细，然而，刘学民（2014）指出，由于中国《最低工资规定》对最低工资标准各个调整依据的衡量都没有作出具体规定，因此，各个地方政府在实际操作时，很容易根据相关地方政府领导的个人偏好进行调整，再加上中国当前关于最低工资标准本身的具体计算方法具有模糊性，这就使中国最低工资标准调整的主观性、随意性更加突出了。

总结上述关于中国最低工资标准发展水平的国内、国际比较研究，可以得出如下结论：

第一，2005—2014 年，中国最低工资水平有了大幅增长，国内各地区间的差异有所减小。但从相对增速来看，最低工资标准的增速低于人均可支配收入、社会平均工资等经济变量，由此导致中国最低工资与人均 GDP 和城镇单位就业人员平均工资之比呈现为不断下降的态势。

第二，从国际比较的视角来看，与发达国家相比，中国的最低工资标准无论是绝对值还是相对值都处于偏低的水平，但如果与转型经济和主要发展中国家相比较的话，中国最低工资标准水平则基本处于适中水平。因此，从这一角度出发，可以理解为，中国最低工资标准与国际水平的差异主要是由于经济发展程度的差异所导致的，这符合劳动力市场的保护程度随着经济发展水平上升而提高的一般规律。总体来看，中国当前发展阶段的最低工资水平没有明显偏离历史情况。随着经济水平的提高，中国未来的最低工资标准无需大幅增长，只要总体上能够做到与社会平均工资的同步增长，那么，相比于发达国家，中国的最低工资标准增速仍将是较快的。

第三，中国尽管从法律法规上对最低工资标准的调整有着较为详尽的规定，但仍有很多模糊之处。加之地方政府的自主判断和自主颁布的权限较大，最低工资标准在调整过程中容易出现主观性过强，缺乏规律性和延续性。

第三节　中国最低工资标准确定及调整影响因素理论分析

最低工资标准的确定及调整可能受一些政治、历史、人文等方面的因素影响，但毋庸置疑，经济因素是最本质和最主要的。根据国内外理论研究及各国实践做法可知，影响最低工资标准的相关经济因素有经济发展水平、平均工资、失业率、家庭负担系数、第三产业发展和城镇居民消费价格指数等。其中，劳动者及其赡养人口生活费用、居民消费价格指数、职工平均工资水平为基本因素，经济发展水平、第三产业发展水平为提高因素，就业人员负担系数、企业支付能力、失业率为限制因素。

一、最低工资标准确定及调整的基本因素

（一）劳动者及其赡养人口生活费用

最低工资制度的最基本功能就是保障劳动者及其赡养人口的基本生活，因此劳动者及其赡养人口生活费用是最低工资标准的直接影响因素。生活费用增加，最低工资标准必然相应要提高。

尽管生活费用因素被公认是影响最低工资标准的直接因素，但在实际运用中却存在许多问题。首先，人们对生活费用这一概念并没有统一的认识。一些人认为，生活费用是足以维持身体健康的最低生存费用，有些人则认为在最低生存之外，生活需要至少应当包括一些简单的生活享乐。而且，生活费用内容本身也不断发生变化。随着经济的增长，以前一些是奢侈品的商品或服务，现在已成为不可或缺的必需品。其次，对于生活费用的估算，也存在一定问题。目前人们主要采用以下两种方法。第一种方法是以营养需要为基础来估算生活费用。即根据年龄与工作性质，测算出成人与儿童所需要的营养数量与成分，然后再估算达到这些营养数量与成分所需的食物数量，最后再加上衣、住、行及其他生活必需品费用，由此得到总的生活费用。这种方法的缺点在于，摄取同样数量营养所需的费用会因为所购食物种类及品质不同而不同，而且不同劳动者家庭的饮食习惯、食物烹饪方法以及营养摄取情况不同，因此要对食物支出进行精确估算很困难。另外，对于非食物开支，不同国家、同一国家不同地区都有较大的差异，这无疑会对估算食物之外的开支带来困难。鉴于营养需要法存在上述缺点及困难，因此在实践中并不被普遍采用。第二种方法是根据家庭预算调查来估算生活费用。即以一些低收入劳动者的家庭作为调查对象，对他们的家庭人口数、儿童数、收入来源、支出情况（包括衣、食、住、行、家庭用品等方面）展开调查，从而估算他们的一般生活费用开支。问题是，被调查者往往凭借记忆而非实际收入与支出情况来提供资料，因此容易产生错误的估计。而且，由于害怕调查员

收集的数据被用作征收个人所得税的依据,因此很容易出现隐瞒收入状况的情况。

(二) 居民消费价格指数

居民消费价格指数是影响最低工资确定和调整的另一个基本因素。以居民消费价格指数来调整最低工资,一方面,可以使最低工资的实际购买力在短期内维持稳定,在长期内分享经济增长的收益。另一方面,居民消费价格指数资料容易取得,也容易为雇员、雇主及最低工资制定者理解,因此,这是调整最低工资标准最简单,又符合劳动力市场普遍预期的办法。

从各国实践来看,发达国家最低工资调整与价格变动的关系非常密切和一致,足以防止购买力被削弱。发展中国家最低工资的调整与价格变动的关系则明显更松散。虽然大多数发展中国家最低工资也都是根据通货膨胀率进行调整,但与发达国家相比,发展中国家最低工资实际值的波动更加剧烈,有时甚至还出现最低工资实际值下降的情况。尽管如此,我们仍然可以看出发展中国家通货膨胀率对最低工资标准调整的影响。

对于各国最低工资标准调整与消费价格指数挂钩的这种做法,理论界也有人提出质疑。一是消费物价指数是根据大多数人的消费特征制定的,而这显然与受最低工资变动影响的人们的消费特征会有不同,即两组消费模式存在差异。二是最低工资实际购买力是否应始终维持。从理论上讲,最低工资主要是保护弱势劳动者,确保公平工资并减少贫穷等,因此它对于通货膨胀的影响极为有限。然而,在实践中,最低工资通常被看作是工资结构的一个基准点。最低工资的增加就会对社会的整体工资结构和水平产生显著影响。这样,最低工资通过对工资成本以及政府赤字的影响,而对社会总需求施加压力,从而有加速通货膨胀的风险。尤其是当一国经济明显遭受成本推动的通货膨胀压力时,虽然有必要追随物价的上升而提高最低工资标准,但这无疑会进一步推动物价上涨。此时,政府可能希望暂缓调整最低工资,以免物价失去控制。①

(三) 职工平均工资水平

以平均工资水平作为最低工资标准制定的基础,具有几个显著的优点:首先,可以确保低收入劳动者分享经济成长。职工平均工资水平反映了市场经济条件下消费物价水平及劳动者生产力的变动,因此以它作为制定最低工资的依据,可以使最低工资领取者的工资与其他部门的工资维持合理关系,并确保最低工资对劳动市场情况变动具有敏感性,能真正分享到经济增长的成果;其次,相对于其他的指标,平均工资水平可以直接测度,从而大大减少了制定过程中许多

---

① 对此,国际劳工组织 1967 年曾指出,通货膨胀的危险本身不应成为全国最低工资购买力下降的理由,政府应当通过其他方法来控制通货膨胀的压力,而不是降低全国受最低工资保护的人们本来就很低的生活标准的方法。

无谓的争论;最后,最低工资与平均工资挂钩不会导致因果循环的问题。因为在许多国家,最低工资往往只是作为社会的一个安全网,而不会对现行的工资水平产生重大的冲击。

问题是,最低工资标准与平均工资水平两者的增长速度应保持怎样关系。对于那些经济结构较平衡、收入分配较公平的国家来说,将经济发展所得按相同的方式在不同收入劳动者之间进行分配是合理并可行的。然而,在许多国家、尤其是发展中国家,收入分配一般都很不公平,改善低收入劳动者的相对收入地位的呼声日益高涨,要求最低工资增长速度快于平均工资增长速度的压力就很大。诚如前文所分析的,发展中国家关注的目标是发展经济与提高就业。在收入分配不公有利于经济增长的理论支持下,大多数发展中国家往往选择以收入分配公平为代价来实现经济增长。[①]

二、最低工资标准确定及调整的提高因素

(一) 经济发展水平

最低工资标准随着经济发展水平和劳动生产率提高而提高,是确保低收入劳动者分享经济成长的一个重要途径。一方面,生产决定分配,也是确定最低工资水平的现实基础,不同地区不同时期最低工资水平的高低和增长速度的快慢,最终都要受到各地区或各时期经济发展、劳动生产率及其增长速度的制约。另一方面,随着经济发展水平、劳动生产率水平的提高,劳动者生活水平会普遍改善,不仅消费量增加,而且消费内容也不断丰富,因此,最低工资标准也应相应提高,这样才能确保最低工资领取者的生活水平不与其他收入劳动者者生活水平拉开距离,彰显社会公平和正义。

然而,在发展中国家,由于经济增长、就业存在较大压力,因此最低工资标准以经济发展水平和劳动生产率为指标的做法备受争议。反对者认为,为了加速经济增长、增加就业,必须抑制工资的增加,将大部分增加的国民收入用于投资,尤其是扩张传统的、低生产力部门,而不是用以提高已经获得一定收入的就业者的工资。理由如下:第一,工资增长可能会妨碍经济增长。工资增加可能会导致利润,继而引起储蓄与投资的减少。[②] 第二,工资增长可能减少就业。工资提高除了可能降低投资外,也会鼓励雇主采用资本密集型的技术,从而减少劳动密集

---

① 大量经验研究表明,储蓄、投资与收入间的关系,并不像传统假设那么明显,因此关于收入分配不公有利于经济增长的理论结论的正确性也就被大大地削弱。越来越多的人认为,更公平的收入分配可以提高有效需求、刺激生产,因而有利于经济增长。

② 然而,大量研究表明,利润降低并不一定会导致投资减少。而且,经济增长受阻的原因很多。有效需求不足同样会妨碍经济增长。在这种情况下,提高工资就能增加国内市场需求而促进经济发展。最后,当工资过低时,提高工资会改善劳动者生产率而促进经济增长。

型的生产,导致低级劳动力的就业降低。[①] 第三,高工资是城市失业上升的一个原因。在比较利益的驱动下,许多劳动力从农村转移到城市,从而恶化了城市的就业状况。[②] 第四,工资增长可能降低其劳动效率。由于最低工资保障了劳动者之间的工资差距保持在一定范围内,因此这有可能会降低劳动者接受训练以及向高生产率部门转移的意愿,从而不利于提高劳动者效率。

(二) 第三产业发展水平

第三产业占比的提高,意味着着产业结构的升级和地区经济竞争力的提高,将给最低工资的提高带来机会。但要注意的是,第三产业的从业人员中不仅有低工资的劳动者,也有高工资的劳动者,其工资水平存在着相互影响。发展第三产业、尤其是发展高附加值的第三产业,对于提高最低工资标准、乃至提高劳动者的工资水平具有重要意义,但如果是通过创造更多低工资的就业岗位来发展传统低端第三产业的话,由于它集中了大量的低工资劳动者,那么传统第三产业比重的提高将意味着低工资劳动者的数量增加,而这显然会使得最低工资的发展相对缓慢。

三、最低工资标准确定及调整的限制因素

(一) 就业人员负担系数

根据马克思的劳动力价值理论可知,最低工资标准除了要保证劳动者能够维持自身生存外,还要满足家庭成员的生活、教育及培训等方面的支出。这样,从理论上看,当就业人员负担系数增加的话,政府就应该提高最低工资标准,以使劳动者能够抚养家庭成员。但必须指出的是,负担系数对经济增长本身会形成压力,不利于工资水平的提高。如果地区经济欠发达,缺乏经济实力为劳动者提高最低工资标准,但为了顾及负担人口的需要而一味提高最低工资标准的话,那只会由于加重了企业劳动成本而对经济发展不利,结果是适得其反。由此可见,只有在合理的负担系数区间内,就业人员的负担系数的提高才能促进最低工资水平的提高。当然,合理的负担系数需要社会保障的健全和生育行为的有效调整。

(二) 企业支付能力

最低工资标准制定还应考虑它对经济发展的影响,其中企业支付能力是一个重要因素。因为最低工资最终是由企业支付的,任何政府或工会都无法长期超过企业支付能力来提高货币工资。

然而,关于企业到底有多大的支付能力,无论是最低工资三方谈判或是工资集体谈判,劳资双方历来存在相当大的分歧。资方代表总是强调"经济状况限

[①] 另一方面,提高工资会改善劳动者生产率,增加劳动者的人力资本投资,以及增加对本国劳动密集型产品和服务的需求,从而反过来促进投资和消费,对就业产生正面的影响。

[②] 需要指出的是,最低工资制度本身并不是城乡工资差别的主要原因。而且,劳动力从农村转移到城市是所有发展中国家城市化必经之路。

制"或"无力给付",而劳方代表则常常认为这不过是雇主抵制工资提高的一种借口而已。事实上,企业支付能力与企业应对最低工资提高的方法有密切关系。企业可以通过提高生产力、节省非劳动成本、提高产品价格、减少产量和就业等途径来应对最低工资的提高。由于应对方法不同,一些企业有能力吸收最低工资的增加,而不增加劳动成本和产品价格,有些企业则可能因此而倒闭或减少产量和就业量。

对此,有人提出,最低工资应当按照不同产业支付能力指标(如劳动成本占总本比例、平均劳动生产力、投资报酬率等)进行适当调整。这样不仅劳动者能够分享企业繁荣的成果,而且可以降低企业利润所得与工资所得之间的差距。然而,采用这种差别方式制定最低工资,显然会大大增加最低工资制度的复杂程度和管理难度,而且也违反了同工同酬的原则,特别是当这种差距主要源于企业的垄断地位而非劳动者努力造成的时候。

正是企业支付能力存在上述特点,再加上政府不希望因最低工资的调整而导致就业大幅减少,因此在实际执行过程当中,最低工资制定机构很少试图对企业支付能力设定一个绝对的标准。

(三) 失业率

根据古典经济学理论,如果最低工资低于均衡工资水平,那么最低工资政策对劳动力市场不产生作用,因此,最低工资水平必须高于市场均衡工资水平。相对于均衡工资,最低工资水平越高,造成的失业就越多;劳动供给和需求弹性越大,最低工资政策造成的失业也越多。以此为出发点,许多学者将失业率的提高与实行最低工资制度联系起来,认为最低工资只会加剧失业,对于整个社会来讲是有损害的。

然而,从 20 世纪 80 年代起,理论界关于最低工资的就业效应取得重大突破。大量的研究表明,最低工资的提高并不必然会导致就业减少,一些研究还显示,最低工资标准的提高会增加就业,产生正效应。

由于采取的方法和研究的时间段不同,学者们对最低工资的就业效应始终没有取得一致的看法。目前普遍结论是,现有的最低工资标准尚未能对失业产生明显的影响,所以最低工资标准的适当提高,能更好地保障劳动者的生活需要,维护社会公平和稳定。[①]

第四节　中国最低工资标准确定及调整影响因素实证分析

最低工资标准过低,无法真正保护劳动者劳动权益,实现最低工资制度设立初

---

① 罗小兰:《中国企业最低工资制度》,立信会计出版社 2009 年版。

衰。最低工资标准过高,又会对经济与社会产生负面效应。保持最低工资标准在一个合理水平区间,是各国劳动政策的重要内容之一。为促使中国最低工资标准进一步合理化,本节就当前中国最低工资标准确定及调整的影响因素展开实证分析,以明晰这些因素在最低工资标准调整过程中所起的作用方向和作用大小。

一、计量模型的设计

根据上文理论分析我们设立如下模型。

(一) 被解释变量

显然,被解释变量为最低工资标准。关于最低工资标准变量,当前已有文献中,使用较多的大致有三种估算方法:

第一种方法是计算加权平均最低工资标准。例如,Card(1992)在计算美国联邦最低工资标准时,按照最低工资标准对行业的覆盖范围对最低工资标准进行调整,王梅(2010)根据各地区的不同档次差别来测算中国最低工资标准。这种方法最大的优点是考虑了各地最低工资标准不同的调整时间、不同的覆盖行业、不同的标准档次。因此,在计算最低工资标准时,具体做法是,根据最低工资标准在当年的实施时间范围及最低工资标准,调整时间、最低工资标准所覆盖的行业和地区,以及各个行业和地区实施最低工资标准的不同档次,对这些因素赋予不同的权重,然后再计算加权平均值。

第二种方法是计算相对最低工资标准。最常用的做法是用最低工资标准与社会平均工资的比值、或者最低工资标准与行业平均工资的比值、或者最低工资标准与经济 GDP 的比值等来衡量相对最低工资标准。如 Neumark 等(1992、1994)在研究美国最低工资标准时曾使用过这种方法,这种方法的优点是将最低工资与经济发展联系在一起,而不是孤立地看待最低工资标准的影响,在实证时可以分析最低工资与社会平均工资、行业平均工资、GDP 等经济变量的相对影响及合理性。

第三种方法是综合使用第一种方法和第二种方法来计算最低工资标准,即用加权平均最低工资标准与社会平均工资的比值、或加权平均最低工资标准与行业平均工资、或加权平均最低工资标准和 GDP 的比值来表示相对最低工资标准。

上述三种计算方法在实证分析中都被学者们广泛应用。具体采用哪种计算方法,最终需要根据研究目的来确定。就本书而言,考虑到本书最终研究目标是明确中国最低工资标准对经济产生影响的方向和大小,因此,采用第一种加权法来计算最低工资标准,而不采用相对最低工资标准①。具体原因如下:

首先,中国最低工资标准是典型的地区模式。这种地区模式实施的结果是:首先,各地最低工资标准不同,不仅如此,各地最低工资标准都设置了诸多档次,

---

① 书中以后各章分析中,除非特别说说明,最低工资标准均采用加权最低工资标准。

其辖区内的各个市、县最低工资标准也都高、低不同。其次,各地关于最低工资标准的调整时间、频率和幅度都不一致,这也导致了最低工资标准在测算时有必要将这些因素考虑在内,采用加权平均法。

为了得到加权平均最低工资标准,借鉴刘玉成(2013)的做法,本文采取的计算方法为,引入各地最低工资标准调整时间,同时考虑各地区当年最低工资标准最高档与最低档,然后再进行加权平均。具体计算公式如下:

$$AMWW_t = \frac{\dfrac{\max MW_{t-1} + \min MW_{t-1}}{2} \times m + \dfrac{\max MW_t + \min MW_t}{2} \times (12-m)}{12}$$

其中,t 表示年份,$\max MW_t$、$\min MW_t$ 表示当年最高档、最低档最低工资标准,而 $\max MW_{t-1}$、$\min MW_{t-1}$ 则分别表示上一年度最高档、最低档的最低工资标准。m 为最低工资标准调整前的实施月度时间。如果某地区一年中多次调整最低工资标准,则分时间段进行加权平均。

(二) 解释变量

本模型中解释变量共有七个变量。分别为:

一是经济发展水平,以人均国内生产总值来表示,反映经济发展对最低工资标准的影响。

二是平均工资,以城镇在岗职工平均工资来表示,说明社会平均工资对最低工资标准的影响。

三是居民消费支出水平,以城镇居民消费性支出来表示,说明居民生活支出对最低工资标准的影响。

四是第三产业发展水平,以第三产业就业人数与就业总人数比值来表示,说明服务业的发展对最低工资标准的影响。

五是通货膨胀率,以城镇居民消费价格指数来表示,反映物价上涨因素对最低工资标准的影响。

六是负担系数,以每一就业人员负担系数来表示,说明劳动者家庭赡养人口数量对最低工资标准的作用。

七是失业率,以城镇登记失业率来表示,反映城镇就业状况对最低工资标准的影响。

二、 数据统计性描述

受数据可得性的限制,实证分析以 2005—2015 年浙江、江苏等 9 个省份的市一级数据为对象,共计 1 320 个样本。① 其中,最低工资标准根据政府网站的

---

① 具体来说,这 9 个省份为江苏、浙江、山东、安徽、江西、湖北、四川、贵州、云南。以后各章中的实证分析,除特别说明外,均以这些数据为样本。

最低工资标准数据加权计算所得。其他控制变量则来自各地统计年鉴或根据统计年鉴数据自行计算所得。此外，为了保证跨年度数据的可比性及消除数据的波动性，方程中涉及的最低工资标准、平均工资、消费性支出、人均 GDP 四个变量均取自然对数。各变量的统计性描述及其相关关系分别如表 3.8 和表 3.9 所示。

表 3.8　　　　　　　　　模型各变量统计性描述

变量	最小值	最大值	平均值	标准差
最低工资标准	5.704	7.528	6.650	0.437
人均 GDP	7.781	12.241	10.277	0.798
平均工资	8.572	11.277	10.320	0.484
消费性支出	7.940	10.429	9.388	0.411
第三产业发展水平	0.114	0.679	0.355	0.084
通货膨胀率	1.000	1.671	1.190	0.145
负担系数	1.160	2.677	1.521	0.241
失业率	1.370	4.650	3.254	0.670

表 3.9　　　　　　　　　模型各变量相关系数描述

变量	最低工资标准	人均 GDP	平均工资	消费性支出	第三产业发展水平	通货膨胀率	负担系数	失业率
最低工资标准	1.000							
人均 GDP	0.700	1.000						
平均工资	0.878	0.727	1.000					
消费性支出	0.885	0.838	0.866 6	1.000 0				
第三产业发展水平	0.304	0.134	0.300 1	0.320	1.000			
通货膨胀率	0.783	0.448	0.740 5	0.709 6	0.252	1.000		
负担系数	0.016	0.101	0.025 6	−0.008 8	0.095	0.125	1.000	
失业率	−0.149	−0.455	−0.430	−0.399	−0.454	−0.190	−0.325	1.000

三、实证分析结果

我们先对总样本进行计量分析,之后,再根据经济发展程度,将所有样本分成东部、中部、西部地区分别展开实证分析。[①]

(一) 总样本分析结果

从表3.10中的总体样本实证分析结果来看,各解释变量中,除失业率外,人均 GDP、平均工资、消费性支出、第三产业发展水平、通货膨胀率、负担系数 6 个解释变量均与最低工资标准正相关,与预期相符。进一步比较分析可以发现,6 个变量中,对最低工资标准调整作用较大的依次为消费性支出、通货膨胀率、第三产业发展水平及平均工资,其作用大小分别为 0.596、0.586、0.509、0.229。相比之下,负担系数和人均 GDP 虽然也与最低工资标准正相关,但作用系数明显偏小。其中,负担系数作用大小为 0.059,即劳动者负担系数每增加 1%,最低工资标准才上升 0.059%。人均 GDP 对最低工资标准增长的贡献最小,变量系数为 0.022,即人均 GDP 每增加 1%,最低工资标准仅上升 0.022%,而且统计不显著。这说明地方政府在调整最低工资标准时,并不很介意当地经济发展因素,而是更多地考虑通货膨胀、居民消费支出水平、第三产业发展及社会平均工资等因素。

表 3.10　　　　中国最低工资标准确定及调整影响因素全样本分析结果

项目	方程 1	方程 2
上年度最低工资标准		0.806 *** (44.37)
人均 GDP	0.022 (1.25)	−0.006 (−0.84)
平均工资	0.229 *** (10.25)	0.061 *** (3.35)
消费性支出	0.596 *** (17.69)	0.065 ** (2.82)
第三产业发展水平	0.509 *** (6)	−0.071 (−1.83)
通货膨胀率	0.586 *** (9.59)	0.154 *** (4.48)
负担系数	0.059 ** (2.24)	0.034 *** (2.67)

① 根据经济发展程度,本书将江苏、浙江、山东三个省份的城市列入东部地区,安徽、江西、湖北三个省份的城市列入中部地区,而四川、贵州、云南三个省份的城市则列为西部地区。

（续表）

项目	方程 1	方程 2
失业率	−0.015* (−1.67)	−0.011** (−2.18)
常数项	−2.454*** (−14.1)	0.046 (0.39)
R^2	0.827	0.839

注：*、**、***分别表示通过 10%、5% 和 1% 水平统计显著性检验；括号内数值为变量的 t 值。以后各表同。

考虑到地方政府在调整最低工资标准时，往往是以上年度最低工资标准为基数，因此表 3.10 中的方程 2 在解释变量中添加了上年度最低工资标准。结果发现，在添加该变量后，其对最低工资标准调整的影响作用远远超出其他变量，作用大小为 0.806，即上年度最低工资标准每增加 1%，就会引起本年度最低工资标准增长 0.806，这说明中国最低工资标准的增长具有较好的连续性。与此同时，其他变量对最低工资标准调整的作用力度明显都降低了许多。由此可见，如果忽略上年度最低工资标准这一变量的话，会使估计结果偏大，即夸大各因素对最低工资标准增长的作用。

（二）地区分析结果

从分地区实证分析结果（见表 3.11）来看，地区间关于最低工资标准调整的影响因素存在较大差异。

首先，在添加上年度最低工资标准前，人均 GDP 在东部、中部、西部都对最低工资标准的调整具有正影响，其作用系数分别为 0.276、0.095、0.067，东部地区作用最大。平均工资东、西部地区具有正作用，且西部地区作用略大于东部地区，作用大小分别为 0.143 和 0.132，且统计显著。而中部地区具有副作用，系数为 −0.054，但统计不显著。消费性支出、第三产业发展两个变量都具有正作用。通货膨胀率东部地区为负数，说明东部地区最低工资标准尽管调整频繁，但却比不上物价上涨速度，中、西部地区为正数，作用大且统计显著，系数分别为 2.418、2.281，即物价每上涨 1%，最低工资标准就增加 2.418% 和 2.281%，显然，这是所有变量中对最低工资标准调整影响最大的一个因素。负担系数东、西部地区为正作用，而中部地区为负作用，显示中部地区在调整最低工资标准时并不考虑就业者的家庭负担。失业率东部地区为负作用，中、西部地区为正作用。

其次，在添加上年度最低工资标准变量后，与前面的全样本分析结果相似，一方面，除了中、西部地区的通货膨胀率作用大于上年度最低工资标准外，上年度最低工资标准水平的高低仍然是对本年度最低工资标准的增长影响最大的一个关键因素；另一方面，大部分变量对最低工资标准调整的作用也较添加上年度最低工资标准前明显降低了许多。

总体来说,东部地区最低工资标准的调整主要受第三产业发展水平、经济发展、平均工资等因素的影响,而中、西部地区最低工资标准的调整则主要受物价上涨指数的影响。

表 3.11　　　中国最低工资标准确定及调整影响因素分地区分析结果

项目	东部地区		中部地区		西部地区	
	方程 1	方程 2	方程 1	方程 2	方程 1	方程 2
上年度最低工资标准		0.541*** (13.91)		0.661*** (17.95)		0.448*** (8.93)
人均 GDP	0.276*** (8.65)	0.126*** (3.66)	0.095*** (3.58)	0.048*** (3.23)	0.067*** (3.56)	0.039** (2.15)
平均工资	0.132*** (7.16)	0.117*** (3.13)	−0.054 (−1.04)	−0.136*** (−3.88)	0.143*** (3.08)	0.075* (1.67)
消费性支出	0.271*** (5.77)	0.115*** (5.86)	0.369** (5.82)	0.156*** (2.95)	0.166*** (3.65)	0.080* (1.86)
第三产业发展水平	3.287*** (15.75)	1.422*** (5.86)	0.428*** (3.23)	−0.202** (−2.25)	0.379** (5.83)	0.200** (3.12)
通货膨胀率	−0.112** (−2.08)	−0.101** (−2.11)	2.418*** (12.76)	1.002*** (6.08)	2.281*** (17.77)	1.209*** (7.45)
负担系数	0.204*** (3.80)	0.149** (3.34)	−0.117* (−1.67)	−0.057*** (−1.09)	0.177*** (7.07)	0.113*** (4.76)
失业率	−0.032** (−2.35)	−0.010* (−0.78)	0.002 (0.15)	0.001 (0.13)	0.037** (2.58)	0.006 (0.44)
常数项	−1.493*** (−4.94)	−1.116*** (−3.80)	−0.061 (−0.18)	0.743*** (2.96)	−0.388 (−1.25)	0.072 (0.24)
R^2	0.729	0.884	0.886	0.927	0.952	0.956

第五节　小　　结

本章以中国最低工资标准水平为分析对象,在总结其增长历史的基础上,就最低工资标准的水平进行了国内纵向、国外横向等各种比较。同时,对中国最低工资标准调整的影响因素进行了定量分析。研究发现,从国内纵向发展来看,自1994年实施最低工资制度以来,中国名义最低工资标准绝对值经历了较快增长,但其增速慢于人均 GDP、城镇职工平均工资、城镇居民人均生活消费性支出,导致实际最低工资标准虽然没有下降,但中国最低工资标准与人均 GDP、人均工资、人均生活消费性支出等变量的比值却不断下降。此外,从国际横向比较来看,与经济发展尚处于发展中阶段相一致,当前中国的最低工资标准无论是绝对水平、还是相对水平,都处于较低水平。

理论上,政府主要根据基本因素、提高因素、限制因素三方面因素的变化来调整最低工资标准。其中,基本因素是指劳动者及其赡养人口生活费用、居民消费价格指数、职工平均工资水平三个方面,提高因素是指经济发展水平、第三产业发展水平两个方面,而限制因素则是指就业人员负担系数、企业支付能力、失业率三个方面。

实证分析发现:第一,地方政府在调整最低工资标准时,首先考虑的是上年度最低工资标准的水平。无论是总样本,还是分地区样本,上年度最低工资标准都对本年度最低工资标准具有显著正作用,这表明近年来中国最低工资标准的调整具有连续性。实际上,如果遗漏上年度最低工资标准这一变量,那将使得模型估计结果偏大。第二,从总样本来看,地方政府在调整最低工资标准时,除了上年度最低工资标准外,主要以通货膨胀率、居民消费支出水平、第三产业发展及社会平均工资等因素作为最低工资的调整依据。第三,地区间关于最低工资标准调整的影响因素存在较大差异。其中,东部地区最低工资标准的调整主要受第三产业发展水平、经济发展、平均工资等因素的影响,而中、西部地区最低工资标准的调整则主要受物价上涨指数的影响。

当前,中国正处于改革不断深化的过程中,最低工资标准只有保持一个合理的增长速度,才能维持劳动力市场的良好运转,真正发挥最低工资制度在初次分配中的重要作用。为此,根据本章的研究结论,提出以下政策建议:

第一,强化管理,规范操作。目前最低工资标准制定和监管权分散于各省级行政机构,中央政府在制度拟定、统筹管理和执行监察方面发挥的作用不足,一定程度上造成了地方政府无章可循、自行其是的局面。为此,强化中央管理,规范地方操作完全有必要。首先,关于调整频率,对制度中"至少每两年调整一次"的规定作出明确解释,详细说明在何种经济社会环境下地方政府应调整最低工资标准,规定各地调整的具体日期,从根本上约束各地区标准调整的随意性。其次,关于调整因素,在列举了最低工资标准调整应考虑的因素和主要方法基础上,中央政府对诸多因素的考虑顺序应加以详细说明。最后,地方政府在调整最低工资标准时,应对调整因素和测算方法作出解释说明,改变当前只有决策结果,没有决策过程的做法。

第二,实现最低工资标准与社会平均工资、人均 GDP 的同步增长。从最低工资标准的调整幅度来看,中国最低工资标准尽管绝对水平、相对水平都较低,但未来并不宜快速增长,只要能够实现最低工资标准与城镇职工平均工资或人均 GDP 的同步增长就足够了。这是因为,尽管中国政府正在大力推进产业结构升级和经济增长方式转变,但不可否认的是,在未来很长一段时间内,中国仍将处于发展中阶段,这一基本国情决定了今后较长一段时间内低劳动力成本仍将是中国的重要比较优势,劳动密集型产业也仍将在国民经济中继续占据重要地位。此时,任何过高、过快调整最低工资标准的做法,都将迅速推高企业劳动力成本,削弱中国的比较优势。这样,结合中国的经济发展程度和资源禀赋优势,就可以发现,未来中国最低工资标准虽然将保持增长的趋势,但并不宜增长过快,总体上能够做到与社会平均工资、人均 GDP 同步增长即可。

第三,提高最低工资标准执行效率,强化落实。最低工资制度目标的实现一方面取决于最低工资标准的合理水平,另一方面也有赖于最低工资制度的有效执行。显而易见的是,最低工资标准即便再合理,如果没有得到有效执行,也无法保障劳动者基本工资权益,不仅如此,最低工资标准的敷衍执行还将直接损害最低工资制度的严肃性和政府的公信力。

然而,不可否认的是,2004 年以来,各地最低工资制度或多或少地都表现出一定的误区,即重视提高,忽视落实。其表现为,尽管各地政府非常重视并竞相提高最低工资标准,但最低工资制度的落实和执行情况却并不很理想。一些企业往往在不明显违法的情况下,利用劳动者维权意识淡薄,通过延长劳动时间、变相加班、有意歪曲最低工资标准内涵等方式规避最低工资制度。因此,从这一角度出发,政府在确保规范调整最低工资标准的同时,将工作重点放在狠抓最低工资标准的落实尤其重要。

第四,长期来看,建立中国最低工资标准自动调整机制。当前中国地方政府在调整最低工资标准时,对其参考标准和依据的理解各不一样。结果导致地区间影响因素的作用方向和作用大小各不相同。一些因素甚至出现和最低工资标准之间缺乏合理的逻辑关联。例如,表 3.10 的全样本方程 2 中,最低工资标准与人均 GDP 之间负相关、东部地区最低工资标准与通货膨胀率之间负相关、中部地区最低工资标准与平均工资之间负相关等。从理论上来说,上述变量之间应该是正相关关系的,即人均 GDP、平均工资、通货膨胀率等指标的提高理应推动最低工资标准的上涨。为避免这些不合理现象再次发生,使最低工资标准的调整更加科学化,可以考虑借鉴国外成功经验,建立最低工资标准自动调整机制,使最低工资标准与由一系列经济指标构成的综合因素相挂钩,减少调整过程中的主观随意性。

第四章 中国最低工资标准就业
性别差异效应分析

20 世纪 70 年代以来,Bergmann(1974)、Brown 等(1980)、Miller(1987)、Blau 等(1988)、Kidd 等(1993、1996)关于就业性别差异的诸多研究表明,劳动市场上存在着性别隔离倾向和性别主导倾向,表现为男性市场与女性市场的分割、男性主导职业和女性主导职业。如果这些倾向没有强加性别歧视,那么对就业没有实质性损害,而如果有歧视性行为存在时,对就业和社会就是非常不利的。为此,本章重点关注最低工资的实施有没有扩大就业性别差异。如果最低工资上涨导致就业性别差异扩大,或者说就业中歧视性地排斥某一性别的劳动力,致使其不能充分参与社会劳动,那么这种现象对整个社会都将产生不利影响。据此,本章以就业性别差异为研究对象,在描述中国就业性别差异现状的基础上,构建最低工资标准作用于就业性别差异的理论模型,并以中国市级数据为样本展开实证分析,揭示最低工资标准上涨对女性就业比例的作用方向和作用大小。

第一节 最低工资就业效应国内外研究综述

一、最低工资就业效应国外研究综述

(一) 国外最低工资就业效应理论研究

经过一个多世纪的发展,目前关于最低工资就业效应的理论研究数不胜数。总结来说,当前主要有以下七种模型。一是失业效应模型。斯蒂格勒(1946)提出最低工资的失业效应模型。他认为制定最低工资政策,使最低工资标准高于劳动力均衡市场工资,是对劳动力市场的一种干预,不仅减轻不了贫困,而且还扭曲了资源配置,导致企业减少对劳动力需求,引起失业人数增加。[①] 二是两部门模型。Welch(1974)建立了两部门模型。研究表明,在两部门的劳动力市场中,一部分企业适用最低工资规定,另一部分企业则不适用。对于适用企业来说,随着最低工资的引入,工人的劳动供给发生变化,一部分继续留在该部门,另一部分则转移到不

---

① G. J. Stigler: The Effect of Minimum Wage Legislation, The American Economic Revies, June 1946, 358-365.

适用企业中去,另外还有可能一部分劳动力退出劳动力市场。因此,在这种随机分配的情况下,适用企业的就业会减少,而不适用企业由于其劳动供给伴随着部分工人从适用企业中转移进来而增加,因而出现工资下降、就业量增加的现象。[1] 最低工资对就业的最终影响取决于两部门的劳动需求弹性、劳动供给弹性、最低工资的覆盖范围、最低工资的提高程度等因素。因此,最低工资对失业的影响并不确定,还需要实证分析的进一步检验。三是买方垄断模型。在雇主垄断的情况下,如果是非歧视性的雇主垄断,理论界认为在这种市场中当最低工资过低时,它对就业没有影响,恰当的最低工资会增加就业,但是过高的最低工资反而会增加失业。如果是歧视性的雇主垄断模式,最低工资对就业没有影响。四是效率工资模型。Agenor、Aizenman(1999)提出效率工资模型。该理论认为,由最低工资造成的失业对于抑制整个经济中低工资工人的怠工将产生有效影响。由于最低工资造成了大量失业,因怠工而被解雇的工人找工作将更为困难,从而会减少怠工。这就意味着厂商能够减少效率工资的支付,但仍然能够促使雇员努力工作,而较低的效率工资反过来减少了与较高的效率工资相关的均衡失业水平。这样,减少的失业数量将超过因最低工资的增加而引起的失业数量,因此,最低工资能够减少总失业水平。[2] 五是企业反应模型。Fraja(1999)的企业反应模型认为,最低工资的提高会使企业主给工人提供更差的工作条件,更繁重的工作任务,由此转移企业主的损失。也就是说,企业会要求工人提供更多的劳动,而不一定解雇工人,这也能部分说明为什么最低工资的适度增加并不一定出现明显的失业效应。[3] 六是人力资本模型。Cubitt 和 Hargeraves(1996)提出人力资本模型。该模型假设最低工资对低生产率工人产生激励作用,为了提高生产率以获得更高工资,工人会接受教育和培训,这样会提高人力资本,从而促进经济增长,提高就业水平。[4] 七是搜寻理论模型。Arcidiacono 和 Ahn(2004)年提出搜寻理论模型。该模型认为就业量由雇主和求职者结成配对的数量决定,最低工资提高会吸引更多的人寻找工作,因而求职人数大于雇主人数,导致更多的雇主和求职者配对成功,就业量并不因最低工资上升而减少。[5]

(二) 国外最低工资就业效应的实证研究

为了研究最低工资究竟会产生什么样的就业效应,学者们采用的方法各不

① F. Welch: Minimum Wage Legislation in the United States, Economy Inquiry, 1974,285-318.

② P. R. Agenor, J. Aizenman: Macroeconomic adjustment with segmented labor markets. Journal of Development Economics,1999,58(2):277-296.

③ G. Fraja: Minimum wage legislation,productivity and employment Economica,1999,66(264): 473-488.

④ Cubbit, Hargeraves: Minimum Wage Legislation, Investment and Human Capital, mineo, Economics Research Centre, University of East Anglia, Norwich, UK, 1996.

⑤ 罗小兰:《中国最低工资制度研究》,立信会计出版社 2009 年版。

相同。一是时间序列分析法。早期国外学者最主要且最常用的研究方法,如Brown、Gilroy 和 Kohen(1982)就最低工资对青少年的就业效应展开分析,研究发现最低工资每增加 10％,青少年就业率就要减少 1％～3％;即便增加其他控制因素,最低工资对于青少年的就业仍具有副作用,只是作用大小降低,其弹性在－0.75～0。Bazen(2002)也采用时间序列分析法来研究最低工资对青少年就业的影响。要注意的是,时间序列分析法存在序列相关、数据不平稳等缺陷。Neumark 和 Wascher(2006)对这一缺陷进行了较好地解决。二是双重差分分析法。Card 和 Krueger(1993)、Neumark 和 Wascher(1995)都采用双重差分分析法,对宾夕法尼亚州及新泽西州的快餐店进行分析,不同的是,后者克服了模型内生性问题。对此,Yuen(2003)提出,使用双重差分分析法,关键要找到适当的控制组,解决模型内生性问题。三是面板数据分析法。Neumark 和 Wascher(1992)最早使用面板数据模型,通过引入时间效应及截面效应,来控制那些会对就业产生重大影响、但却被遗漏的变量。目前,面板数据分析法、双重差分分析法是学者们使用最多的实证研究方法。

在不同的研究数据、不同的研究方法下,尽管国外关于最低工资就业效应的实证研究尽管非常丰富,但却并没有形成一致结论。目前,最低工资的就业效应研究主要形成了三种观点,即减少就业、没有影响和增加就业。

第一种观点是最低工资对就业具有负面影响,即最低工资标准的增长会在一定程度上引起低工资工人就业的减少。Mincer(1976)使用 1947—1968 年的数据估计最低工资与就业的关系,最终得到最低工资将会减少就业的结论。[1] Benewitz、Weintraub(1964)运用柯布-道格拉斯函数对纽约的最低工资就业效应进行量化分析,得到了与美国劳动部门"4-D 报告"的结果相一致的绝对失业效应。[2] Welch 和 Cunningham(1978)选择了 14～15 岁、16～17 岁、18～19 岁三组不同年龄的青少年进行检验,得出最低工资标准的增长对青少年就业的负面效应分别是:14～15 岁的为 46％、16～17 岁的为 27％、18～19 岁的为 15％。[3] Brown、Gilroy 和 Kohen(1983)探索了不同的函数形式,增减了各种解释变量,分析得出最低工资 10％的增长将导致就业减少 1％的结论。[4] Neumark David 和 William Wascher(1994)利用一个不均衡的方法来研究最低工资效应与低工资劳动力市场的关系,得出结论:就业与最低工资效应之间的关系取决于最低工

　　[1]　J. Mincer: Unemployment Effect of Minimum Wages, Journal of Political Economy, 1976, Vol. 84, No. 4:87-104.

　　[2]　M. Benewitz, R. E. Weintraub: Employment Effects of a Local Minimum Wage, Industry & Labor Relations Review, January 1964, Vol. 17 Issue 2:276-288.

　　[3]　F. Welch, J. Cunningham: Effects of Minimum Wages on the Level and Age Composition of Youth Employment, Review of Economics & Statistics, February 1978, Vol. 60 Issue 1:140-145.

　　[4]　F. Welch, J. Cunningham: Effects of Minimum Wages on the Level and Age Composition of Youth Employment, Review of Economics & Statistics, February 1978, Vol. 60 Issue 1:140-145.

资标准与市场均衡工资之间的关系。如果最低工资标准高于均衡工资,最低工资标准会对就业产生负效应;如果最低工资标准低于均衡工资,那它对就业就不会产生影响。[①] Currie、Fallick(1996)使用了来自全国青年纵向调查个体水平上的面板数据,估计了1979年和1980年联邦最低工资增长后就业的变化,研究发现,就业大约减少了3%。[②] Abowd John M、Kramarz Francis 和 Margolis David N(1999)研究了法国和美国最低工资增长与就业的关系,发现最低工资增长会引起就业的强烈变化。在法国,最低工资每增长1%就会减少男性工人1.3%和女性工人1%的就业;在美国,最低工资每增加1%,就会降低男性工人0.4%和女性工人1.6%的就业。[③] Sabia 等(2012)运用双重差分分析法,以宾夕法尼亚州、俄亥俄州和新罕布什尔州为对照组,以纽约州为实验组进行研究,结果发现,最低工资上调对没有受过高等教育和职业培训的16~29岁的年轻人就业有明显的减弱作用,就业弹性达到-0.7。

第二种观点是最低工资对就业没有影响。Alpert、Guerard(1988)利用时间序列与因果检验分析的方法,选用1965年1月到1979年12月,以及1980年1月到1981年12月的美国劳动部门和劳动统计局提供的每月当前人口调查数据,来讨论最低工资与就业、失业的关系。结果表明,最低工资没有显著地影响就业与失业,除了对16~19岁的男性以及20岁以上的非白人男性外,没有发现其他显著的就业效应和失业效应。这表明最低工资并没有引起就业的减少,最低工资的任何调整都不可能有显著的作用。Card(1992)把1990年联邦最低工资上调14%作为自然实验,研究也没有发现最低工资的增加与青少年就业有显著的相关关系。Card 和 Krueger(1994—2000)发现,最低工资对快餐行业的就业没有显著影响。Doucouliagos 和 Stanley(2009)发现,最低工资的提高不会显著影响就业,即使这一效应存在,也是小到难以察觉。

第三种观点是最低工资对就业有积极影响。Hamermesh(1981)研究美国1954—1978年成年人与青年人的就业,发现最低工资增长会增加青年人就业而减少一小部分成年人就业。[④] Katz 和 Krueger(1992)关于1990年最低工资增长后德克萨斯州快餐业就业情况的研究发现,绝大部分德州快餐店没有因为最低工资增加而减少就业。[⑤] Wellington(1991)对最低工资增长10%后青少年就业

① Neumark David,William Wascher: Minimum Wage Effects and Low-Wage Labor Market: A Disequilibrium Approach. NBER Working Paper No. 4617,1994.

② J. Currie, B. C. Fallick: The Minimum Wage and the Employment of Youth, Journal of Human Resources, Spring 1996,Vol. 31 Issue 2:404-428.

③ John, M. Abowd, Francis Kramarz: David N. Margolis Minimum Wages and Employment in France and the United States, CEPR Discussion Papers, No. 2159, May 1999.

④ W. T. Alpert, J. B. Guerard Jr: Employment, Unemployment and the Minimum Wage: A Causality Model\[J\]. Applied Economics,1988,20:1453-1464.

⑤ L. F. Katz, A. B. Krueger: Tthe Effect of the Minimum Wage on the Fast-food Industry, Industrial and Labor Relation Review, October 1992,Vol. 46,No1:6-21.

的变化情况作出了估计,分析得出该影响只有 0.60%,与传统就业减少 1%～3% 的估计存在明显差异。[①] Dickens、Machin 和 Manning(1999)采用 NES 和 EG 的数据,对 1975—1992 年英国就业与最低工资的关系进行分析,发现与传统标准竞争模型不一致,没有证据表明最低工资减少了就业。[②] Card(1992)运用当前人口调查(CPS)等数据,以加利福尼亚 1987—1989 年为样本度量最低工资增长对就业的影响,得出的结论是:最低工资的增长增加了低工资工人的工资,并没有发现最低工资减少就业的证据,甚至在零售行业中也是如此。[③] Krueger(1994)关于波多黎各的研究发现,最低工资增长就业负效应的有力证据是通过时间序列分析方法得出来的,而最无力的证据来自跨行业的分析。Krueger 通过跨行业的数据分析得出有关最低工资增长的就业负效应的结论是不可靠的。[④] Card 和 Krueger(1993)研究也没有发现最低工资的增长减少就业的证据,相反低工资工人的就业还有所增加。[⑤] Ni 等(2011)以中国 2000—2005 年数据为样本,在控制了产权性质、行业和雇员性别后,研究发现最低工资的就业效应是一种综合效应。整体上来讲最低工资并没有显著的负效应,虽然东部地区会减少就业,但中西部地区却会增加就业。Meer 和 West(2013)认为,许多研究都以一个短时间内相对小的最低工资变动为研究对象,关键是在这么短的时间内,实际的就业水平还没来得及作出反应。为此,Meer 和 West 以美国 1975—2012 年的就业人口数据为样本,研究发现最低工资并没有显著降低就业水平。

二、国内最低工资就业效应研究综述

(一) 国内最低工资就业效应理论研究

相较国外,我国对于该问题的理论研究较为薄弱。然而,与国外学者一样,国内关于最低工资就业效应的观点同样存在分歧,这些分歧主要集中于最低工资对如下岗工人、农民工、刚毕业的青年学生等的就业产生了怎样的影响。

首先是反对意见。张五常(2004)明确反对实行最低工资制度。理由是:第一,最低工资会造成低技能劳动者的失业,即使企业雇佣了他们,也会减少他们的福利。第二,最低工资制度会削弱中国低成本劳动力优势,同时阻碍合约选

① A. J. Wellington: Effects of the Minimum Wage on the Employment Status of Youths, Journal of Human Resources, Winter 1991, Vol. 26 Issue1: 27-46.

② R. Dickens, S. Machin, A. Manning: The Effect of Minimum Wages on Employment : Theory and Evidence from Britain, Journal of Labor Economics, 1999, Vol, 17, No. 1: 1-11.

③ D. Card: Do Minimum Wages Reduce Employment? A Case of Study of California , 1988-89, Industrial and Labor Relation Review, October 1992. Vol. 46. No. 1: 38-46.

④ B. Alan Krueger: The Effect of the Minimum Wage when it Really Bites Areexamination of the Evidence from Puerto Rico, NBER Working Paoer No. 4757, 1994.

⑤ D. Card, A. Krueger: Minimum Wages and Employment: A Case Study of the Fast-Food Industry in New Jersey and Pennsylvania, American Economic Review, 1993, 84(4).

择,尤其是计件合约及分红合约,增加底层劳动者的失业。蔡昉和都阳(2005)指出,中国要谨慎对待最低工资制度。第一,中国劳动力供给丰富、资本相对短缺,因此实行最低工资制度,可能会产生比欧美国家更严重的失业效应。第二,在中国城乡二元经济结构下,最低工资偏向保护城市居民,只会对城市的正规部门有作用。平新乔(2005)认为,工资水平应由劳动力市场自行决定,中国农村劳动力收入水平非常低,在这种极低的机会成本下,最低工资制度如同虚设。而如果提高最低工资标准,则会增加企业的实际雇佣成本,导致城镇就业量下降。

其次是赞成观点。夏小林(2005)指出,中国存在大量低收入群体,其工资水平比当地最低工资标准低,也没有社会保障,因此,完全有必要实施最低工资制度。崔宇(2006)提出,中国劳动力市场并不完善,工会制度也存在缺陷,实施最低工资标准将促使中国劳动力市场更加趋于均衡。姚先国和王光新(2008)认为,最低工资制度对就业的影响不是单一的,具体结果要结合劳动力市场实际运行状况。刘险峰(2009)认为,在市场分割条件下,农民工市场不存在使最低工资制度无效的条件,因而最低工资制度对底层劳动者是有利的。

(二)国内最低工资就业效应实证分析

国内相关研究早期大多采用宏观数据进行分析。许多研究表明中国最低工资会引起失业。石娟(2009)关于中国1996—2007年省级面板数据的分析表明,虽然短期内最低工资标准的提高并不影响就业,但长期内最低工资提高会对就业产生小的负向影响。塞风和甄煜炜(1995)认为,中国国有企业收入基本处于市场均衡工资之上,最低工资的实施对其基本没有影响,相比之下,非国有企业则要从劳动市场招收工资较低的低端劳动力,因此最低工资制度的实施将对其产生较大的影响,政府提高最低工资标准后,这些非国有企业的劳动成本将随之上升,造成低端劳动力的失业。贾朋和张世伟(2012)研究发现,最低工资标准主要对女性和教育程度较低的劳动者有显著的消极影响。Jia(2014)从雇员性别的角度研究了最低工资就业效应。他发现最低工资增长对男性就业没有显著影响,但会显著减少女性的就业。马双等(2012)关于中国1998—2007年各城市最低工资变动的研究发现,最低工资每上涨10%,雇佣人数将显著减少0.6%左右。Fang和Lin(2013)对2002—2009年中国16个省的市、县级最低工资的分析揭示,最低工资上调10%,年轻人就业会减少1.35%～1.56%,那些收入介于新旧最低工资之间的劳动者受到的冲击更为明显,会减少2.65%～3.4%的就业;另外,从时间分样本来看,2004年之前最低工资对就业的负效应并不显著,而2004—2007年,最低工资对于年轻人和困难户的就业弹性分别达到了—1.03和—3.59。Huang等(2014)关于1992—2012年的分析发现,1995年《企业最低工资规定》对就业没有影响,2004年以前最低工资变动对就业也没有显著效应,然而,随着2004年《最低工资规定》实施力度的加强,2005年以后最低工资对就业的负向影响逐渐增强,就业弹性达到了—0.103,而丁守海(2010)关于广东、福建的研究发现,最低工资对就业的影响结果除了与最低工资标准自身的水平高低有关外,还与外部的监管环境紧密相关,如果外部监管环境得到足够程度的强化,如《中华人民共和国劳动合同法》颁布,那么最低工资对就业的冲击就会扩大。尽管如此,李晓芳(2006)、罗小兰(2007)却发现最低工资标准对农民工就业具有积极影响。而安宁宁和韩兆洲(2007)也指出,最低工资标准的适度提高对失业的影响并不显著。

三、国内外研究述评

综合上述分析可知,关于最低工资究竟会对就业产生怎样的影响,从 20 世纪 90 年代争论至今,尚无一致结论。对此,Meer 和 West(2013)指出,之所以大量的研究无法发现最低工资的就业效应,或者即使有正或负的弹性,统计上也不显著,主要源于最低工资标准的变动所带来的成本对于企业的总成本来说微乎其微,Schimitt(2013)则认为,最低工资标准对企业带来的成本变动,有可能被通货膨胀所稀释,或被企业管理者通过其他渠道弥补了,如减少工作时间、减少福利、减少培训等,因此最低工资的就业效应就难以得到一致结论。

第二节　中国分割劳动力市场及就业现状

一、中国分割劳动力市场

由于竞争的不完全性,劳动力市场会产生分割现象。Doeringer 和 Piore(1971)提出二元劳动力市场理论,即劳动力市场可以划分为一级、二级劳动力市场。其中,一级劳动力市场工资高、工作条件好、晋升机会大、雇佣关系稳定。而二级劳动力市场则表现为工资低、工作条件差、晋升机会小、雇佣关系不稳定等特点。

造成劳动力市场分割的原因较复杂,但制度因素无疑是其中最重要的原因。与成熟市场经济国家相比,中国劳动力市场分割的制度性原因尤其明显。改革前,中国劳动力市场是典型的城乡分割,改革后,伴随着市场经济的发展,以及城乡劳动力的流动,原来单一的城乡分割逐渐演变为多重分割,即不仅存在城乡分割,而且城市内部还存在所有制分割、行业分割、地区分割等多种分割。显然,中国劳动力市场的这种多重分割无一不与制度缺陷密切相关。事实上,中国劳动力市场的这种多重分割,不仅阻碍了劳动力的有效流动,扭曲了劳动要素资源配置,而且不利于经济增长及社会公平的实现。

(一)中国劳动力市场的城乡分割

劳动力市场城乡分割是指由于户籍及其衍生制度的存在,劳动力市场被分割为城乡两个不同运行规则、不同特征的劳动力市场。由于存在分割,农村劳动力市场的劳动者虽然可以流向城市劳动力市场,但是却很难真正融入城市。具体表现为:第一,就业歧视。农村劳动者只能进入城市的非正规劳动力市场,工作条件差,工资水平低。第二,身份约束。农村劳动者虽然在城市务工,但无法改变其农民身份,不能享受与城市劳动者同等待遇的社会保障,成为典型的务工"候鸟"。第三,子女教育。尽管一些大城市已经出台了针对农民工子女教育问题的政策,但目前成效还不显著,仍然存在农民工子女失学的现象。

(二) 中国劳动力市场的行业分割

劳动力市场行业分割是指在国家高度集中的行政权力和不彻底的所有制改革作用下,劳动力市场被分割为竞争性行业和垄断性行业。20世纪90年代中期后,在市场经济体制不断推进下,中国劳动力市场发生了显著变化。一方面,国家对大多数行业放松了管制,劳动力在不同行业之间的流动性大大增强。另一方面,对一些关系国计民生的行业,国家仍然实施全部或部分垄断,以行业管理和维护市场秩序的名义限制非国有企业的进入。这样,在市场力量和行政权力交互作用下,中国劳动力市场的行业分割就日益明显。突出体现为:第一,开放行业形成了竞争性劳动力市场,遵循市场规则运行,按照边际成本原则决定劳动用工需求,工资分配市场化,劳动力可以自由进出市场;第二,垄断行业则形成了垄断性劳动力市场。这些垄断行业不仅基本都属于国有企业,而且劳动力市场存在较大的进入壁垒,对外部劳动力存在一定程度的排斥性。

(三) 中国劳动力市场的地区分割

中国劳动力市场的地区分割,是指中国东、中、西部地区之间,南、北部地区之间,由于自然环境、地理位置、政策因素等方面的影响,地区之间的劳动力市场存在差异,导致劳动力由中、西部向东部流动,由北部向南部流动。当然,随着中国市场经济自沿海向内地、向西部梯度推进和深化,中国劳动力资源配置扭曲程度也因而呈现地区差别,即劳动力资源配置扭曲程度东部地区低于中部、中部地区又低于西部地区。

二、中国就业现状

(一) 中国就业总体概况

改革开放后,中国就业人数总量逐年增长。由表4.1可知,1980年中国总就业人数为42 361万人,2000年增长为72 085万人,2013年达到76 977万人,比1980年增加了34 616万人。尽管就业人口总量不断增加,但必须承认的是,就业增长速度却较慢,尤其是与同期快速发展的经济增长相比。事实上,1980—2013年,中国GDP一直处于高速增长的状态,除了1998年、1999年、2009年、2013年等个别年份外,其余年份的增长率都是两位数以上。相比之下,就业人口总量的增长就显得非常缓慢。尽管1985年、1990年两年增长率较高,分别为17.73%、29.83%。然而,进入1996年后,历年的就业增长率均处于1.3%以下。2000 年以后,就业增长率水平不仅低于 1‰,而且持续下降,2006 年为 0.44‰,2013 年时仅为 0.36‰。由此可见,长期以来中国经济的持续快速增长并没有带来高的就业增长率。

表 4.1 中国就业状况

年份	总就业人数(万人)	就业增长率	GDP 增长率
1980	42 361	5.5%	24.7%
1985	49 873	17.73%	98.89%
1990	64 749	29.83%	107.04%
1995	68 065	5.12%	219.53%
1996	68 950	1.3%	17.27%
1997	69 820	1.26%	11.29%
1998	70 637	1.17%	6.36%
1999	71 394	1.07%	6.57%
2000	72 085	0.97%	10.76%
2001	72 797	0.99%	10.27%
2002	73 280	0.66%	10.2%
2003	73 736	0.62%	13.33%
2004	74 264	0.72%	18.13%
2005	74 647	0.52%	15.15%
2006	74 978	0.44%	17.58%
2007	75 321	0.46%	23.40%
2008	75 564	0.32%	18.62%
2009	75 828	0.35%	7.69%
2010	76 105	0.37%	17.47%
2011	76 420	0.41%	17.21%
2012	76 704	0.37%	10.60%
2013	76 977	0.36%	9.25%

资料来源:中国统计局,http:www.stata.gov.cn。

(二) 中国各地区就业状况

从各地区情况来看,由表 4.2 可知,2000 年就业人口数量最多的是河南,为 5 572 万人,最少的是西藏为 124 万人,2010 年、2012 年就业最多的是山东,就业人口数量分别达到 6 402 万人和 6 554 万人,最少的为西藏,仅有 173 万人及 202

万人。总体来说,发达省份如北京、上海、广东等地虽然经济发展状况好,但并没有吸纳相应的足量就业人员。

表 4.2 中国各地区就业状况 单位:万人

地区	2000 年	2010 年	2012 年
北京	619	1 032	1 107
天津	487	729	803
河北	3 386	3 865	4 086
山西	1 419	1 665	1 790
内蒙古自治区	1 062	1 185	1 305
辽宁	2 052	2 318	2 424
吉林	1 164	1 312	1 356
黑龙江	1 601	1 932	2 028
上海	745	1 091	1 116
江苏	3 559	4 732	4 760
浙江	2 726	3 636	3 691
安徽	3 373	3 847	4 207
福建	1 660	2 242	2 569
江西	2 061	2 499	2 556
山东	5 442	6 402	6 554
河南	5 572	6 042	6 288
湖北	3 385	3 645	3 687
湖南	3 578	3 983	4 019
广东	3 989	5 870	5 966
广西壮族自治区	2 530	2 903	2 768
海南	334	446	484
重庆	1 661	1 540	1 633
四川	4 658	4 773	4 798
贵州	2 046	2 402	2 524
云南	2 295	2 766	2 882
西藏自治区	124	173	202
陕西	1 813	2 074	2 061
甘肃	1 182	1 432	1 492

（续表）

地区	2000 年	2010 年	2012 年
青海	239	294	311
宁夏回族自治区	274	326	345
新疆维吾尔自治区	673	895	1 010

资料来源：中国统计局，http：//www．stata．gov．cn。

（三）中国就业性别差异状况

就业性别差异状况可以以女性就业人口占总就业人口的比重状况来反映。观察表 4.3 可知，2000 年女性就业状况最好的省份依次为福建、广东、新疆、海南，其女性就业人口占总就业人口的比值分别为 43％、42％、41％和 40％。除此之外，其他省份女性就业比例均在 40％以下。2010 年女性就业最好的是广东、福建，女性就业比例达到 43％，其次是上海、江苏、新疆，女性就业比例为 42％，再次是北京，为 40％。对女性就业挤出情况最大的是安徽、甘肃、贵州，女性就业比例仅为 33％。2012 年女性就业最好的是江苏、北京、湖南、新疆，最差的是重庆，女性就业比例只有 31％。综合来看，2000 年、2010 年、2012 年 3 年女性就业比例平均值分别为 37.55％、36.74％和 35.55％，女性就业比例呈现为下降的趋势。不仅如此，女性就业还存在省际差异，即东部发达省份女性就业比例较高，而西部地区相对来说较低。[①]

表 4.3　　　　　中国各地区女性就业人口占总就业人口比重

地区	2000 年	2010 年	2012 年
北京	36％	40％	40％
天津	38％	37％	33％
河北	39％	38％	36％
山西	35％	35％	32％
内蒙古自治区	38％	37％	36％
辽宁	38％	35％	34％
吉林	39％	37％	35％
黑龙江	36％	35％	35％
上海	39％	42％	38％
江苏	39％	42％	41％
浙江	39％	37％	34％

①　王莹：《中国最低工资制度对就业影响的性别差异研究》，东北师范大学，2016 年。

地区	2000 年	2010 年	2012 年
安徽	36%	33%	32%
福建	43%	43%	39%
江西	36%	35%	35%
山东	39%	38%	34%
河南	37%	36%	36%
湖北	39%	35%	34%
湖南	37%	34%	33%
广东	42%	43%	40%
广西壮族自治区	38%	36%	37%
海南	40%	38%	39%
重庆	35%	34%	31%
四川	36%	34%	34%
贵州	34%	33%	32%
云南	37%	35%	34%
西藏自治区	34%	36%	36%
陕西	36%	36%	36%
甘肃	35%	33%	34%
青海	36%	35%	35%
宁夏回族自治区	37%	35%	37%
新疆维吾尔自治区	41%	42%	40%
平均	37.55%	36.74%	35.55%

资料来源：《中国统计年鉴》《中国劳动统计年鉴》《中国人口与就业统计年鉴》。

（四）中国女性就业状况

中国就业女性不仅比例低，而且工资水平低，工作时间长，就业行业层次低，受教育程度低。

首先，从工资水平来看，中国女性工资不仅水平低而且与男性存在较大差距。根据中国互联网招聘平台 BOSS 直聘发布的《2016 年中国性别薪酬差异报告》指出，2016 年，中国女性劳动者平均税前月薪为 4 449 元，比男性平均工资低22.3%。

其次，从工作时长来看，中国女性在薪酬相对低的情况下，可能时常面临加班现象。表现为，平均每周工作时间大约为 45～46 小时/周，超出了每天 8 小时工作制。

　　再次，目前世界公认的适合女性工作的"女性职业"中，包括机关工作人员、商业及服务性工作人员等。然而，由表 4.4 可知，从工作行业来看，中国女性就业在第一产业中较为集中。2011—2014 年，女性在农林牧渔业就业比例均分别为 45.1％、44.5％、42.5％和 40.1％；其次是商业、服务业，就业比例分别为 21.7％、22.6％、23.1％和 24.9％；最后是生产运输设备操作行业，就业人员比例分别为 16.7％、16.0％、16.5％和 16.0％。总体来说，中国女性就业的层次都较低，主要集中在技术含量较低、收入水平较低的行业。

表 4.4　　　　　　　　　　中国女性就业行业

年份	2011 年	2012 年	2013 年	2014 年
农、林、牧、渔业	45.1％	44.5％	42.5％	40.1％
商业、服务业	21.7％	22.6％	23.1％	24.9％
生产运输设备操作	16.7％	16.0％	16.5％	16.0％

　　资料来源：高紫琪：《中美两国女性的就业状态对比研究》，《内蒙古煤炭经济》，2017 年第 15 期。

　　最后，从受教育程度来看，中国就业女性受教育程度普遍不高。根据国家统计局发布的《中国妇女发展纲要（2011—2020 年）》实施情况统计报告可知，2011年女性高中及以下学历所占比例为 87.31％，本科及以上学历所占比例仅为12.69％。2014 年这两个比值分别为 84.09 和 15.91％，尽管本科及以上学历所占比例有所提高，但女性受教育程度无疑仍集中在高中及以下。

　　由于中国目前女性文化素质普遍偏低，其就业不可避免地会面临巨大的竞争压力。尤其是当经济逐渐步入知识经济时代时，女性群体在就业竞争中就更将处于劣势。究其原因，固然与中国整体经济行业结构有关，但女性本身文化素质偏低无疑是一个不可忽略的重要因素。

第三节　最低工资标准影响就业的机制

　　劳动者工资构成企业的用工成本。为了谋求利润最大化，企业都会根据劳动边际产出等于劳动者工资这一原则来进行定价。由于劳动者的边际生产力不同，企业通常会作出如下选择：第一，在支付相同劳动报酬情况下，企业倾向于选择生产力、或边际生产力较高的劳动者；第二，如果要把劳动报酬作为生产激励手段的话，雇主愿意向生产力、或边际生产力较高的劳动者支付较高的报酬。这样，当劳动者工资水平发生变化时，劳动者工资与原有产出不再匹配，此时，必然会对劳动的供给和需求产生影响，从而影响就业。

一、最低工资影响就业的传导机制及效应

作为政府的外力干预,最低工资标准对就业的影响表现为直接、间接两种作用。其中,直接作用是最低工资标准提高后,对低收入劳动者就业的影响。间接作用则是指最低工资标准通过工资的传导作用来影响其他劳动者的就业。具体来说,其传导机制为,最低工资标准上涨后,引起社会平均工资上涨,导致企业劳动需求减少,同时劳动供给增加,结果引起就业变化。要注意的是,如果最低工资标准上调成为常态,那么无论是作为劳动需求方的企业,还是作为劳动供给方的劳动者,双方都会形成对最低工资上涨的理性预期,从而形成条件反射。这时,最低工资标准对就业的间接作用就会跨越中间传导过程,形成理性预期下最低工资对就业的直接作用。

在上述直接、间接作用下,最低工资对就业的冲击表现为短期效应和长期效应。

首先,从短期来看,由于政府提高了最低工资标准,企业用工成本增加,此时,企业为了减轻劳动成本上涨带来的成本压力,会采取以下措施,包括减少现有劳动雇用数量、减少新增岗位需求,变相延长劳动者劳动时间等。

其次,从长期来看,企业会加速技术革新、改良生产方式,或以资本投入来替代劳动力、以技术劳动力替代低技能劳动力、以男性劳动力替代女性劳动力等。

二、最低工资标准影响就业性别差异的机制

最低工资标准对就业性别差异的影响,可理解为在相同的工资水平下,女性和男性就业量发生了怎样的变化。当企业雇佣劳动者时,如果支付同等工资水平,企业更愿意雇用边际生产力较高的劳动者。如果是绩效工资条件下,生产者宁愿支付较高的工资水平也愿意雇用边际生产力较高的劳动者。

通常情况下,男、女性的边际生产力不同,并且男性边际成产力要高于女性。这是因为男、女性劳动者身体素质、家庭责任分工、社会习俗等方面存在诸多差异。例如,男性体力更好、男性更能适应和忍受艰苦的劳动环境、男性连续工作时间更长、男性不易受个人生理影响、男性对于工作的兴趣和责任的持续性更久,不容易转移至家庭。所有这些差异都使得男性在劳动强度、人力资本投入、生产效率和生产连续性方面明显强于女性。

下面根据边际生产力理论来探讨最低工资对就业性别差异的短期、长期效应。假设规模报酬不变生产函数为:

$$F = F(K_1,\ L_1),\quad f = f(K_2,\ L_2) \tag{4.1}$$

其中:F、f分别表示男性、女性劳动者的生产函数;L_1、L_2表示男性、女性劳动力数量;K_1、K_2分别表示男性、女性劳动力所对应的资本。

（一）最低工资影响就业性别差异的短期效应

从短期来说,企业资本总量不变。此时,男性、女性的边际产出分别为:

$$F_L = F_L(K_1,\ L_1),\ f_L = f_L(K_2,\ L_2) \tag{4.2}$$

另外,企业的总产出为:

$$P = \Sigma_{L_1} F_L + \Sigma_{L_2} f_L \tag{4.3}$$

结合上述关于男、女性边际生产力的分析可知,$F_L > f_L$。这样,在最低工资标准提高后,如果劳动力总量不变的话,企业为获取最大收益,就会对劳动力的既有结构进行调整,即增加 L_1 的同时减少 L_2,而 $\Sigma_{L_1} F_L + \Sigma_{L_2} f_L$ 会增加、企业总产出 P 也随之增加。

上述分析表明,当最低工资上涨引起企业成本增加时,为维持既定利润或实现利润持续增长,企业将首先选择淘汰边际产出低于最低工资的那部分劳动者,也就是说,在同工同酬的原则下,那些边际产出与最低工资不匹配的女性被企业解聘的几率远大于男性。由此可见,短期内,由于男、女性边际生产力的不同,最低工资标准的上调,会减少女性就业者、增加男性就业者,不可避免地导致就业性别差异的扩大。

（二）最低工资影响就业性别差异的长期效应

短期内,企业应对用工成本的措施是调整劳动力结构。然而,长期来看,企业可以选择减少劳动力的雇佣,同时以资本替代低边际产出劳动力、或提升劳动者整体素质等途径来降低成本。

实际上,当劳动价格提高到一定程度时,由于比价效应和替代效应,将引起资本、技术对劳动的替代。尽管这个替代过程较长,并且由于新增资本设备、增加研发投入等会引起原有资本和设备的闲置和浪费等,产生诸多替代成本,使得企业短期内无法盈利,然而,当企业对最低工资上涨形成理性预期时,长期内企业采取以资本和技术替代低边际产出劳动力、提升劳动者整体素质等措施仍是理性行为。而且,必须指出的是,在社会习俗和固有惯性思维作用下,男性具有各种诸如培训、进修、学习等提升素质的机会,而女性则会面临更多的不利影响。因此,长期内最低工资的上涨也会扩大就业的性别差异。

总结上述分析可知,由于最低工资标准上涨会带来企业劳动成本增加,因此,短期内,企业会调整劳动力结构,增加对男性劳动力的雇佣,减少对女性劳动力的雇佣。长期内,企业会采用资本、技术代替劳动力,提升男性劳动力素质。由此可见,无论是短期还是长期,最低工资标准的调整,对于那些边际生产力较低的女性劳动者来说,存在失去工作岗位、被挤出的风险。

虽然最低工资存在着影响就业性别差异的短期和长期效应,但最低工资上涨对整个经济而言,就业变化可能并不明显。原因在于:第一,除了用工成本会影响企业对于劳动者的需求外,其他因素诸如还有政治因素、社会责任感、公平正义等也会影响企业关于劳动者的选择。第二,我们并不能预先准确判断就业变化情况。这是因为,最低工资的上涨使得工作更具有吸引力,这会导致劳动供给的增加,但同时又可能减少或放缓工作的岗位数,从而使得预先准确判断劳动力是流入还是流出、增加还是减少变得非常困难。第三,最低工资引起的就业性别差异在某些行业、地区、年龄段更显著。尽管总体而言,最低工资上涨引起的就业性别差异可能并不明显,但对于那些受到最低工资冲击较大的部门和群体来说,就业性别差异的变化就会较明显。例如,低收入部门、低收入群体、低技能工人等。这就意味着,最低工资上涨引起的就业性别差异,是平均劳动成本上涨引起的一般劳动需求减少,进而引起男女就业下降或就业增长趋缓,虽然这是一种正常的市场调节行为,但对于弱势部门中的女性群体,却是首当其冲的被排挤出来。[1]

第四节　最低工资标准就业性别差异理论模型

根据 Becker(1996)关于歧视经济学理论可知,经济中存在一部分有歧视倾向的人,甘愿因为偏见而放弃部分利益。具体到就业歧视时,企业的效用追求是最大化利润和男性员工偏好,即:

$$\max U = f(p, m) \tag{4.4}$$

其中,U 为企业效用函数,p 为利润,m 为男性就业者的比例。

该模型认为在工资率和生产率都相同的情况下,企业仍然偏好选择男性劳动力,那么企业将会为这种性别歧视而付出成本,并最终被无歧视偏好的企业挤出市场。

为便于分析,进一步作出如下假设:

一是假设社会生产的唯一要素是劳动。

二是假设劳动市场上的性别隔离和性别主导导致一个社会被分割成两个独立的 M 和 W 社会,其中,M 为男性社会,即该社会全为男性,W 为女性社会,即该社会全为女性。

三是假设经济中仅存在 A、B 两种工作。其中,A 种工作适合女性,B 种工作适合男性。

四是假设 W 女性拥有 A 种劳动量 L_1 和 B 种劳动量 K_1,两种劳动所创造的价值函数为 $F(L_1, K_1)$。而 M 男性社会拥有 A 种劳动量 L_2 和 B 种劳动量 K_2,

---

两种劳动所创造的价值函数为 $F(L_2，K_2)$，且满足条件 $L_1 > L_2$，$K_1 < K_2$。

如果两个社会进行劳动交换，则 W 可以输出 A 种劳动的量为 L_1'，在 W 内部可以使用的量为 $L_1 - L_1'$，M 可以输出 B 种劳动的量为 K_2'，在 M 内部可以使用的量为 $K_2 - K_2'$。假设 W 向 M 输出 A 种劳动量为 L_1'。

对 W 来说，在竞争性均衡性均衡位置，每种要素的收益等于其边际生产力，即：

$$\pi_L(W) = \frac{\partial f(L_1 - L_1'，K_1)}{\partial L} \tag{4.5}$$

$$\pi_K(W) = \frac{\partial f(L_1 - L_1'，K_1)}{\partial K} \tag{4.6}$$

在竞争均衡时，要素输出或不输出两种情况下，其收益应该相等，则 W 得到的总收入为：

$$\begin{aligned} P(W) &= L_1\,\pi_L(W) + K_1\,\pi_K(W) \\ &= L_1 \frac{\partial f(L_1 - L_1'，K_1)}{\partial L} + K_1 \frac{\partial f(L_1 - L_1'，K_1)}{\partial K} \end{aligned} \tag{4.7}$$

同样地，M 得到的总收入为：

$$\begin{aligned} P(M) &= L_2\,\pi_L(M) + K_2\,\pi_K(M) \\ &= L_2 \frac{\partial F(L_2 + L_1'，K_2)}{\partial L} + K_2 \frac{\partial F(L_2 + L_1'，K_2)}{\partial K} \end{aligned} \tag{4.8}$$

假设 F 与 f 均为一次齐次函数，且对 W 来说，输出 A 种劳动对整个社会是有利的，对于来说，接受种劳动对整个社会是有利的，即：

$$\frac{\partial P(W)}{\partial L} > 0;\ \frac{\partial P(M)}{\partial L} > 0 \tag{4.9}$$

如果两个社会之间不存在歧视或偏见，则劳动的交换对两个社会都有好处．对 M 社会向 W 社会输出 B 种劳动也能得到同样的结果。

假设 M 社会由于对 W 社会存在歧视，因而限制 W 社会向 M 输出 A 种劳动，则会减少 W 社会 A 种劳动的输出量，这会减少 W 社会的总收入，同样也会导致 M 社会的总收入减少，这种歧视行为对两个社会都不利。在同样的假设下，如果 W 社会对 M 社会存在歧视，也会导致 M 社会向 W 社会输入 B 种劳动的量减少，也会影响两个社会的总收入。在歧视性达到最强时，会导致两个社会之间处于封闭状态，双方互相输入的劳动量为 0，此时对两个社会的不利达到最大程度。

以下讨论歧视行为导致的两个社会总收入的相对变化。记 $G = \dfrac{P(M)}{P(W)}$，

由于

$$\frac{\partial G}{\partial L_1'} = \frac{P(\mathrm{W})\left(-L_1'\dfrac{\partial^2 F}{(\partial L_1')^2}\right) - P(\mathrm{M})\left(-L_1'\dfrac{\partial^2 f}{(\partial L_1')^2}\right)}{(P(\mathrm{W}))^2} \tag{4.10}$$

则有：

$$\frac{\partial G}{\partial L_1'} = 0 \Leftrightarrow P(\mathrm{W})\frac{\partial^2 F}{(\partial L_1')^2} = P(\mathrm{M})\frac{\partial^2 f}{(\partial L_1')^2}$$

$$\frac{\partial G}{\partial L_1'} > 0 \Leftrightarrow P(\mathrm{W})\frac{\partial^2 F}{(\partial L_1')^2} > P(\mathrm{M})\frac{\partial^2 f}{(\partial L_1')^2} \tag{4.11}$$

$$\frac{\partial G}{\partial L_1'} < 0 \Leftrightarrow P(\mathrm{W})\frac{\partial^2 F}{(\partial L_1')^2} < P(\mathrm{M})\frac{\partial^2 f}{(\partial L_1')^2}$$

当 F 与 f 的表达形式相同时，若 M 社会对 W 社会不存在歧视，此时 W 向 M 输出的 A 种劳动的量 L_A 应使得：

$$\frac{L_1 - L_\mathrm{A}}{K_1} = \frac{L_2 + L_\mathrm{A}}{K_2} \tag{4.12}$$

记 $K_2 = \epsilon K_1$ 或 $L_2 + L_\mathrm{A} = \epsilon(L_1 - L_\mathrm{A})$。由于假设 F 与 f 均为一次齐次函数，则 $\partial f / \partial L_1'$ 对 L 和 K 为 0 齐次，因此 $\partial^2 f/(\partial L_\mathrm{A})^2$ 对 L 和 K 为 -1 次齐次，则：

$$\frac{\partial^2 f(\delta L, \ \delta K)}{(\partial L_\mathrm{A})^2} = \frac{1}{\delta}\frac{\partial^2 f(L, \ K)}{(\partial L_\mathrm{A})^2} \tag{4.13}$$

其中，δ 为任意非零常数，取 $L = L_1 - L_\mathrm{A}$，$K = K_1$，$\delta = \epsilon$，则：

$$\frac{\partial^2 f(L_2 + L_\mathrm{A}, \ K)}{(\partial L_\mathrm{A})^2} = \frac{K_1}{K_2}\frac{\partial^2 f(L_1 - L_\mathrm{A}, \ K_1)}{(\partial L_\mathrm{A})^2} \tag{4.14}$$

将(4.14)代入(4.11)得到：

$$\frac{\partial G}{\partial L_\mathrm{A}} > 0 \Leftrightarrow \frac{P(\mathrm{W})}{P(\mathrm{M})} > \frac{K_2}{K_1}$$

$$\frac{\partial G}{\partial L_\mathrm{A}} = 0 \Leftrightarrow \frac{P(\mathrm{W})}{P(\mathrm{M})} = \frac{K_2}{K_1} \tag{4.15}$$

$$\frac{\partial G}{\partial L_\mathrm{A}} < 0 \Leftrightarrow \frac{P(\mathrm{W})}{P(\mathrm{M})} < \frac{K_2}{K_1}$$

由此可得到，在 M 对 W 没有歧视时，若 M 的相对收入低于 W 与 M 的 B 种劳动量的比值，即 W 对 M 的 B 种劳动量的相对量，则 M 对 W 的轻微歧视行为将导致 M 的总收入降低百分比大于 W 的总收入,M 对 W 歧视行为加剧势必大幅减少 M 的总收入,即 M 减少的幅度远大于 W。

上述理论推导证明了一个社会对另一个社会存在性别歧视时,将会给两个社会都带来不利影响。在一定条件下,性别歧视不仅将对被歧视社会带来不利影响,而且会给带有歧视倾向的社会带来更大的不利影响。[①]

第五节　中国最低工资标准就业性别差异的实证分析

由于自然因素、社会因素以及个人因素,男女之间存在不可避免的就业差异。虽然当前中国最低工资标准较低,最低工资标准的上涨,不会立即对城镇地区劳动成本带来直接影响,但当最低工资标准的调整形成制度规定后,最低工资标准的逐年上涨必然会使得企业形成成本上涨的预期,进而引发社会其他行业平均劳动成本的跟风上涨。不仅如此,劳动者也会产生工资上涨的预期,乃至引起劳动供给的变化。而这些也就自然而然会对就业,包括男、女性就业带来影响。基于此,本节将在上节理论研究的基础上,通过建立一个计量模型,就中国最低工资就业性别差异的效应展开实证分析。

一、计量模型的设计

(一) 被解释变量

被解释变量为女性就业,本节以城镇地区女性就业比例,即城镇地区女性就业人口数量与总就业人口数量的比值来表示。之所以选择该比例值作为被解释变量反映就业性别差异,主要是出于以下考虑:第一,本节研究的重点是最低工资标准变动对就业性别差异的影响,因此单纯关注最低工资标准上涨对女性就业数量的变动或者单纯关注最低工资的变动对男性就业数量的变动,虽然研究结果直观,也容易解释原因,并且也可以就男性、女性就业展开对照分析,但无法判断最低工资的上涨是否对女性就业形成挤出效应,难以达到研究目的。第二,与单独分析男、女性就业的方法相比,以女性就业量占比为被解释变量来分析其与最低工资标准之间的关系,这种方法具有显著优越性。具体表现为:首先,可以较好的排除经济的系统影响,因为经济系统影响对男性、女性是一致的;其次,即使男、女性就业同时变化,也可以反映就业的结构变化和阶段性特征;最后,可以避免因忽略男性就业变化而导致的不利影响。

必须指出的是,一般来说,男、女性就业结构及就业比例在短期内都是较稳定的,这就造成就业性别差异的变化在短时间内比较细微,因此,只有经过较长

[①] 刘玉成:《最低工资对就业性别差异的影响研究——基于中国省级面板数据和行业数据》,武汉大学,2013 年。

一段时间的积累,才能明显观察到女性就业比例的变化。

此外,由于国家统计局公布的宏观数据中缺少城镇地区女性就业人员数,因此用年在岗职工数代替,并用在岗职工人数中的女性比例来代替当年城镇地区女性就业比例。从历史拟合数据来看,该比例与城镇地区就业人员数的比值非常接近。

(二)解释变量

本模型中的解释变量包括两个,即最低工资标准和滞后一期最低工资标准。

1. 最低工资标准

与前文第三章相一致,本处最低工资标准仍然采用加权最低工资标准。这是因为以下两点:

第一,从目前国内外已有关于最低工资就业效应的文献来看,目前普遍结论是最低工资标准虽然会影响就业,但这种影响通常并不显著,以至于实际经济生活中难以准确观察、捕捉到这种影响。国外尚且如此,中国最低工资标准与社会平均工资比值明显低于国外水平,如果使用相对最低工资标准来分析最低工资就业效应的话,那么社会平均工资对就业的影响无疑将远远超出最低工资标准,结果使得难以判断最低工资标准的实际效应,不利于本书的研究。

第二,如前文所述,女性就业比例相对来说是一个较稳定的变量,只有经过一个较长的时间,才能观测到其细微变化。在这种特征下,最低工资标准上涨带来的女性就业比例的变化尤其容易被经济发展、平均工资、人口等变量所带来的影响抵消掉。因此,为了凸显最低工资标准的作用,不考虑采用相对最低工资标准。

2. 滞后一期最低工资标准

除了最低工资标准外,模型中另一个解释变量就是最低工资标准的滞后期。之所以添加滞后一期,理由主要在于:

首先,一般来说,经济政策,包括最低工资政策在内,其在具体实施时都会产生滞后效应。一方面,为了减少最低工资标准上涨带来的遵从成本,政府关于调整最低工资标准的颁布时间和实施时间之间有一个间隔期,以便于企业、个人对最低工资标准的变动有一个充分理解和适应的时间。另一方面,大量的经验分析和理论分析的表明,实证分析中如果遗漏最低工资标准的滞后值,会使得最低工资标准的作用比实际结果偏大。对此,Brown Charles等(1983)的解释是:第一,对于最低工资标准的调整,企业无法快速改变其他要素的投入量。第二,最低工资标准的颁布往往超前于其真正产生效应。而Card(1992)同样认为最低工资的滞后效应来自最低工资标准的颁布与劳动雇佣者真正调整工资之间存在着一个明显的时间滞后。与理论研究一致的是,Neumark等(1992、1994)关于美国最低工资标准就业效应的实证分析表明,同样发现了最低工资标准变动对就业影响的滞后效应。

其次,关于滞后期的设置,考虑到2004年后,中国最低工资标准的调整相对频繁,尤其是发达地区,几乎每年作一次调整。在这种情况下,最低工资标准的滞后期数越多,在滞后期内就会出现新调整的最低工资变动效应与原来最低工资滞后效应相互叠加的现象,而且滞后期数越多,叠加现象就越严重,由此导致难以单独识别最低工资标准的滞后效应。基于此,本书将最低工资滞后期设为1年期。

(三)控制变量

按照模型建立的基本原则,为了避免重要变量的遗漏,模型在解释变量的基础上,增加其他一些对女性就业具有重要影响的变量。根据已有研究可知,对女性就业产生作用的变量大致有以下变量:

一是经济增长变量,以人均 GDP 来衡量各地经济发展水平对就业性别差异的影响。

二是人口变量,以各地 15～64 岁人口与总人口比值来表示,用来考查劳动人口因素对就业性别差异的影响。

三是教育经费投入变量,以各地教育经费投入占当年 GDP 的比例来衡量,用于分析教育经费的投入对女性就业性别比例的影响。

四是失业率,以城镇登记失业率来衡量,用以说明劳动环境对女性就业比例的影响。

五是地区差异虚拟变量,即引入东部、中部、西部地区虚拟变量,其中,东部地区取值为1,中部地区取值为0,西部地区取值为－1。这一变量用来反映地区之间的差异对女性就业的影响。

表 4.5 对上述模型中所有变量定义、取值及理论预期作用方向进行了简单概括。

表 4.5　　　　计量模型变量定义、取值及预期作用方向

变量简称	变量定义	预期作用方向
女性就业比例	城镇地区就业人员中女性人数占总就业的比重	
最低工资标准	加权最低工资标准自然对数	－
最低工资滞后值	滞后一年最低工资标准自然对数	－
经济增长	人均 GDP 自然对数	＋
人口因素	15～64 岁人口占全部人口比重	＋
教育投入	教育经费占 GDP 比重	＋
失业率	城镇登记失业率	－
地区因素	东部地区取值为1,中部地区取值为0,西部地区取值为－1	＋

二、实证分析结果

(一) 全样本实证分析结果

对模型进行分析。在经过豪斯曼检验后,决定采用固定效应模型进行分析。由实证分析结果表 4.6 可知:

表 4.6　　　　　中国最低工资标准女性就业比例效应回归结果

变量	变量定义
常数项	26.207*** (4.524)
最低工资	−0.397 (−0.491)
最低工资滞后值	−0.738** (−1.936)
经济增长	0.705*** (3.495)
人口因素	1.033*** (3.187)
教育投入	0.152*** (2.07)
失业率	−0.355** (−2.006)
地区因素	0.263
R^2	0.851

第一,最低工资标准系数为负数,但统计不显著。这就意味着,最低工资标准的上涨对城镇地区女性就业比例产生了负面影响,政府提高最低工资标准,会对城镇地区女性就业产生挤出效应,城镇地区就业性别差异因此也会随之扩大。当然,要注意的是,最低工资的回归系数并不显著,这说明最低工资的负向影响不明显。

第二,滞后一期最低工资标准系数为负数,且5%统计显著。这说明,最低工资标准对女性就业比例的负面影响更显著地体现在最低工资标准滞后值的影响中。虽然提高最低工资标准在当期对女性就业比例的影响并不显著,但将在第二年对女性就业产生显著不利影响,明显扩大就业性别差异。

第三,经济增长、人口因素、教育投入三个变量系数均为正数,且1%水平统计显著,其中人口因素作用最大。对此,我们的理解是:首先,劳动供给总量的增加可使更多的女性劳动者走向就业岗位,有助于改善城镇地区就业性别结构。其次,经济增长不仅能创造更多的就业岗位,并且在经济增长转型改革推进下,劳动力逐渐由第一产业向第二、第三产业转移,有助于城镇地区的就业性别结构合理化。最后,教育经费投入比例的上升也有助于缩小就业性别差异。

第四,失业率系数为负数,且1%统计显著。也就是说,当失业情况趋于恶化时,女性较男性更容易被挤出。

第五,地区变量系数为正数,即东部地区有利于女性就业,西部地区女性就业受排挤现象更严重。

(二) 分地区实证分析结果

从分地区实证分析结果表4.7可知,最低工资对女性就业比例的影响有一定的地区差异。

表 4.7　　　　中国最低工资标准女性就业比例效应回归结果

变量简称	东部地区	中部地区	西部地区
常数项	30.996 *** (5.102)	22.264 *** (3.213)	24.207 *** (4.524)
最低工资	−0.148 (−0.336)	−0.493 ** (−0.775)	−0.522 * (−0.904)
最低工资滞后值	−0.515 ** (−1.189)	−0.644 ** (−1.006)	−0.761 ** (−1.942)
经济发展	1.025 *** (4.294)	0.857 *** (3.861)	0.466 *** (3.321)
人口因素	0.617 *** (2.494)	1.225 *** (3.869)	0.725 *** (2.822)
教育投入	0.169 *** (2.343)	0.025 *** (2.829)	−0.344 *** (−3.004)
失业率	−0.173 (−0.841)	−0.331 ** (−1.993)	−0.446 *** (−2.657)
R^2	0.824	0.763	0.809

第一,东、中、西部地区最低工资标准系数均为负值,都对女性就业比例产生减少作用。其中东部地区负作用最小,且统计不显著,西部地区负作用最大,10%水平显著,中部地区则在5%水平上显著。由此看来,中、西部地区最低工资标准上涨后都具有较明显的排挤女性就业的效应。

第二,滞后一期最低工资标准的系数均为负值,且5%统计显著,对女性就业比例的副作用的大小仍然依次为:西部、中部和东部。另外,在展开进一步比较分析后,可以发现,无论是东部、中部、还是西部地区,其滞后一期最低工资标准引起女性就业比例下降的作用都要大于当期最低工资标准,这与前面全样本分析结果是一致的。

上述分析说明,东部地区女性就业受最低工资上涨的影响最小。对此,我们认为主要有两个方面的原因。

第一,近年来,随着劳动力成本的不断提高,东部地区原有的大量的劳动力密集型产业不断向中、西部地区转移。结果是,东部地区自身的主导产业也随之逐渐实现了制造业向服务业的转型,而中、西部地区的主导产业则以技术含量低、盈利水平不高的企业为主。在这种情况下,最低工资标准的提高,就会对中、西部地区的这些主导产业产生较大的冲击,并由此导致劳动需求量以及劳动需求结构受到冲击。相比较而言,在经过多年的资本、技术对低端劳动力的替代后,东部地区已逐渐完成产业结构升级,此时,尽管东部地区最低工资标准提高幅度大、提高频率快,但其对东部地区的冲击就相对有限。

第二,进入 21 世纪后,随着农村税费改革深化、财政农村补贴力度加大等系列措施,农村劳动力的收入不断提高,在这种经济利益的驱动下,中国开始出现了地区性的劳动力逆向大迁移,劳动力不再由中、西部地区向东部地区输出,而是由东部地区特别是沿海地区向中、西部地区回流。结果,东部地区由原来的劳动力净增加地区变为劳动力外流地区。在这种情况下,东部地区女性就业状况的有所好转、就业性别结构的日渐改善也是趋势使然。

第六节　小　　结

本章以就业性别差异为对象,在分析中国就业性别差异现状的基础上,探讨最低工资对就业性别差异的作用途径,同时以歧视经济学为视角,建立了最低工资影响就业性别差异的理论模型,最后,以中国市级数据为样本,以女性就业比例为被解释变量,对中国最低工资对女性就业比例的作用方向和作用大小进行实证分析。

研究表明,提高最低工资标准会对就业产生直接效应和间接效应。其中,直接效应是指最低工资标准提高后对那些收入低于或在最低工资标准附近的劳动者的就业的影响,而间接效应则是指最低工资标准上涨对那些收入高于最低工资标准的劳动者的就业的影响。从最低工资标准对就业的影响机制来看,短期内,最低工资标准上涨后,企业将调整劳动者就业结构,长期内,企业将以资本和技术代替劳动者。由于男性边际生产力高于女性,因此,无论是短期、还是长期,最低工资标准的上涨都将对女性产生排挤效应,不利于女性就业。进一步的理论研究发现,当经济中存在女性就业歧视时,不仅会对被歧视的女性就业带来不利影响,而且会对包括男性在内的整体经济将产生更大的不利影响。另外,实证分析发现,最低工资标准在当期对女性就业比例具有负面影响,并且这种负面影响更显著地体现在最低工资标准滞后一期中。上述研究结论不仅具有重要的理论意义,而且具有积极的现实意义。

长期以来,中国女性就业一直处于一定程度上的被排挤的弱势状态,结果导致无论是与发达国家相比,还是与发展中国家相比,中国女性就业比例都明显偏低。如果任由这种现象持续下去,那无疑会降低中国女性就业者的劳动积极性,阻碍女性的职业发展及其人力资本投入,这对于提高中国女性乃至全体就业者的整体劳动素质是极其不利的。

基于此,中国政府有必要采取各种措施减少最低工资对女性就业的不利影响,缩小就业性别差异。具体到最低工资制度时,就要求未来在发展最低工资制度过程中要逐步调整并探索适合中国国情的最低工资政策,同时辅之以其他配套措施,以尽量减少因最低工资标准上涨而导致的对女性就业的排挤。例如,可以借鉴国外相关做法,制定并颁布《反歧视法》,严厉禁止包括性别歧视等在内的各种劳动歧视行为。实际上,尽管中国《中华人民共和国劳动法》明确规定劳动者就业不因民族、种族、性别、宗教信仰不同而受到歧视,但在具体实践中,由于就业歧视行为具有较强的隐蔽性,难以认定和操作,因此,《中华人民共和国劳动法》的反歧视规定几乎发挥不了作用,女性就业仍然受到许多用人单位的歧视。相比较之下,许多发达国家,在实施最低工资制度的同时,为了防止就业歧视,将反就业歧视上升到法律层面,颁布非常严厉的《反歧视法》,取到了较好的反歧视效果。

第五章　中国最低工资标准农民务农收入效应分析

长期以来,中国农民的平均收入远远低于社会其他阶层的平均水平,而且差距还在不断扩大,与此同时,来自农业部分的收入又处于增速日益下降的状态。因此,要解决农民收入问题,不仅要关注农民绝对收入,更要关注其相对收入,不仅要关注农民总体的平均收入,更要关注其务农收入。本章尝试以最低工资为切入点,以从事农业的农民为研究对象,详细分析当前中国农民务农收入的现状及其特征,并以二元劳动市场为基础,构建了一个两部门经济模型,说明最低工资对农民务农收入的影响机理,最后通过实证分析说明中国最低工资对农民务农收入的实际作用。

第一节　最低工资收入效应研究文献综述

关于最低工资标准与其他工资水平之间的关系是最低工资标准研究的一个重要视角。根据工资分布区间,最低工资标准对工资收入的影响分为截断效应和溢出效应。其中,截断效应指的是最低工资标准对工资收入低于、等于最低工资标准的劳动者的工资收入的影响。而溢出效应则是指最低工资标准对工资水平高于最低工资标准的劳动者的工资收入的影响。

一、国外最低工资收入效应研究综述

无疑,对于处于工资链上不同位置的劳动者而言,最低工资标准提高后,原先低于或处于最低工资标准水平的劳动者首当其冲受到直接影响。对于这种截断效应,Richard Dickens(2003)发现,英国最低工资标准确实产生了显著的截断效应,但这种截断效应只在最低工资标准调整的前两个月内显著,之后便随时间衰减。Neumark 和 Wascher (2008)认为,5 百分位点上的工资人群属于处于最低工资标准线上的劳动者,而且对于那些低工资水平的州,10 百分位点上的工资人群也应被视为最低工资标准线上劳动者,因此,最低工资对他们工资的影响不属于溢出效应而属于截断效应。总体来说,关于截断效应,大部分学者都持肯定态度。

相比之下,因为溢出效应的存在与否表明最低工资标准对其他工资水平的影响是否超过了最低工资标准线,所以国外学者更热衷于研究溢出效应。关于溢出效应的产生原因,Edward M. Gramlich(1976)、Falk 等(2006)指出,最低工资标准的上调会提高低技能劳动者的雇佣成本,同时降低高技能劳动者的相对成本,从而使企业转而雇佣较多的高技能劳动者,并由此推动这些高技能工人的工资率不断增加。事实上,最低工资标准的溢出效应可以从三个方面考虑:第一,从生产角度来说,最低工资标准的提高会促使企业调整不同技能的劳动力数量来达到新的平衡,即新的劳动边际产品等于提高后的最低工资标准;第二,从管理角度来说,最低工资标准的提高缩小了不同类型员工之间的工资收入差距,此时,企业为了避免其他劳动者、尤其是高技能劳动者的懈怠,企业会刻意拉开工资差距,以保持一定的激励效应;第三,从就业市场来说,最低工资标准的提高会增加正在找工作的潜在劳动者的保留工资。

溢出效应的研究大致分为两步,首先是分析溢出效应是否存在,然后再分析溢出效应的影响范围和作用程度。然而,关于最低工资到底是否存在溢出效应,学者们却得出了不同的研究结论。一些学者得到了溢出效应确实存在的结论。Lee (1999)发现最低工资标准对工资分布上特定百分位数产生较大的溢出效应。Card 和 Krueger (1995)也发现最低工资会对工资分布上处于5到10百分位点的群体产生溢出效应。Neumark 等(2004)也得出了美国最低工资标准的溢出效应。英国低收入委员会(2009)指出,1998—2004 年期间最低工资标准具有溢出效应,但在 2004—2008 年最低工资的溢出效应却变得非常小。Tim Butcher(2006)发现,在英国引入最低工资前,处于工资分布底端的人群工资增速低于处于中位数人群的工资增速,但在引入最低工资标准后,前者工资增速高于后者。Orrenius 等(2008)发现,最低工资会提高那些没有高学历文凭移民的收入。Michele Camplieti(2015)关于加拿大的研究表明,加拿大最低工资的溢出效应范围比美国的溢出效应小,但却比英国的溢出效应范围大。

与此同时,也有许多学者认为最低工资标准并不存在明显的溢出效应。Metcal(2008)指出,最低工资标准提高后,企业为了减少用工成本,可以提高劳务消费相对价格、减少工作时数、提高低技能劳动力的技能等措施。因此,实际的最低工资溢出效应会被降低。Autor 等(2010)没有发现存在最低工资溢出效应的证据,并强调估计溢出效应时度量误差的重要性。Richard Dickens 和 Alan Manning(2004)同样没有发现溢出效应,并且指出人们对最低工资溢出效应的预期也很小。Mark B. Stewart(2011)运用双重差分法研究英国最低工资的溢出效应,结果发现,调整最低工资标准并未产生显著的溢出效应。

当然,也有学者指出,对溢出效应范围不同的界定、各国劳动力市场类型的差异以及宏观经济因素的干扰,是造成溢出效应的研究结论产生分歧的主要原因。

二、国内关于最低工资标准对工资影响的研究综述

我国实行最低工资标准制度较晚,关于最低工资对工资收入影响方面的研究处于刚起步的阶段。罗小兰、丛树海(2009)采用宏观面板数据,研究发现,最低工资标准对平均工资变化有极小的且不持续的正影响。张世伟等(2009)运用劳动供给行为微观模拟模型,结果显示提高最低工资标准对低技能劳动力有正的收入效应。贾鹏、张世伟(2013)借鉴 David Neumark 等(2004)的模型,研究发现,对于靠近但略高于最低工资标准的工资区间,最低工资标准的溢出效应明显。总体来说,国内研究普遍认为,最低工资对劳动者的工资水平具有正影响,并且随着 CHNS、CHIPS 等微观数据的普及和完善,目前国内相关文献在研究数据、研究方法等方面都已取得较大进展。

第二节 中国农民务农收入现状

一、中国农民务农收入特征

农业收入是指农民向社会提供农产品和农业服务而获得的收入。由于农产品本身的特殊性,农业收入具有与其他收入完全不一样的特征。

第一,农业总收入与国民总收入的比值随着经济发发展不断下降。所谓农业总收入,是指来自出售农产品所得到的收入。理论上,随着经济的不断发展,农业总收入与国民总收入的比值将持续下降。理由为:

首先,农业总收入取决于整个社会对农产品的需求。然而众所周知,农产品收入需求缺乏弹性,这样,不仅居民的恩格尔系数随着收入的增长不断下降,而且不可避免的会出现"谷贱伤农"现象。尽管农业得到了发展,农业生产率提高了,农业收入绝对量增长了,但农业总收入占国民收入的比重却会不断下降。更严重的是,如果农业生产力短时间内大幅增长的话,不仅农业总收入占国民收入的比值会下降,甚至可能导致农业总收入的绝对下降。

其次,农民所得到的收入仅仅是全社会消费农产品时所发生的总支出的一部分。由于农民只是初级农产品的生产者,在农产品加工和流通部门不断发展的情况下,农产品加工和营销部门的收入份额将不断增长,而生产环节的产值与收入份额却将日益减少。这就意味着,经济的发展、人民收入的增长不会自动带来农民总收入的增长。相反,农产品最终生产者获得的农业总收入占国民总收入的比重将趋于持续下降。

第二,农业净收入与国民总收入的比值将不断下降。农业净收入是指农业总收入扣除农业生产物质成本后的余额。农业净收入取决于生产函数的变化,即技术进步、制度、政策等因素对要素需求的影响。另外,由于农民人均收入还取决于农民人数的变化,因此这更受技术进步、制度、政策等因素的影响。美国农业经济学会前主席 Bruce L. Gardner（1992）指出,从历史发展的长期趋势看,经济发展和科技进步的重要表现形式之一,就是不断用资本和物质要素投入代替劳动,农业部门也不例外。由此可见,即使农产品需求不缺乏弹性,即使居民恩格尔系数不下降,随着经济和科技的发展,物质要素对劳动力的替代,仍然将导致农民净收入占国民总收入的比重持续下降。

第三,增加农业净收入并不必然增长农业务农劳动收入。纯粹的农民是单纯的农业部门的就业者,他既是土地的所有者,也是家庭农场的投资人和经营者,同时又是直接从事大田生产的劳动者。这样,农民的农业收入可以分解为对土地、经营投资、劳动三种要素投入的报酬。其中,土地的报酬是地租,而资本和劳动力的报酬则取决于相应的市场供求关系。

当农业生产规模很小、农业资源转换用途较为困难、农民角色没有实际分化时,并不需要清晰划分农民的土地报酬、经营报酬和劳动报酬。然而,一旦农民的角色发生分化,土地出租者、租地经营者、雇佣劳动者之间开始明显分工,并且相互之间的差异不断扩大时就会发现,土地报酬、经营报酬和劳动报酬三种不同要素的收入来源已经明显不同。理论上,在资本经营和劳动力市场供求不变的情况下,农业净收入的增长会转化为地租和地价的上升,而不会转化为农民务农的劳动收入。这就意味着,要增加农民务农劳动收入,通过简单增加农民净收入难以实现。

二、中国农民务农收入波动增长

改革开放后,伴随着宏观经济波动、农业波动,中国农民农业收入也在波动中持续增长,并且呈现出一定的周期性特征。以家庭经营性收入为例,根据关浩杰（2012）的研究可知,1978—2011 年,中国家庭经营性收入共发生周期性波动 7 次,其中第 8 个周期仍在继续,周期性波动频率约为每 4.5 年一次。

第一个周期（1978—1982 年）,历时 4 年。这一时期突破旧体制,实行包产到户,农业出现大增产,农民也出现大增收。1982 年农民家庭经营收入增长到 102.8 元,是 1978 年 35.8 元的近 3 倍,年均增长率达到 30.2%,农民收入增长和生活改善的速度之快,幅度之大,是新中国成立以来任何时期所未有的。在这个周期,人均收入增幅由 1980 年的波峰值 42.3% 降至 1982 年的波谷值 21.7%,降幅为 20.6 个百分点。

73

第二个周期(1983—1986年),历时4年。1983年,家庭联产承包责任制在全国范围内推广,农民的生产积极性完全释放出来,家庭经营收入出现超常规增长,增速达到120%,1984年以后趋于正常。1984—1985年,政府在正常的粮食供应之外,还平价抛售500亿千克的粮食,把本来就偏低的市场粮食价格压得更低了。另外,农村人口绝对数量又逐年增加。这样,在多种因素共同作用下,1986年农民家庭经营收入增速处于低谷。这4年,农民家庭经营收入由222.7元增加到313.3元,年均增长率为11.2%。人均收入增幅由1983年的波峰值121.5%降至1986年的波谷值5.8%,降幅为115.7个百分点。

第三个周期(1987—1989年),历时3年。这期间农业生产仍处于徘徊不前的状态,农业生产资料价格、农村人口数量增速空前提高,导致农民家庭经营收入增速在1989年处于低谷7.8%。这3年,农民家庭经营收入由345.5元增加到434.6元,年均增长率为12.2%。人均收入增幅由1988年的波峰值17.8%降至1989年的波谷值10.4%,降幅为7.4个百分点。

第四个周期(1990—1991年),历时2年。1991年,粮食产量、粮食价格同时降低,农业生产资料价格反而提高,结果1991年农民家庭经营收入增速仅为1%,为空前最低水平。人均收入增幅由1990年的波峰值19.3%降至1991年的波谷值1%,降幅为18.3个百分点。

第五个周期(1992—2000年),历时9年。1992年以后,改革开放出现新的热潮,给农村经济发展注入新的活力,农民收入日趋好转,1994年,农民家庭经营收入增速达到峰值30%。随后几年粮食产量呈现波动,1999—2000年连续两年减产,粮食价格也逐年下降,农民家庭经营收入连续三年负增长,2000年增速达到波谷值−1.5%,降幅为31.5个百分点。这一期间,农民家庭经营收入由561.6元增加到1427.3元,年均增长率为12.4%。

第六个周期(2001—2006年),历时6年。这一期间,农民家庭经营收入恢复增长,从1459.6元增加到1931元,年均增长5.8%。2004年增速达到峰值13.3%,随后降低为4.7%,降幅为8.6个百分点。

第七个周期(2007—2009年),历时3年。这一期间,农民家庭经营收入稳步增长,2007年增速达到峰值13.6%,2008年略有下降为11%,2009年达到谷底3.7%,降幅为9.9个百分点。

第八个周期(2010年至今),农民家庭经营收入增速又快速回升,2011年达到13.7%。[1]

---

① 关浩杰:《中国农民家庭经营收入波动及原因》,《首都经济贸易大学学报》,2012年2月。

与家庭经营性收入波动增长一致的是,中国农民农业收入也是在波动中增长。由表5.1可知,1996年中国农民年农业收入为955.1元,1997年为976.2元,进入1998年后,直到2001年,农民农业收入进入负增长阶段。但自从进入2002年,农业收入再次进入增长阶段,2004年突破1 000元,达到1 056.6元。2012年突破2 000元,达到2106.8元,比1996年增长了1 151.7元,是1996年的2.206倍。

表5.1　　　　中国农村居民人均年收入(1996—2012年)　　　单位:元/年

年份	农业收入	年份	农业收入
1996	955.1	2005	1 097.7
1997	976.2	2006	1 159.6
1998	962.8	2007	1 303.8
1999	918.3	2008	1 427
2000	833.9	2009	1 497.9
2001	863.6	2010	1 723.5
2002	866.7	2011	1 896.7
2003	885.7	2012	2 106.8
2004	1 056.5		

数据来源:中国国家统计局网站,www.stata.gov.cn。

总结上述分析可知,改革开放后,中国农民务农收入呈现为不断增长的趋势,但增长的过程中有一定的波动,其中,从波谷到波峰的时间相对较短,而从波峰到波谷的时间则相对较长。尽管随着经济的不断增长,近年来波动周期的时间长度有缩短的趋势,但中国政府仍有必要建立确保农民务农收入增长的长效机制。

三、中国农民务农收入与其他收入增长比较

必须承认的是,尽管农业收入表现为不断增长的趋势,但其增长速度远低于同期的工资性收入。表5.2显示,1997—2012年农业收入增速总体较低,2004年、2010年、2011年、2012年的增速分别为19.28%、15.06%、10.05%、11.08%,然而,除了这4年,其余年份的增速均低于10%,1998年、1999年、2000年甚至进入负增长。平均之下,农业收入年均增长仅为5.3%。与农业收入缓慢增长显著不同的是,农村居民的工资性收入却增长迅速,除1999年、2001年、2002年、2003年、2004年外,其余年份的增速均超过10%,2011年甚至高达21.90%。总体来说,农村居民工资性收入年均增速为13.63%,是农业收入的2.567倍,成为农村居民人均纯收入增长最快、最重要的收入来源部分。

表 5.2　　　　　中国农村居民人均年收入增长率(1996—2012 年)

年份	人均纯收入	人均工资性收入	农业收入
1997	8.51%	14.15%	2.21%
1998	3.44%	11.47%	−1.37%
1999	2.23%	9.88%	−4.62%
2000	1.95%	11.42%	−9.19%
2001	5.01%	9.91%	3.56%
2002	4.61%	8.85%	0.36%
2003	5.92%	9.31%	2.19%
2004	11.98%	8.72%	19.28%
2005	10.85%	17.63%	3.90%
2006	10.20%	17.05%	5.64%
2007	15.43%	16.10%	12.44%
2008	14.98%	16.13%	9.45%
2009	8.25%	11.20%	4.97%
2010	14.86%	17.94%	15.06%
2011	17.88%	21.90%	10.05%
2012	13.46%	16.34%	11.08%

数据来源:中国国家统计局网站,www.stata.gov.cn,根据相关数据计算所得。

　　由于增速过慢,一度是农村居民人均纯收入中最主要收入来源的农业收入,逐渐让位于迅速增长的工资性收入,其与人均纯收入的比例逐年下降,观察表5.3可知,1996 年人均纯收入尚有 49.59% 左右的收入来自农业收入,然而,到2012 年时,该比例仅为 26.61%,而工资性收入占人均纯收入的比值则上升至43.54%。

表 5.3　中国农村居民农业收入与纯收入、工资性收入比值(1996—2012 年)

年份	农业收入/人均纯收入	农业收入/人均工资性收入
1996	49.59%	211.87%
1997	46.71%	189.70%
1998	44.53%	167.85%

年份	农业收入/人均纯收入	农业收入/人均工资性收入
1999	41.55%	145.69%
2000	37.01%	118.74%
2001	36.49%	111.88%
2002	35.01%	103.15%
2003	33.78%	96.44%
2004	35.98%	105.81%
2005	33.72%	93.46%
2006	32.33%	84.35%
2007	31.49%	81.68%
2008	29.98%	76.98%
2009	29.07%	72.67%
2010	29.12%	70.89%
2011	27.18%	64.00%
2012	26.61%	61.11%

数据来源：中国国家统计局网站，www.stata.gov.cn，根据相关数据计算所得。

与上述情况相吻合，农业收入与工资性收入比值也迅速下滑。1996年农业收入与工资性收入的比值还是211.87%，2003年跌破100%，仅为93.46%，2012年再次下降至61.11%，比1996年减少了150.76个百分点。

第三节 最低工资与农民务农收入的制度关系

一、最低工资与劳动力转移

在全国各地不断强化劳动执法背景下，最低工资标准已成为农村转移劳动力预期的城市工资水平的下限值，最低工资标准周期上涨预期也会转化为预期城市工资水平的上涨预期。

在城乡劳动力转移过程中，农村劳动力有两种供给方式：第一种为长期转移，即在城市部门提供全部劳动力，第二种为季节性临时转移，即农忙时在农村部门提供劳动力，农闲时在城市部门提供劳动力。

如果最低工资标准≥当地生活费用,则劳动力转移后留得住,是有效转移;如果最低工资标准<当地基本生活费用,则劳动力转移后留不住,是无效转移。在上述第一种劳动力供给方式下,如果城市最低工资标准与务农报酬的差值大于零,则劳动力从农村到城市的长期转移将会保持,并且最低工资标准周期上涨预期将增大预期城乡劳动收入级差值,此时,劳动力向城市长期转移的经济冲动更明显。

在第二种劳动力供给方式下,农忙季节分析与第一种方式类似,而农闲季节时务农劳动报酬为0,而城市预期最低工资>0。无疑,当迁移成本可负担时,农村劳动力将发生季节性转移。值得注意的是,这种季节性转移会随着最低工资标准周期上涨预期而逐渐转化为长期转移。

综合上述分析可知,最低工资及其上涨预期将诱导、并强化劳动力从农村至城市的长期转移。

二、农民务农收入与劳动力转移

第一,农民务农收入受制于现有农业资源约束。

中国农业是一种典型的资源约束型农业,这就决定了农业生产将受到耕地资源瓶颈的制约。在这种情况下,中国农田主要通过精耕细作来提高产量,而经过长期的运作,这种方式目前已达到无以复加的地步。此外,一些重要的农业生产区复种指数也已高达200%。可以说,当前中国各地农业单产已基本达到当地耕地的光、热、水、土等条件下的生产潜力。人均占有农业资源少,农业生产成本上涨又迅速,此时想通过提高农业单产来增加农民务农报酬就非常艰难。

第二,农民务农报酬受制于劳动力过多,农业生产效率低。

毋庸置疑,当前我国农村剩余劳动力过多。发达国家从事农业生产的劳动力占总劳动力的比重一般在10%以下。英、美、法、日等发达国家20世纪90年代初期农业劳动力占总劳动力的比重已经在6%以下。尽管中国农村剩余劳动力不断迁移到其他产业当中,但相对而言,转移速度缓慢,致使农村仍有大量剩余劳动力。2014年农业劳动力占总劳动力的比重仍高达29.4%,远高于发达国家同期水平。与此同时,中国农业总产值占国内生产总值的比重却迅速下降,2014年我国农业总产值占国内生产总值的比重已经下降到9.2%。结果造成中国农业生产效率低,并且与其他非农产业劳动生产效率的差距不断扩大。

第三,农民务农收入受益于劳动力转移。

一方面,中国农业资源有限,农业产量单产难以提高;另一方面,农业劳动力过多,农业生产效率低。因此,要解决农业生产问题,增长务农报酬,就必须促进农村劳动力的转移,改变其就业结构。否则,其他措施很难在提高农业劳动生产效率以及增加农民务农报酬上显示出明显的成效。

当大量剩余劳动力向城市转移时,农村从事农业生产的劳动力将逐步减少,而在土地资本固定不变情况下,农村边际生产率将逐步增加,农民的务农报酬也将随之提高。反之,如果回流至农村的劳动力不断增加,从事农业生产的劳动力不断增多,则农村农业生产率将下降,农民的务农报酬也将趋于减少。

这样,综合上述分析可知,如果农村劳动力是理性经济人,他将追求预期收益最大化,而最低工资作为农村转移劳动力的预期工资,就会对该劳动力的非农转移产生影响,进而对农民务农报酬产生作用。总结来说,最低工资对务农报酬的作用途径为:最低工资标准→农村劳动力转移→农民务农报酬。

第四节 最低工资标准农民务农收入效应的理论分析框架

为便于分析,本节做如下合理假设:首先,经济分为城市及农村两个部门,其中前者生产工业品,后者生产农产品。两部门生产者的经济行为为完全竞争。其次,资本 K、土地 T、农村劳动力 L 等生产要素禀赋固定不变。其中,农村劳动力 L 根据其从事劳动的性质及其就业状态分为三部分,即转移到城市并就业的农民工 L_M、转移到城市但失业的非农劳动力 L_U、留在农村从事农业劳动的劳动力 L_A。再次,城市工资水平为政府设定的最低工资标准,属于外生变量,其余变量如资本、土地收益,以及农民务农收入是内生变量。最后,农村劳动力追求预期收益最大化,可在农村与城市间自由迁移,并且无论劳动供给是否大于劳动需求,都存在随机就业选择机制。

一、两部门经济

(一) 两部门生产函数

假设城市部门通过投入资本与劳动力获得产品,具有规模经济效应,而农村通过投入土地和劳动力获得产出,为规模不变收益,则城市及农村的生产函数 X_M、X_A 可分别表示为式(5.1)和式(5.2)。

$$X_M = g(X_M)F_M(K, L_M) \tag{5.1}$$

$$X_A = F_A(T, L_A) \tag{5.2}$$

上式中,X_M、X_A 分别为城市、农村产品产量。函数 F_M 为线性同质,具有规模经济效应。函数 g 为边际报酬递减函数,令 $\varepsilon = (g/X_M)(dX_M/dg)$,则 $0 < \varepsilon < 1$。

(二) 两部门产品价格函数

由于经济是完全竞争,产品按照边际价值定价,因此,城市工业品价格 p_M、

79

农村农产品价格 p_A 可分别表示为：

$$p_M = \alpha_{LM} w_M + \alpha_{KM} r_M \qquad (5.3)$$

$$p_A = \alpha_{LA} w_A + \alpha_{TA} r_A \qquad (5.4)$$

上式中，r_M、r_A 分别表示资本及土地的收益，α_{LM}、α_{KM} 分别为生产工业品 X_M 的劳动及资本投入比例，α_{LA}、α_{TA} 则表示生产农产品 X_A 的劳动及土地比例，显然，$\alpha_{LM} + \alpha_{KM} = \alpha_{LA} + \alpha_{TA} = 1$。如果以农产品价格作为单位计价标准时，则工业品、农产品贸易条件为：

$$X_M/X_A = f(p_M/p_A) = f(p_M) \qquad (5.5)$$

(三) 两部门劳动力市场

由于劳动力追求预期收益最大化，因此，劳动力会在城市与农村之间不断转移，直至城市预期工资等于农村务农报酬。在随机就业选择机制下，城市预期工资 w_A 就等于最低工资标准与农民工就业率的乘积，即：

$$w_A = w_M \frac{L_M}{L_M + L_U} \qquad (5.6)$$

二、提高最低工资标准对农村务农收入的影响

当政府提高最低工资标准时，城市预期工资发生变化，并由此带来系列变化。以 $\hat{x} = dx/x$ 表示变量 x 的变化率。对式(5.2)～(5.6)求导并处理可得：

$$(1-\varepsilon)\hat{X}_M = \alpha_{LM}\hat{L}_M + \alpha_{KM}\hat{K} \qquad (5.7)$$

$$\hat{X}_A = \alpha_{LA}\hat{L}_A + \alpha_{TA}\hat{T} \qquad (5.8)$$

$$(1-\lambda_{LA})\hat{w}_A = (1-\lambda_{LA})\hat{w}_M + \lambda_{LU}(\hat{L}_M - \hat{L}_U) \qquad (5.9)$$

$$\alpha_{LM}\hat{w}_M + \alpha_{KM}\hat{r}_M = \hat{p}_M + \varepsilon\hat{X}_M \qquad (5.10)$$

$$\alpha_{LA}\hat{w}_A + \alpha_{TA}\hat{r}_A = \hat{p}_A = 0 \qquad (5.11)$$

$$\hat{L}_M - \hat{K} = -\sigma_M(\hat{w}_M - \hat{r}_M) \qquad (5.12)$$

$$\hat{L}_A - \hat{T} = -\sigma_A(\hat{w}_A - \hat{r}_A) \qquad (5.13)$$

$$\hat{X}_M = S_M(\hat{p}_M - \hat{w}_M) \qquad (5.14)$$

其中，σ_M 为城市劳动力与资本要素的替代弹性，σ_A 为农村劳动力对土地要素的替代弹性。S_M 为城市工业品供给价格弹性。λ 为劳动力比值，即 $\lambda_{LM} = \dfrac{L_M}{L}$、

$\lambda_{LA} = \dfrac{L_A}{L}$、$\lambda_{LU} = \dfrac{L_U}{L}$。由于经济中资本、土地、及劳动力禀赋不变,因此 $\hat{K} = \hat{\bar{K}}$ $= 0$、$\hat{T} = \hat{\bar{T}} = 0$、$\lambda_{LM}\hat{L}_M + \lambda_{LA}\hat{L}_A + \lambda_{LU}\hat{L}_U = \hat{\bar{L}} = 0$。

假设以农产品价格 p_A 为对照物,则 $\hat{p}_A = 0$。对式(5.7)至(5.14)进一步处理,可以得到最低工资标准提高后农村务农报酬的变化:

$$\hat{w}_A = (1/\delta)\ \alpha_{KA}\ (1-\lambda_{LA})[\sigma_D(1+e_M) + S_M]\ \hat{w}_M \qquad (5.15)$$

其中,$\delta = (1 - \lambda_{LA} + \lambda_{LA}\sigma_A)(\sigma_D + S_M) + (1 - \lambda_{LA})\alpha_{LA}\sigma_A\sigma_M > 0$。

由式(5.15)可知,当农民工劳动需求缺乏弹性,即 $-1 - \dfrac{S_M}{\sigma_D} < e_M < 0$ 时,提高最低工资标准,农民务农报酬将增加,即 $\hat{w}_A > 0$;反之,当农民工劳动需求富有弹性,即 $e_M < -1 - \dfrac{S_M}{\sigma_D}$ 时,提高最低工资标准,农民务农报酬将减少,即 $\hat{w}_A < 0$。换句话说,最低工资是否对农民务农报酬具有正作用,取决于城市对农民工的劳动需求弹性大小。

另外,由式(5.16)可知,当满足一定条件时,农民务农报酬增长率甚至会超过最低工资标准增长率。

$$\frac{\hat{w}_A}{\hat{w}_M} = (1/\delta)\ \alpha_{KA}\ (1-\lambda_{LA})[\sigma_D(1+e_M) + S_M] \qquad (5.16)$$

第五节　中国最低工资标准对农民务农收入效应实证分析

一、计量模型的说明

为实证分析最低工资对农民务农劳动收入的影响大小和影响方向,本节以农民务农报酬为解释变量,以最低工资标准为被解释变量建立计量方程。此外,考虑到资本、土地等也是影响农民务农报酬的重要因素,为避免重要变量的遗漏,相应增加控制变量。具体来说为:首先,就资本因素变量而言,选择购买农业生产性固定资产支出、农用机械总动力、农用化肥施用量三个变量来衡量;其次,就土地因素变量而言,以农作物播种面积表示。

为了保证跨年度数据的可比性及消除数据的波动性,方程中涉及的农民务农报酬、最低工资标准、生产性支出三个变量均根据以 2000 年为基期的农村居民消费价格指数进行了缩减处理。同时,所有变量均取自然对数。各变量的具体含义、预期作用方向及统计性描述分别见表5.4及表5.5。

表 5.4   估计模型中变量定义

变量名		变量定义	取值及计算	预期作用方向
被解释变量		农民务农报酬	以农村居民人均年收入中农业收入乘以农村总人口再除以务农劳动人数计算得到	
解释变量		最低工资标准	以各省、市最高档月最低工资标准乘以12计算得到	＋
控制变量	资本因素	农业生产支出	取值农民年人均购置生产性固定资产支出	＋
		农用机械总动力	取值年末农业机械总动力	＋
		农用化肥施用量	取值农用化肥施用折存量	＋
	土地因素	农作物播种面积	取值年末农作物播种面积	＋

表 5.5   变量统计性描述

变量	最大值	最小值	中间值	平均值	标准差
农民务农收入	10.369 2	6.848 3	9.025 3	9.027 0	0.567 5
最低工资标准	9.521 9	7.783 2	8.675 2	8.674 5	0.356 1
农业生产支出	8.476 5	5.986 7	7.083 1	7.085 1	0.481 6
农用机械总动力	9.427 1	4.557 2	7.595 9	7.455 4	1.058 1
农用化肥施用量	6.528 6	1.882 5	5.069 5	4.850 4	1.119 9
农作物播种面积	9.565 4	5.960 8	8.560 7	8.342 9	0.955 4

首先,对样本采取固定效应模型进行回归分析,之后以经济发展水平为依据,将数据进行东、中、西部地区划分,并在此基础上展开了分地区回归分析。

由实证分析结果表 5.6 可知,首先,就控制变量而言,农业生产支出、农用机械总动力、农用化肥施用量、农作物播种面积对务农收入都具有正作用,符合理论预期。从其作用大小来看,农业生产支出变量的正作用最大,而其他三个变量的作用则明显偏小。究其原因,可能是土地资源有限,精耕细作难以再深入及过度的反复播种产生了消极的瓶颈制约,降低了其提高务农收入的作用。

其次,就解释变量最低工资标准而言,其对务农收入具有较好的正作用,大小为 0.52,且在 1% 水平下显著。换句话说,提高最低工资标准可以带来务农报酬的增加,最低工资标准每提高 1%,可增加务农收入 0.52%。对此,笔者的解释是,当前中国最低工资标准还处于较低水平,城市对农民工的需求还缺乏弹性。也就是说,当前中国并不存在提高最低工资标准导致农民工就业无效的市场条件,提高最低工资标准不仅不会引起农民工失业,反而会大大提高农民进城务工的预期工资,并随之带来务农劳动力向城市的不断转移,结果是农村边际生产率提高、务农收入增加。

表 5.6　　　　　　　　　　最低工资影响农民务农收入的回归结果

常数项	8.045*** (6.879)
最低工资标准	0.520*** (5.594)
农业生产支出	0.758*** (20.241)
农用机械总动力	0.231*** (2.754)
农用化肥施用量	0.154*** (3.796)
农作物播种面积	0.187*** (3.552)
R^2	0.752

此外,从地区回归结果表 5.7 来看,东、中、西部地区最低工资标准均具有提高务农收入的作用,但存在一定的地区差异,即东部地区作用最大,西部地区居中,中部地区作用最小。也就是说,中部地区最低工资政策对于农民非农就业的吸纳力,以及农民的惠及力度最小。从其原因来看,一方面,中国最低工资体系存在较大的地区差异;另一方面,可能是中部地区无论是在市场发展方面,还是在国家政策扶持方面,都缺乏优势的缘故。

表 5.7　　　　　　　　最低工资影响农民务农收入的地区回归结果

项目	东部	中部	西部
常数项	−7.613** (−2.202)	−7.245* (−1.970)	6.407** (2.339)
最低工资标准	0.653** (2.614)	0.264* (2.750)	0.322*** (1.748)
农业生产支出	0.943*** (6.696)	0.628*** (6.405)	0.634*** (3.726)
农用机械总动力	0.168* (1.765)	0.291*** (3.236)	0.066 (0.464)

项目	东部	中部	西部
农用化肥施用量	0.330 (1.435)	0.579*** (2.829)	0.462* (1.964)
农作物播种面积	0.536* (1.807)	0.935** (2.177)	0.234 (0.908)
R^2	0.791	0.683	0.745

二、稳健性检验

为检验上述实证模型结果的稳健性,接下来进行相关的检验。

第一,以农村居民家庭经营性收入作为农民务农收入的替代变量,对估计结果的稳健性进行检验。结果显示,最低工资标准在5%的显著水平下对农民家庭经营性收入产生正影响,表现了较好的稳定性。

第二,以城市平均工资水平替代最低工资标准。结果显示:首先,城市平均工资水平与农民务农报酬之间存在正向相关关系,且通过了10%的显著性检验;其次,城市平均工资水平的系数明显小于原实证过程中的最低工资标准系数,表明农民务农劳动报酬对于最低工资标准相对更加敏感;最后,其他控制变量的系数符号也与先前的实证结果相一致,进一步验证了原实证结果的稳健性。

第三,添加最低工资标准变量的平方项,检验其是否存在拐点。从理论上来说,当最低工资标准过高时,城市对农民工的劳动需求会显著下降,引起农民工的失业率增加,结果导致大量农民工从城市返回农村,农民务农报酬下降。检验结果显示,最低工资标准的系数为正,而最低工资标准的平方项系数为负。换句话说,最低工资标准对农民务农收入的正作用存在一个拐点,当最低工资标准超过拐点后,其对农民务农劳动收入的作用就由正作用转变为负作用。显然,这与前面的理论推导是一致的。

第四,添加农村务农劳动力,并进行差分处理,以缓解最低工资与务农劳动力之间存在因果的内生性问题。结果显示,最低工资仍然对农村务农劳动报酬具有正作用,支持了文中的实证结果。

第五,剔除特殊样本,缩小样本变量数。样本中存在一些特殊样本,如上海市最低工资标准高,而农民务农收入低。为检查特殊样本是否对模型结果产生影响,本书首先对样本分别按照最低工资标准和农民务农报酬从高到低排序,并分别计算出10%和90%分位数值,然后把低于10%和高于90%分位数值的上海、江西及新疆维吾尔自治区三个省份予以剔出,最终得到225个样本。对这些样本再次进行估计,回归结果表明,在依次加入控制变量的情况下,最低工资标准在1％的显著水平对农民务农报酬产生正向影响。由此可见，异常样本并未对估计结果带来实质性影响，说明了回归结果的稳健性。

综合上述分析可知，通过选择替代变量、添加平方项、添加其他变量、数据截尾等方法进行稳健性检验，回归结果均显示出较好的稳健性，这表明实证结果是稳健及可靠的。

第六节　小　结

中国农民务农收入长期处于劳动者收入的最低层。尽管政府出台了农业补贴等各种政策试图解决该问题，但研究表明，要真正实现增加农民务农报酬的目的，从本质上来看，需要跳出传统农业政策的思维框架，寻找其他路径和方法。而本章关于最低工资的研究表明：第一，最低工资作为农村转移劳动力的城市预期工资，将诱导、并强化劳动力从农村转移至城市的长期转移，进而提高农业生产效率，增加务农收入；第二，最低工资标准对农民务农收入的影响主要取决于城市对农民工的需求弹性，当该需求缺乏弹性时，提高最低工资标准能增加农民务农收入，反之，当需求富有弹性时，提高最低工资将导致务农报酬的降低；第三，当前，中国城市对农民工的劳动需求缺乏弹性，最低工资标准在1％的显著水平下对农民务农收入具有正作用，其大小为0.52；第四，从分地区来看，东、中、西部地区最低工资都对务农收入具有正作用，但东部地区作用最大，中部地区作用最小。

为了增加农民务农收入，政府连续推出了包括实施和扩大农产品价格补贴、农业生产资料补贴；增加对农业科技和生产性基础设施与农村非生产性基础设施的公共投入；土地产权（发展权）及其收入归农民等多项政策。尽管这些政策或多或少都有利于增加农民的即期收入。然而，随着政策实施的深入，一些弊端也逐渐显现出来。首先，从政策刺激对象来看，绝大多数政策直接刺激的对象实际上是农业生产，最终目标是促进农业生产的增长，农民增收多半被看作实现这一目标的手段或必要保障。这样，其对农民增收的长远作用就存有一定的疑问。其次，从政策实际实施效果来看，大多数政策的长期结果与最初的目标相背离，或者不得不从原先设计的短期、暂时和有限支持转变为长期甚至永久并且不断加大支持力度的措施，最终变为降低资源配置效率且不断加重的财政负担。

由此可见，要真正实现增加农民务农报酬本身这一核心目标，显然需要超出传统农业政策的一系列其他公共政策。事实上，许多研究已经表明，要从根本上解决农民务农报酬问题，就必须调节劳动力市场，转移劳动力。D. Gale Johnson（1959，1963）指出，所谓农民务农报酬问题，实际上是农业部门劳动者数量过多，超出其能够提供可比收入能力的结果。而 Gardner（1992，2000）也强调,美国政府的农业政策仅仅提高了地价和地租,与农民的务农报酬无关。美国过去 40 年农民收入不仅地区间趋同而且与其他阶层趋同,完全是劳动力市场调节的结果。值得注意的是,中国由于存在典型的二元劳动力市场,因此农民转移进入城市后主要进入低端劳动市场,领取最低工资标准。这样,由 Haris-todaro 模型可知,最低工资标准就将成为农民是否转移的预期工资,它的高低变化就必将影响农民非农转移进而作用于农民务农收入。

这样,结合本章分析结论,可以根据现行最低工资存在的问题,考虑建立最低工资标准的合理增长机制,实现农民务农收入的良性增长。当前中国虽然规定调整最低工资标准时应考虑经济发展水平、职工平均工资、城镇居民消费价格指数和就业状况等相关因素,但并没有明确这些因素的权重以及具体的调整公式,因此,各地在调整最低工资标准时,容易呈现出较大的随意性。对此,除了第三章关于建立最低工资标准调整的长期增长机制外,我们还建议尝试采用平均工资比例法进行调整,即以城镇职工平均工资的某一比例(国际上通常为40%～60%)对最低工资标准进行调整。这样,不仅操作简单易行,而且由于职工平均工资与经济发展水平、城镇居民消费价格指数和就业等因素本身就存在相互影响关系,以它为调整标准也不会造成最低工资标准调整水平的畸高或畸低。此外,应当增加最低工资制度的宣传和教育,提高农村转移劳动力劳动维权意识。一方面,健全相关法律政策,贯彻有效的法律援助措施;另一方面,增加信息宣传和教育,让农村转移劳动力了解当前的劳动法律和就业政策,减少习惯性歧视行为的发生。

第六章 中国最低工资标准农村 贫困效应分析

农村贫困是中国贫困的主要问题和表现。为此,政府建立了以社会救助和开发扶贫为主体的反贫困战略体系。这大大缓解了当地的贫困问题。然而,随着减贫工作的不断推进,该体系所具有的一些弊端也日益凸显出来。一方面,救助式扶贫属于输血模式,具有难以克服的局限性。另一方面,开发式扶贫由于缺乏完善的瞄准机制和甄选机制,而且它以经济要素为着眼点,没有兼顾到基于经济发展而引发的不公平,因此出现了贫困群体漏出、扶贫投入边际产出递减等低效现象。这就说明,农村贫困仅仅依赖社会救助和扶贫开发是难以消除的。未来农村减贫要持续、高速发展,政府必须探索新的路径。放眼世界,可以发现以最低工资立法来减少贫穷是其普遍做法。就中国而言,中国于1994年正式实施最低工资制度,尽管伴随着非农收入成为农民收入的重要源泉和增长点,通过最低工资减少农村贫困已具有现实可能性,然而当前中国关于最低工资减贫这一重要功能,不仅实践中没有运用,而且理论上也鲜有研究。有鉴于此,本章试图以中国最低工资与农村贫困关系为研究对象,通过建立中国最低工资与农村贫困的理论分析框架,以及对1995—2009年省际面板数据的实证分析,深入剖析中国最低工资对于农村贫困的作用路径及机理。

第一节 最低工资标准农村贫困效应文献综述

最低工资立法的基本初衷是减少贫困,即通过最低工资立法来提高低收入劳动者的收入水平,改善其生活状况。关于最低工资与贫困的研究,目前的理论研究主要形成并遵循了以下三个路径:第一个路径是以劳动供求为载体,研究最低工资对贫困的作用。例如,Kowan、Micco 和 Pages(2004),IPEA's(2000),David Neumark、William Wascher(2002)研究表明,如果将最低工资引起的失业考虑在内的话,它对于贫困就没有减少作用。与此同时,Ronald Mincy(1990),Richard Freeman(1996)则认为,由于最低工资标准导致的失业弹性远低于1,因此低收入劳动者相应地就几乎没有承担提高最低工资标准所带来的成本效应,最低工资减贫效应远远大于之前的研究结果。第二个路径是以最低工资受益者的家庭收入地位为研究视角,探讨最低工资对贫困的影响。Edward Gramlich(1976)、Bell(1981)、Kniesner(1981)、Johnson 和 Browning(1983)、Lauro Ramos 和 Jose Guilherme A. Reis (1994)、Marc Law (1999)研究发现,如果最低工资标准获得者都是女性及年轻人等家庭次要劳动者的话,那么提高最低工资标准可以有效帮助低收入劳动者,但不能有效帮助低收入家庭。第三个路径是以最低工资标准受益者的家庭经济状况为切入点,研究最低工资的减贫作用。许多学者认为,最低工资对于贫困家庭的作用会受到最低工资标准获得者的家庭收入分布状况的影响。Richard Burkhauser、Kenneth Couch、David Wittenburg(1996),David Card、Krueger Alan (1995),Michael Shannon、Charles Beach (1995)指出,现实经济中一些最低工资标准获得者来自于相对富裕的家庭,因而会不可避免地降低最低工资的减贫效应。[①]

实证研究方面,关于最低工资的贫困效应,Cardand Krueger(1995)、Burkhauser 和 Sabia(2007)将贫困率作为被解释变量,以最低工资为解释变量,通过计量分析来检验。此外,Neumark 和 Washer(2002)用半参数和非参数模型研究了最低工资对于家庭贫困状况的影响,文章用原本贫困的家庭不再贫困或保持贫困的概率,以及原本不贫困的家庭保持不贫困或者变为贫困的概率来考察家庭贫困状况。Muller 和 Steiner(2009)用微观模拟方法研究了德国最低工资提升对收入分配产生的影响,文章采用一个 STSM 模型,涵盖了家庭收入、工作时间和家庭结构信息,将德国税收福利体制中各项因素都综合考虑进来,不仅可以计算现有工资制度下的家庭净收入,还引入一个新的最低工资制度后的家庭净收入变化,研究最低工资制度在降低贫困中的作用。

问题在于,当前许多关于最低工资减贫的实证分析结论各不相同。一方面,David Card、Krueger Alan (1995)关于美国州面板数据的分析却发现,提高最低工资标准不但减少了总贫困率,而且也减少了劳动者贫困率。并且,那些最低工资标准提高更快的州,其贫困率下降得更快。T. H. Gindling、Katherine Terrell(2006)关于 2001—2004 年洪都拉斯的研究结果显示,最低工资标准每提高 10%,可以减少农村绝对贫困 4.4% 及总贫困 4.1%。Catherine Saget (2001)、Samuel Morley(1995)、Nora Lustig, Darryl McLeod (1996)关于拉美国家的分析表明,高的最低工资标准总是与低的贫困相伴随。Alaniz 和 Gindling 等(2011)运用个人和家庭面板数据从微观层面进行分析,发现最低工资提升有助于家庭走出贫困,而且最低工资对户主的作用效果要大于其对其他家庭成员的作用大小。Pollin 和 Lim(2006)对亚利桑那州研究发现,最低工资提升带来很强的波纹效应,尽管由于最低工资上涨后政府补贴减少了,家庭实际

---

① 罗小兰:《最低工资对农村贫困的影响:基于中国农民工的实证分析》,《经济科学》2011 年第 3 期。

可支配收入上涨额度低于名义收入,但仍然对减少贫困有着显著的作用。另一方面,Addison Ackbum(1999)、Neumark(2005)、Burkhauser(2007)、Mulkr Steiner(2009)等学者使用微观计量方法发现最低工资标准提升对于降低贫困率没有显著的影响。而 Richard K. Vedder 和 Lowell E. Gallaway(2001)研究发现,使用不同的贫困概念,以不同地区、不同年龄、不同种族、不同性别的研究对象为样本,采用不同方法进行实证分析,结果都表明最低工资标准不能减少贫困。此外,Neumark 和 Wascher(1997)、Adams 和 Neumark(2005)研究也得出了提高最低工资标准会增加贫困的不利结果。

对于上述争议,目前理论界普遍看法是,研究方法是否经得起推敲、假设条件是否合理,是导致最低工资减贫争议的根本原因。而 Gary S. Fields、Ravi Kanbur(2007)则指出,最低工资既可以增加贫困,也可以减少贫困,其最终结果取决于最低工资实施的具体条件。

第二节 中国农村贫困现状

贫困是相对于富足而存在的。贫困的标准是根据贫困线来确定的。一般来说,贫困人口、贫困家庭是指生活水准处于贫困线以下的个人或家庭,亟需政府及社会的救助。2000—2008 年,中国扶贫标准包括绝对贫困标准和低收入标准。2008 年以后仅以低收入标准作为扶贫标准,即以低收入标准来衡量贫困规模和贫困程度,并作为分配扶贫资金以及低保资金的重要依据。

一、中国农村贫困现状

(一) 中国农村贫困人口规模

伴随着经济的不断发展,中国农村贫困标准逐年调整。由表 6.1 可知,2000 年中国农村贫困标准线为 865 元/年,之后每年都趋于增加,2007 年农村贫困线突破 1 000 元,达到 1 067 元/年,2011 年增加至 2 300 元/年,比 2000 年增加了 1 435 元,年均增加 130.45 元。值得注意的是,尽管贫困标准线在不断提高,但农村贫困人口和贫困发生率却不断下降。2000—2010 年,贫困人口由 9 422 万人降至 2010 年的 2 688 万人,年均下降 673.4 万人,贫困发生率也由 2000 年的 10.2% 下降至 2010 年的 2.8%。然而,必须承认的是,贫困问题仍然是中国面临的棘手问题。2010 年贫困人口为 2 688 万人,2011 年贫困人口增加至 12 238 万人,是前者的 4.553 倍,贫困率也由 2010 年的 2.8% 也迅速攀升至 12.7%。显然,贫困标准线在 2011 年提高幅度较大,是导致贫困状况突然加剧的主要缘故。根据 2 300 元/年的贫困标准线,2012 年开始,中国贫困人口和贫困发生率有所缓解。其中,就贫困人口而言,2012 年为 9 899 万人,比 2011 年减少 2 839 万人,2015 年为 5 575 万人,比 2011 年减少 6 663 万人。此外,就贫困发生率而言,2012 年为 10.2％,比 2011 年下降了 2.5,2015 年继续下降为 5.7％。总体来说,中国农村扶贫工作取得了较好的成绩,但贫困人口数量仍然众多,规模依然较大,任务仍然艰巨。

表 6.1　　　　　　　　中国农村贫困标准、贫困人口数及贫困发生率

年份	贫困标准(元/年)	贫困人口(万人)	贫困发生率
2000	865	9 422	10.2％
2001	872	9 030	9.8％
2002	869	8 645	9.2％
2003	882	8 517	9.1％
2004	924	7 587	8.1％
2005	944	6 432	6.8％
2006	958	5 698	6.0％
2007	1 067	4 320	4.6％
2008	1 196	4 007	4.2％
2009	1 196	3 597	3.8％
2010	1 274	2 688	2.8％
2011	2 300	12 238	12.7％
2012	2 300	9 899	10.2％
2013	2 300	8 249	8.5％
2014	2 300	7 017	7.2％
2015	2 300	5 575	5.7％

数据来源:中国经济与社会发展统计数据库,http://tongji.cnki.net/。

(二) 中国农村贫困人口收入

农村居民人均纯收入是反映农村居民生活水平的重要指标,其大小等于农村居民当年总收入减去当年总支出。通常情况下,农村居民纯收入包括工资性收入、家庭经营收入、财产性收入以及转移性收入四类,其中工资性收入、家庭经营收入是最主要收入来源。

表 6.2　　　　　　　　中国农村贫困人口收入构成　　　　　　　单位:元

项目	2000 年		2005 年		2010 年	
	全国	贫困农户	全国	贫困农户	全国	贫困农户
人均纯收入	2 253	707	3 255	740	5 919	2 003
工资性收入	702	160	1 175	200	2 431	681
家庭经营收入	1 427	517	1 845	490	2 833	1 100
财产性收入	45	8	88	12	202	34
转移性收入	79	22	147	39	453	188

数据来源:《中国农村贫困监测报告(2011)》,中国统计出版社 2012 年版。

观察表 6.2 可知,随着经济的发展,农村居民人均纯收入不断提高,2000年,全国农村居民家庭人均纯收入为 2 253 元,2010 年增长为 5919 元,年均增长 366.6 元,其中,就构成来看,工资性收入、家庭经营收入年均分别增长 172.9元、140.6 元,工资性收入增长速度已超过家庭经营收入。进一步比较发现,与全国农户相比:第一,贫困农户的人均纯收入也在不断提高,但增长速度明显低于全国平均水平。2000 年为 707 元,2010 年为 2003 元,年均仅增长 129.6 元,远低于 366.6 元的全国平均水平。第二,贫困农户与全国农户平均水平的收入差距不断拉大,就绝对值来看,2000 年、2005 年、2010 年两者之间的收入差距分别为 1 546 元、2 515 元、3 916 元,就相对比例来看,贫困农户人均纯收入甚至不到全国农户人均纯收入的 40%。2000 年、2005 年、2010 年两者比值分别为31.38%、22.73%、33.84%。第三,贫困农户的收入来源主要为家庭经营性收入。2000 年、2005 年、2010 年 3 年中,家庭经营性收入占人均纯收入的比重分别为 73.13%、66.22%、54.92%,尽管比值不断下降,但仍然是最主要收入。相比之下,全国农户的工资性收入与人均纯收入之比则由 2000 年的 31.16%增长为 2005 年的 36.10%,再增长为 2010 年的 41.07%,逐步成为人均纯收入中增长最迅速、最重要收入来源。

(三) 中国农村贫困人口构成

当前中国农村陷入贫困的人口主要有四类群体:一是农村低收入家庭,包括农村贫困地区和非贫困地区的低收入家庭。普遍说来,这些家庭生活偏僻,交通不便,教育落后,饮水困难,收入水平低,生活条件恶劣。二是农村残疾人。一方面,农村残疾人收入低,无论是工资性收入、家庭经营性收入还是财产性收入都很低,仅有的一些收入主要来自转移性收入,也就是说这些残疾人的生活主要依靠政府救助和邻里接济;另一方面,农村残疾人的医疗和康复支出很高。根据全国残疾人小康进程监测报告可知,2009 年农村残疾人家庭人均医疗保健支出为551 元,是全国农村居民家庭人均医疗保健支出的 2.24 倍。三是农村五保户。

目前中国农村五保户的供养费用由地方财政负担，但是由于地方财政尤其是贫困地区财政非常困难，因此五保户供养标准较低。四是农村失地农民。随着中国城镇化和工业化改革的不断深化，越来越多的土地被征用，越来越多的农民失去了土地。尽管这些失地农民会获得价值不菲的补偿金，但受到教育程度、技能水平等方面的限制，他们很难实现就业或转行，对此，韩春(2010)指出，一般情况下，每征用 1 亩地，将导致 1.5 个农民失业，并且这些失地又失业的农民陷入贫困的概率非常大。

二、中国农村贫困特征

贫困人口规模大、分布西部化、山区化、老少边穷化、贫困多元化、贫困代际传递、返贫率高是当前中国农村贫困的主要特征。

(一) 中国贫困人口规模大

尽管中国政府扶贫工作已取得显著成效，但不可否认的是，当前中国贫困人口规模依然很大。根据 2011 年的 2 300 元的贫困线（即每天 1 美元贫困线）测算，中国农村贫困人口规模达到 1.223 8 亿人，贫困人口规模世界排名第 2，仅次于印度。而如果将贫困线调整为每天 2 美元的话，那中国农村贫困人口将超过 4 亿人。由此可见，中国农村贫困人口仍然是一个非常大的规模群体。

(二) 中国农村贫困人口分布

中国农村贫困人口分布总体广泛、局部集中是其突出特点。事实上，目前除北京、上海两地基本消除农村绝对贫困外，其他省份都存在不同程度的贫困，并且呈现出西部化、山区化、老少边穷化趋势。第一，贫困人口西部化，即贫困人口进一步向西部地区集中。根据 2011 年农村贫困监测报告可知，2000—2010 年，东部地区贫困人口占比由 10.2% 下降至 4.6%，而西部地区贫困人口占比则由 60.8% 上升至 65.1%。此外，592 个国家扶贫重点贫困县，西部地区有 375 个，占比高达 63%。第二，贫困人口山区化，即农村贫困人口主要集中在自然条件恶劣的山区，并且该趋势有增无减。山区贫困人口占全部农村贫困人口比重 2000 年为 48.7%，2005 年为 49.1%，2010 年进一步上升至 52.7%。第三，贫困人口老少边穷化，即农村贫困人口主要集中在少数民族聚集地、革命老区、边疆边境和欠发达地区。2010 年，少数民族地区贫困人口 1 481 万人，占全国农村贫困人口的比重为 55.1%，革命老区贫困人口为 362.4 万人，占全国农村贫困人口的比重分别为 13.5%，边疆地区贫困人口规模为 83.1 万人，占全国农村贫困人口的比重为 3.1%。

(三) 中国贫困多维化

除经济贫困外，中国农村贫困人口还呈现为多维度贫困，即不仅是经济贫困，还是教育贫困、健康贫困、环境贫困、政治贫困、权利贫困。总体来说，受教育程度低，医疗条件差，营养不良、自然条件恶劣，气候异常，水土流失严重，土地沙漠化,地方病高发、饮水困难等。此外,农村贫困农民没有真正参与乡村治理,缺乏相应的政治和权利。

(四) 中国贫困代际传递性强

由于家庭贫困,农村贫困人口的子女无法接受良好的教育。因为受教育程度低,缺乏技能,这些贫困家庭的后代又只能进入劳动力的低端市场,从事工资低、条件差、工作时间长的工作,难以改变处于社会最底层的处境,最终导致贫困不断地恶性循环。

(五) 中国返贫率高

由于收入能力并没有真正提高,许多贫困人口在脱贫后仍然比较脆弱,一旦发生灾害就有可能重新陷入贫困。除了自然灾害外,教育和医疗支出也是导致农村返贫的两个主要原因。改革开放后,日益增加的医疗支出和教育费用,是农民返贫的最主要因素。

第二节　最低工资标准贫困效应的理论分析框架

为简化分析,首先提出如下合理假设:假设1:农民工属于城市次要劳动市场,该市场农民工总数恒定,不存在农民工进入或退出现象;假设2:所有农民工同质,政府设定最低工资标准 m 后,工资水平为 m,就业率为 x,并且 $x = f(m)$;假设3:不存在政府征税或救助等形式的收入再分配干预手段,就业、失业农民工收入分别为 m 和零;假设4:农村家庭总数为1。每户家庭人口数量为三,其中两人为具有劳动能力的农民工,一人为被抚养或赡养者。

一、农村家庭相关分析

在就业机率均等的情况下,根据家庭的就业及收入情况,所有农村家庭就分为三类。具体来说,第一类家庭的特征是,两个农民工均失业,人均收入为0。该类家庭数量为 $(1-x)^2$;第二类家庭的特征为,只有一个农民工就业,人均收入为 $m/3$。该类家庭数量为 $2x(1-x)$;第三类家庭的特征为两个农民工均就业,人均收入为 $2m/3$。该类家庭数量为 x^2。

从理论上来说,上述三类家庭均有可能陷入贫困:一是贫困线很低,只有第一类家庭陷入贫困;二是贫困线居中,第一、第二类家庭陷入贫困;三是贫困线很高,第一、第二、第三类家庭全部陷入贫困。考虑到在现实经济生活中,无论政府如何设置贫困线,都不可能出现第一、第三种情况,因此,这两种情况仅仅具有理论分析的意义。相比之下,第二种情况,即社会中既有非贫困家庭,也有贫困家庭,并且贫困家庭的贫困程度不同,能较好地反映现实情形。据此,接下来重点分析在该状况下最低工资对贫困的影响。

二、最低工资对农村贫困的影响

为明晰最低工资对农村贫困(包括贫困广度、深度和强度)的作用机理,论文选择 Foster、Greer 和 Thorbecke(1984)提出的 FGT 贫困指数 P_α 作为贫困程度测度指标。假设在贫困线 z 下,第一、第二类家庭为贫困家庭,第三类家庭为非贫困家庭。令 $\beta = \dfrac{z - \dfrac{1}{3}m}{z}$,则此时农村的贫困程度为:

$$P_\alpha = (1-x)^2 + 2x(1-x)\beta^\alpha \qquad (6.1)$$

其中,$\alpha(\alpha \geqslant 0)$ 为贫困厌恶度,当它取值分别为 0、1、2 时,P_α 分别表示贫困发生率 H、贫困深度 PG 和贫困强度 SPG。

(一) 最低工资对农村贫困率的影响

由(6.1)式容易推得,当 $\alpha = 0$ 时,农村贫困发生率为:

$$P_0 = H = (1-x)^2 + 2x(1-x) = 1 - x^2 \qquad (6.2)$$

(6.2)式反映农村贫困广度。在农村家庭总数为 1 的情况下,其大小等于第一、第二类贫困家庭数量之和。显然,这两类贫困家庭的数量与最低工资引致的农民工就业率大小密切相关。就业率越高,贫困家庭就越少,贫困率也就越低。

当最低工资调整时,对(6.2)式求导,得:

$$\frac{dH}{dm} = -2\eta \frac{x^2}{m} \qquad (6.3)$$

$$\frac{dH}{dm} \overset{>}{<} 0 \Leftrightarrow \eta \overset{<}{>} 0 \qquad (6.4)$$

其中,η 为提高最低工资标准引致的农民工就业弹性,其表达式为 $\eta = \dfrac{m}{x}\dfrac{dx}{dm}$。由于 $0 < x < 1$、$m > 0$,因此,(6.3)(6.4)式就意味着,最低工资标准调整后,农村贫困率的变化取决于就业弹性 η。当就业弹性大于 0 时,提高最低工资标准可以降低农村贫困率,并且弹性越大,降幅越大。其中原因,主要在于就业弹性大于 0 表明提高最低工资标准将增加农民工就业,而这造成的直接效应就是第三类非贫困家庭的增加,即第一、第二类贫困家庭的减少,农村贫困率的降低。反之,当就业弹性小于 0 时,提高最低工资标准将增加贫困率。

(二) 最低工资对农村贫困深度的影响

当 $\alpha = 1$ 时,农村贫困深度为:

$$P_1 = PG = (1-x)^2 + 2x(1-x)\beta \qquad (6.5)$$

该贫困深度以贫困缺口作为权重,度量贫困家庭平均收入短缺。由于第一类家庭的贫困缺口大于第二类家庭,因此,如果受益于最低工资的农民工分布均匀的话,第一类贫困家庭的数量就不会多,平均贫困程度就会较小,贫困深度也就较轻。

$$\frac{dPG}{dm} = -2\eta \frac{x}{m}\left[(1-x)-(1-2x)\beta\right] - x(1-x)\frac{2}{3z} \tag{6.6}$$

$$\frac{dPG}{dm} \begin{matrix} > \\ < \end{matrix} 0 \Leftrightarrow \eta \begin{matrix} < \\ > \end{matrix} -\frac{(1-x)(1-\beta)}{x\beta+(1-x)(1-\beta)} \tag{6.7}$$

当最低工资调整时,由(6.6)(6.7)式可知,当就业弹性 η 满足 $\eta > -\frac{(1-x)(1-\beta)}{x\beta+(1-x)(1-\beta)}$ 条件后,提高最低工资标准能减轻贫困深度,并且弹性越大,减幅越大。对此,作者的理解是:一方面,大部分深层贫困农户或者生活在自然条件恶劣地区,或者土地稀少且缺少从事个体经营的资金,家庭经营性收入都很低,故而更倾向于外出打工、获取工资性收入。另一方面,在农民工非农就业的转移过程中,最低工资制度对于他们的保障并不具有排斥性的瞄准或筛选机制,而是对所有的农民工进行统一保障。所以,在上述两个因素作用下,当最低工资的就业弹性达到一定值之后,深层贫困农户就会受益。贫困深度也由此得到缓解。

(三) 最低工资对农村贫困强度的影响

当 $\alpha = 2$ 时,农村贫困强度为:

$$P_2 = SPG = (1-x)^2 + 2x(1-x)\beta^2 \tag{6.8}$$

贫困强度通过提高贫困厌恶参数,赋予第一类贫困家庭更大的权重,来反映贫困家庭间的收入分配状况。从最低工资对它的作用来看,其机理与贫困深度相似。即当就业的农民工分布较均匀时,贫困家庭间收入分配较合理,贫困强度较轻。此外,(6.9)(6.10)式表明,最低工资减轻贫困强度同样具有就业弹性的门槛,即 $\eta > -\frac{2(1-x)(1-\beta)\beta}{x\beta^2+(1-x)(1-\beta^2)}$。只有当就业弹性满足该条件后,提高最低工资标准才能减轻贫困强度,并且弹性越大,减幅越大。

$$\frac{dSPG}{dm} = -2\eta \frac{x}{m}\left[(1-x)-(1-2x)\beta^2\right] - x(1-x)\frac{4}{3z}\beta \tag{6.9}$$

$$\frac{dSPG}{dm} \begin{matrix} > \\ < \end{matrix} 0 \Leftrightarrow \eta \begin{matrix} < \\ > \end{matrix} -\frac{2(1-x)(1-\beta)\beta}{x\beta^2+(1-x)(1-\beta^2)} \tag{6.10}$$

综合已有分析可知,提高最低工资既可以减少农村贫困,也可以增加农村贫困,其能否减贫以及减贫幅度最终受制于它所引致的农民工就业弹性。当该弹性满足最低工资减贫的相应条件后,弹性越大,最低工资降低贫困率的作用就越大;弹性受益者越集中于深层贫困农民,最低工资减轻贫困深度和贫困强度的作用也就越强。

第四节　中国最低工资标准对农村贫困效应实证分析

一、计量模型的扩展

为全面求证中国最低工资与农村贫困的关系,计量分析将在以下两个层面展开:一是不同贫困线间的实证分析。即在 1 067 元/年的官方贫困线、每天人均 1.25 美元、每天人均 2 美元三条贫困线下对最低工资与农村贫困的关系进行考察。二是稳健性检验。即在每天人均 1.25 美元的贫困线下,将区域划分为东部、中部和西部三个地区进行考察。这样,模型的被解释变量就包括官方贫困线下,每天人均 1.25 美元下,每天人均 2 美元下以及东、中、西部的 H、PG、SPG。

此外,考虑到理论分析的简便性容易造成变量遗漏,具体的估计模型还将增加以下三个控制变量:一是经济增长变量。理论上,经济增长是战胜贫困的根本和重要的力量来源。但 Ferreira 和 Barros(1998)、Kakwani 和 Pernia（2001）也指出,经济增长的减贫效应在很大程度上还取决于一国的初始收入分配状况及伴随经济发展的收入分配状况的变化情况。经验上,为了能判断中国经济增长对农村贫困的影响,模型中将以反映经济增长的人均国内生产总值变量作为代理变量进行估计。二是地区哑变量。中国大陆区域整体上可划分为东、中、西三大经济地区,它们在农村贫困及最低工资标准方面均存在显著差异。为了验证这种地区差异的实际影响,模型将添加这一虚拟变量,并将其赋值情况设定为,东部地区省份为 1,中部地区为 0,西部地区为 -1。三是农村内部收入分配变量。考虑到贫困深度、贫困强度受收入分配不平等的影响较大,本节以农村内部基尼系数作为代理变量来衡量收入分配差距对两者的影响。

二、数据说明

受数据可得性的限制,分析样本为 1995—2009 年河北、上海等 18 个省(市、自治区),以及在此基础上划分的东、中、西部地区数据。[①] 表 6.3 为扩展后的模型所涉及的变量的定义及其数据说明。其中,H_{gf}、PG_{gf}、SPG_{gf};$H_{1.25}$、$PG_{1.25}$、$SPG_{1.25}$ 及 H_2、PG_2、SPG_2 根据各地统计年鉴中农村纯收入分组数据,分别按 1 067 元/年官方贫困线、每天人均 1.25 美元和 2 美元的贫困线(以

---

① 这 18 个省(市、自治区)分别为河北、辽宁、上海、江苏、浙江、福建、山西、内蒙古自治区、黑龙江、安徽、江西、河南、湖北、广西壮族自治区、云南、甘肃、青海、新疆维吾尔自治区。

2005 年购买力平价换算)自行计算,并取百分数。最低工资标准来自各省市的人力资源和社会保障网站,并且采用最高一档的月最低工资标准。[①] 人均国内生产总值变量来自各地统计年鉴。农村内部基尼系数根据农村纯收入分组数据,按照胡祖光(2003)方法自行计算。此外,东、中、西地区样本是将每天人均 1.25 美元贫困线下的总样本,按照经济发展状况进行区域划分后所得。最后,为了保证跨年度数据的可比性及消除数据的波动性,方程中涉及的所有名义变量均根据以 1994 年为基期的农村居民消费价格指数进行了缩减处理和对数转换。

表 6.3　　　　　　　　估计模型中变量定义及描述性统计说明

变量名	变量定义	均值	中间值	最大值	最小值	标准差
H_{gf}	官方贫困线测算的贫困率	17.113	13.234	58.697	0.141	13.407
$H_{1.25}$	每天人均 1.25 美元测算的贫困率	50.346	51.181	92.767	2.665	26.966
H_2	每天人均 2 美元测算的贫困率	73.982	83.027	98.942	9.413	24.000
H_d	每天人均 1.25 美元测算的东部贫困率	22.350	19.350	61.823	2.665	14.819
H_z	每天人均 1.25 美元测算的中部贫困率	55.221	55.237	87.817	20.958	17.106
H_x	每天人均 1.25 美元测算的西部贫困率	72.212	79.150	92.767	10.402	19.443
PG_{gf}	官方贫困线测算的贫困深度	5.306	3.503	26.446	0.001	5.104
$PG_{1.25}$	每天人均 1.25 美元测算的贫困深度	19.971	17.181	52.959	0.394	13.820
PG_2	每天人均 2 美元测算的贫困深度	34.947	36.311	68.318	2.972	16.496
PG_d	每天人均 1.25 美元测算的东部贫困深度	7.253	5.608	22.686	0.394	5.636
PG_z	每天人均 1.25 美元测算的中部贫困深度	19.285	18.458	36.814	6.965	6.607

[①]　中国最低工资实施方式属于地区性。目前除北京和上海颁布全市统一的最低工资标准外,其他省、市、自治区都制定了不同档次的标准供省内各地、市选择。为了便于分析,本书只选择最高档。

（续表）

变量名	变量定义	均值	中间值	最大值	最小值	标准差
PG_x	每天人均 1.25 美元测算的西部贫困深度	32.647	35.717	52.959	2.616	12.938
SPG_{gf}	官方贫困线测算的贫困强度	2.463	1.380	22.892	0.000 02	2.962
$SPG_{1.25}$	每天人均 1.25 美元测算的贫困强度	10.659	8.102	35.312	0.062	8.722
SPG_2	每天人均 2 美元测算的贫困强度	22.703	19.570	57.298	1.007	12.129
SPG_d	每天人均 1.25 美元测算的东部贫困强度	3.406	2.240	13.235	0.062	3.028
SPG_z	每天人均 1.25 美元测算的中部贫困强度	9.266	8.601	18.654	3.315	3.330
SPG_x	每天人均 1.25 美元测算的西部贫困强度	18.834	20.297	35.312	1.105	9.092
$LGDP$	人均国内生产总值	8.894	8.849	10.818	7.563	0.657
$LGDP_d$	东部人均国内生产总值	9.468	9.409	10.818	8.261	0.252
$LGDP_z$	中部人均国内生产总值	8.688	8.657	9.602	7.814	0.496
$LGDP_x$	西部人均国内生产总值	8.580	8.503	10.035	7.563	0.505
LMW	月最低工资标准	5.639	5.666	6.473	4.972	0.370
LMW_d	东部月最低工资标准	5.814	5.840	6.473	4.989	0.382
LMW_z	中部月最低工资标准	5.557	5.601	6.147	4.972	0.341
LMW_x	西部月最低工资标准	5.479	5.433	6.126	4.887	0.365
$GINI$	农村内部基尼系数	0.319	0.321	0.414	0.225	0.042
$GINI_d$	东部农村内部基尼系数	0.324	0.325	0.393	0.260	0.033
$GINI_z$	中部农村内部基尼系数	0.300	0.297	0.395	0.225	0.039
$GINI_x$	西部农村内部基尼系数	0.335	0.346	0.414	0.242	0.045
YBL	地区哑变量	—	—	—	—	—

三、实证分析及稳健性检验

对模型进行 Hausman 检验,并根据检验结果选择模型类型。根据估计结果表 6.4、表 6.5 及表 6.6 可知,中国最低工资与农村贫困为负相关关系,是个较好的减贫工具。具体为:

第一,最低工资与农村贫困率为负相关关系。官方贫困线、每天人均 1.25 美元贫困线、每天人均 2 美元贫困线下最低工资对贫困率的作用系数分别为 -8.349、-7.448、-6.748。这说明当前中国最低工资的农民工就业弹性较大,能满足上述三条贫困线下最低工资减贫的就业弹性条件。实际上,在高度垄断性、工资水平非效率性以及要素替代不充分性的情况下,中国农民工市场并不存在劳动价格上升导致需求减少的市场条件。与此同时,由于贫困农民的农业收入都很低,提高最低工资标准将扩大非农就业的比较优势,进而促进农民非农劳动供给的增加。这样,在上述双重因素作用下,最低工资就会对贫困农民非农就业产生积极的促进作用。韩兆洲、安宁宁(2007),李晓春、何平(2010)等关于最低工资农民工就业效应的实证分析也都对该结论给予了支持。

表 6.4　　　　　　官方贫困线下最低工资影响农村贫困的回归结果

项目	H_{gf}	PG_{gf}	SPG_{gf}
C	83.634*** (9.597)	19.945*** (4.828)	11.055*** (3.792)
LGDP	-2.077 (-1.216)	0.500 (0.627)	0.381 (0.677)
LMW	-8.349*** (-3.166)	-3.916*** (-3.157)	-2.451*** (-2.800)
GINI	—	0.904** (-3.041)	0.536* (2.198)
YBL	-10.916*** (-14.388)	-4.168*** (-11.350)	-1.760*** (-6.793)
R^2	0.725	0.650	0.619
F	154.145	58.549	24.569
Hausman 检验值 (p 值)	6.255 (0.100)	4.723 (0.317)	5.733 (0.220)
模型类型	随机效应	随机效应	随机效应

第二,中国最低工资与农村贫困深度、贫困强度为负相关关系。其中,最低工资对贫困深度的作用系数在官方贫困线、每天人均 1.25 美元贫困线及每天人

均 2 美元贫困线下的作用系数分别为 -3.916、-6.730、-2.933;对贫困强度的作用系数分别为 -2.451、-4.629、-2.148。这说明最低工资不仅对贫困农民具有较大的就业弹性,而且在保障农民工的过程中,的确不具有人为的筛选机制,使其就业分布较均匀,惠及广大深层贫困农户。

第三,最低工资的减贫作用在贫困线为每天人均 1.25 美元时最强,然后是官方贫困线,最弱的是每天人均 2 美元贫困线。具体来说,在每天人均 1.25 美元贫困线下,最低工资对农村贫困(包括贫困率、贫困深度、贫困强度)具有显著减少作用,而且减幅最大。在官方贫困线下,最低工资对农村贫困虽然为显著减少作用,但减幅小于前者。而在每天人均 2 美元贫困线下,最低工资对农村贫困的减少作用不仅不显著,而且减幅继续缩小。上述现象说明,受益于中国最低工资的农民工主要为那些每天人均 1.25 美元贫困线下的农民。

表 6.5　每天人均 1.25 美元贫困线下最低工资影响农村贫困的回归结果

项目	$H_{1.25}$	$PG_{1.25}$	$SPG_{1.25}$
C	280.431*** (28.415)	102.928*** (14.421)	49.219*** (9.337)
$LGDP$	-20.881*** (-10.167)	-5.456*** (-3.893)	-1.797 (-1.736)
LMW	-7.448*** (-2.343)	-6.730*** (-3.041)	-4.629*** (-2.832)
$GINI$	—	1.338* (-3.041)	1.210** (2.198)
YBL	-17.512*** (-19.023)	-11.391*** (-17.489)	-7.621*** (-15.845)
R^2	0.869	0.785	0.704
F	579.903	216.534	141.347
$Hausman$ 检验值 (p 值)	6.693 (0.082)	3.100 (0.541)	5.855 (0.210)
模型类型	随机效应	随机效应	随机效应

表 6.6　每天人均 2 美元贫困线下最低工影响农村贫困的回归结果

项目	H_2	PG_2	SPG_2
C	443.027*** (22.027)	188.964*** (13.494)	100.575*** (14.065)
$LGDP$	-37.207*** (-18.276)	-15.885*** (-11.821)	-7.995** (-6.799)

项目	H_2	PG_2	SPG_2
LMW	−6.748 （−1.573）	−2.933 （−1.023）	−2.148 （−1.139）
$GINI$	—	1.329* （1.953）	1.178** （1.979）
YBL	−4.547*** （−4.398）	−10.321*** （−14.065）	−9.330*** （−16.517）
R^2	0.868	0.887	0.818
F	380.212	392.698	251.406
$Hausman$ 检验值 （p 值）	70.116 （0.000）	3.180 （0.528）	1.747 （0.782）
模型类型	固定效应	随机效应	随机效应

（二）最低工资影响农村贫困的稳健性检验

接下来将每天人均 1.25 美元贫困线下的样本进行区域划分，其目的在于通过地区间的比较分析，证明前述研究的可靠性和稳健性。

由分析结果可知，东、中、西部地区最低工资与农村贫困为负相关关系。首先，就贫困率而言，东、中、西部地区最低工资的作用系数分别为−30.280、4.710 和−20.726；其次，就贫困深度而言，东、中、西部的作用系数分别为−13.983、−0.772 和−8.280；最后，就贫困强度而言，三个地区的作用系数分别为−8.308、−1.233 和−6.080。比较地区间结果可以发现，东部地区最低工资减贫作用最显著，对贫困率、贫困深度、贫困强度均有显著的减少作用；西部地区次之，虽然减贫力度没有东部地区强，但仍然统计显著；中部地区最弱，与贫困率正相关，与贫困深度和强度虽为负相关，但统计不显著。对于上述现象，一个合理解释是，不同地区的最低工资就业弹性不同。东部地区最低工资标准最高，而且具有协调发展的第二、第三产业，快速发展的非公经济，以及灵活开放的劳动市场机制，因而该地区最低工资显示出对农民非农就业极大的吸纳力。西部地区在 1999 年年底开始的西部大开发政策的推动下，其最低工资对农村非农就业也具有较大的吸纳力。相比之下，中部地区既没有市场优势，又缺乏政策扶持，因而其最低工资政策对于非农就业的吸纳力最小。与上述分析相对应的是，张江雪（2005）、罗小兰（2007）等实证研究也表明，东部地区最低工资的就业弹性最大，西部次之，中部最小。此外，如前所述，在最低工资统一保障下，深层贫困农户会获得较高的相对收益，因此有理由相信东、西部地区最低工资惠及的深层贫困农户的比例要大于中部地区。

综合上述分析可知,中国东、西、中部地区最低工资对农村贫困率、贫困深度、贫困强度(中部地区贫困率除外)具有较好的减贫作用,并且减幅随着地区最低工资就业弹性大小及其对深层贫困农民惠及程度的降低而逐渐减小。显然,这和前面的研究结论基本是一致的,由此说明,本章的研究是可靠和稳健的。

第五节 小 结

本章关于中国最低工资与农村贫困的理论分析表明,最低工资能否减贫主要取决于最低工资对于农民非农就业的弹性大小及分布情况。弹性越大,最低工资减少贫困率的作用越强,分布越集中于深层贫困农户,最低工资减轻贫困深度、贫困强度的作用越强。关于1995—2009年河北、上海等18省(市、自治区)的实证分析表明,在当前中国最低工资就业弹性下,在1 067元/年的官方贫困线、每天人均1.25美元、每天人均2美元三条不同贫困线下,最低工资对农村贫困率、贫困深度、贫困强度都具有减少作用。进一步的稳健性检验表明,东、西、中部地区最低工资对农村贫困具有减少作用,并且减幅随着地区最低工资就业弹性大小及深度贫困农民受益程度的降低而逐渐减小。总体来说,中国最低工资是个较好的减贫工具。

在当前农村反贫困主要依赖于社会救助及开发扶贫的情形下,上述研究结论的政策含义是明显而积极的,即建立包含最低工资在内的综合反贫困战略体系。中国农村贫困人口家庭中没有丧失劳动能力的成员接近3/4,并且约有97%的贫困家庭不止拥有一个劳动力。[①] 显然,对于这些贫困家庭,最重要的是提升贫困者自我发展的能力。这就需要赋权和共享。而最低工资制度则对反贫困的这一困境给出了解决路径。它通过保障包括最贫困农户在内的贫困群体的劳动权益,消除他们的能力剥夺和社会排斥,让其参与到经济发展中来,使他们有明晰的发展方向和稳定的收入渠道,从而实现由外部输血式的基础性反贫困向内部造血式的高层次性反贫困转变,实现由解决温饱生计的经济性反贫困向体现人文关怀和公共精神的反贫困转变。

不仅如此,建立最低工资减贫的意义还在于,它在效率与公平之间建立起连接的桥梁,通过实现人人共享发展权利,最大限度地使贫困群体拥有改善人力资本的资本、机会和环境,从而使反贫困的内涵由单纯地缩小贫困绝对规模扩展到减少平均贫困程度和降低贫困人群收入分配不均等程度。更重要的是,通过建立最低工资减贫,使之与现有反贫困战略中的各层级相互衔接和配合,从而促使中国从本质上建立起集预防性、救助性和发展性为一体的综合式反贫困战略体系。

---

① World Bank(2009):From Poor Areas to Poor People:Chinese Evolving Poverty Reduction Agenda——an Assessment of Poverty and Inequality in China.

第七章　中国最低工资标准城乡劳动收入差距效应分析

　　所谓城乡劳动收入,是指城镇劳动力工资、农民工工资以及农民务农收入三类收入。长期以来,为了缩小中国城乡劳动收入差距,姚先国、赖普清(2004),王美艳(2005),谢周亮(2008),肖卫、朱有志、肖琳子(2009),张晓蓓、元朋(2011),张世伟、武娜(2014)等分别从二元结构、户籍、性别、行业、社会保障等方面进行了诸多研究,并取得了丰硕成果。然而,上述研究都忽略了最低工资政策这样一个重要因素,并造成相关研究的薄弱。有鉴于此,本章试图从最低工资的角度来考察城乡劳动收入差距,显然,这是理解中国城乡劳动收入差距并进而采取相应措施的一个重要新视角。

第一节　中国最低工资收入分配效应文献综述

一、国外研究综述

　　主流研究显示最低工资能够缩小收入分配差距。如 Dinardo、Fortin、Lemieux (1996)使用半参数法对 1979—1988 年的美国进行了实证分析,研究发现最低工资降低了工资分配、尤其是女性工资分配的不平等。Freeman(1996)关于英国的实证研究表明,提高最低工资虽然存在效率损失的风险,但仍然可以提高低收入群体的福利水平,减少不平等。Belman、Wolfson(1997)指出,最低工资标准的提高不仅会消除一些低工资岗位,而且还会使那些略高于最低工资标准的员工的工资水平得到一个提升,因而最低工资制度的实施对工资不平等具有改善作用。Stephen、Manning(2003)研究认为,最低工资提高了大部分家政工人的工资,减少了处于收入分配底端阶层的人数,因而改善了收入的不平等。Gindling、Terrell(2005)发现,哥斯达黎加最低工资不仅提高了城市和农村大企业的工资,而且也提高了最低工资覆盖的非正规部门的工资,并且后者工资上升的幅度较大,这样就使正规及非正规部门之间的工资差异变小了。Volscho(2005)研究发现,1960—2000 年美国最低工资标准高于 4 美元时,它对收入分配会产生非线性的缩小作用。此外,Pollin 和 Brenner 等(2003)、Brenner

和 Luce(2009)、Autor(2008)、Machin(2011)、Stewart(2011)等,从微观角度利用调查数据,采用分区域、分行业的研究方法,对州际之间,甚至某个单一城市最低工资的收入分配效应展开分析,研究结果都表明最低工资标准具有明显的、正向的收入分配效应。

与此同时,一些学者对最低工资的收入分配作用持保留意见。Bird Manning(2005)通过一个实验模型来分析,发现最低工资对于改善收入分配的效果甚微。Lemos(2009)使用巴西 1982—2004 年的微观调查数据,发现巴西并没有像美国那样产生缓解分配不平等的效应。不仅如此,部分学者甚至认为最低工资恶化了收入分配。如 Eastman(1954)对法国最低工资的经济效应进行研究,发现最低工资对劳动者的实际工资不但没有产生积极影响,反而恶化了固定收入群体的经济地位。Gonzalez 和 Miles(2001)运用非参数分位数回归方法,以乌拉圭为样本,研究发现最低工资对收入分配的分散性确实有显著影响。Fairchild(2004)对传统主流经济分析估计的合理性提出批判,同时认为最低工资并没有明显改善穷人生活情况,总体来说是弊大于利。Teulings(2005)指出,当政府提高最低工资标准时,企业会减少对低技术工人的需求,增加对高技术工人的需求,结果是高技术工人的工资将提高,而高、低技术工人的工资差距也将重新扩大。Neumark 等(2005)认为,最低工资标准提高后,虽然最低工资附近的劳动者可得到更高的工资,但是他们的工作时间和雇佣量会减小。因而,长期而言,对于低工资劳动者来说,最低工资会产生负的综合收入效应,导致福利损失。此外,Butcher 等(2012)也认为,最低工资会造成工资分布更加分散。

二、国内研究综述

与国外研究相似,国内文献关于最低工资的收入分配效应也没有获得一致结论。

一类观点认为最低工资可以有效缩减收入分配差距。刘险峰(2009)认为,最低工资制度是政府的合理调控行为,加大执法力度,能够调节收入平衡、缩减收入差距。陈萍(2009)指出,建立最低工资的劳资关系协调机制,可有效提高国民收入中初次分配低收入者的比重。孙中伟(2011)通过对 2000—2010 年珠三角低收入群体的分析发现,最低工资可有效提升低收入特别是农民工群体的工资、缩小收入分配差距。罗小兰(2011)发现,最低工资可有效降低农村贫困人口,缩减城乡收入差异。贾朋(2012)对中国家庭收入调查和社会收入矩阵的研究发现,最低工资标准有利于降低收入差距。苏永照(2014)指出,最低工资可以增加二级劳动力市场上低收入者的收入,因而是减少收入差距的有效手段。张世伟、贾鹏(2014)指出,提高最低工资标准后,短期内会提高低工资劳动者的收入水平,长期来看,如果最低工资提高在 25% 以内,仍会起到降低不平等的作用;如果最低工资标准的提高超过了 30%,则会提高低收入人群收入而减少就业,然而,收入分配效应大于就业效应,因此依然提高了社会总福利。

另一类观点认为最低工资无法缩小收入分配差距。权衡、李凌（2011）对上海市城镇居民收入差距的研究表明，即使提高最低工资标准，也不能缩小收入差距、促进基尼系数下降。付文林（2014）以全国各省区的宏观数据为样本，研究发现最低工资、尤其是中西部最低工资会对低工资部门造成负面影响，因此最低工资未能起到缩小收入分配差距的作用。

三、国内外研究述评

由于国外最低工资保障的对象主要是城镇低技能劳动者，因此上述研究尽管结论各异，但在研究思路方面却存在相似之处，即以城镇劳动者为研究对象，通过分析最低工资标准调整后该群体劳动收入的变化，来研究最低工资对于劳动收入差距的影响。无疑，这一研究思路并不完全符合我国。如前文所述，中国存在严重的城乡二元结构，最低工资的主要保障对象是农民工，最低工资标准的调整首先影响的是农民工工资。也就是说，中国最低工资不仅会影响城镇劳动者之间的劳动收入差距，而且更会对城乡劳动者之间的劳动收入差距产生作用。因此，单纯地从城镇劳动力工资差距来研究，可能会导致结果的偏差和片面。据此，本章将在已有文献的基础上，从城镇劳动力工资、农民工工资和农民务农收入三个层面考察最低工资与劳动收入差距的关系。

第二节 中国城乡劳动收入分配差距现状

一、中国收入分配总体状况

衡量收入分配状况有很多指标，如基尼系数、泰尔指数、收入比值等。其中，1943 年美国经济学家阿尔伯特·赫希曼根据洛伦兹曲线提出的基尼系数是国际最常用的指标。该系数大小在 0～1。根据联合国有关组织的规定，当基尼系数低于 0.2 时，表示收入绝对公平，0.2～0.3 表示收入比较公平，0.3～0.4 表示收入相对合理，0.4～0.5 表示收入差距较大，0.5 以上则表示收入差距悬殊。一般发达国家的基尼系数在 0.24～0.36。国际上通常把 0.4 作为收入分配差距的警戒线，超过 0.4 后比较容易出现社会动荡。

以基尼系数为指标来衡量中国收入分配发展状况的话，由表 7.1 可知，1981 年，中国基尼系数仅为 0.288，33 年后的 2014 年基尼系数上升至 0.469，增长了 0.181。至此，中国的收入分配已经从公平状态转变为不公平。进一步详细来说，根据基尼系数的变化，中国收入分配的发展又大致可分为三个阶段：

第一个阶段是 1981—1986 年的比较公平阶段。基尼系数 1981 年为 0.289，1982 年下降至 0.249，进入 1983 年、1984 年后基尼系数出现两年连续上升，分别为 0.264 和 0.297，1985 年基尼系数再次下降为 0.266，但 1986 年基尼系数上升为 0.297。总体来说，这一时期中国社会都处于比较公平状态。

第二个阶段是 1987—1993 年的收入相对合理阶段。随着改革的逐步深入，中国的收入分配差距开始逐渐拉大。1987 年中国基尼系数超过 0.3，达到 0.305，标志中国收入分配已经由比较公平变成相对合理状态。此后，基尼系数增长快速。其中，1988 年基尼系数最大，为 0.382。1993 年为 0.359，比 1987 年上升了 0.054。7 年间基尼系数平均值为 0.348，年均上升 0.771%。

表 7.1　　　　　　　中国基尼系数变化情况（1981—2014 年）

年份	基尼系数	年份	基尼系数
1981	0.288	1998	0.403
1982	0.249	1999	0.397
1983	0.264	2000	0.417
1984	0.297	2001	0.490
1985	0.266	2002	0.454
1986	0.297	2003	0.479
1987	0.305	2004	0.473
1988	0.382	2005	0.485
1989	0.349	2006	0.487
1990	0.343	2007	0.484
1991	0.324	2008	0.491
1992	0.376	2009	0.490
1993	0.359	2010	0.481
1994	0.436	2011	0.477
1995	0.445	2012	0.474
1996	0.485	2013	0.473
1997		2014	0.469

资料来源：中国统计年鉴（2015）。

第三个阶段是 1994—2014 年的收入差距较大阶段。这一时期基尼系数最低为 1999 年的 0.397，然后是 1998 年的 0.403、2000 年的 0.417、1994 年的 0.436。除此之外，其余年份的基尼系数均在 0.44 以上。其中 2008 年基尼系数最高，达到 0.491，2001 年、2009 年两年也高达 0.490。总体来说，这段时期基尼系数维持在较高水平，平均值为 0.465。这反映 1994 年改革深化后，中国收入差距已经较大，收入不公问题已经非常明显。尽管从 2009 年开始，中国基尼系数实现了"六连降",中国收入差距朝着变小的趋势走,但变化不是特别明显,2014 年仍然高达 0.469。另外,从发展趋势看,中国未来的基尼系数仍会不断上涨,甚至有可能超过 0.50,进入世界最不平等的国家序列。因此,可以说,缩小收入分配差距、促进社会公平是当前中国亟须解决的棘手问题。

二、中国城乡收入分配差距

所谓城乡收入差距,是指城市和农村居民的收入差距。由于城市和农村居民生产和生活方式的不同,两者的收入表示有所不同。具体来说,城镇居民收入用城镇居民可支配收入来衡量,而农村居民收入则用农村居民纯收入来表示。这样,城乡收入差距就可用城镇居民可支配收入与农村居民纯收入之间的绝对差额或者两者之间的比值来加以考察。此外,由于泰尔指数将城乡收入和城乡人口结构的变化结合起来同时加以考虑,因此,也有很多学者采用泰尔指数来测度城乡收入差距。一般来说,泰尔指数越小,表示越公平;反之,则表示越不公平。

表 7.2　　　中国城乡收入差距泰尔指数变化情况(1978—2015 年)

年份	泰尔指数	年份	泰尔指数
1978	0.091	1997	0.100
1979	0.090	1998	0.104
1980	0.089	1999	0.117
1981	0.068	2000	0.129
1982	0.049	2001	0.138
1983	0.037	2002	0.155
1984	0.039	2003	0.162
1985	0.042	2004	0.159
1986	0.064	2005	0.158
1987	0.069	2006	0.160
1988	0.069	2007	0.161
1989	0.080	2008	0.158
1990	0.073	2009	0.156
1991	0.091	2010	0.146
1992	0.108	2011	0.137
1993	0.128	2012	0.133
1994	0.135	2013	0.126
1995	0.121	2014	0.120
1996	0.104	2015	0.116

资料来源:张伟征:《我国城乡收入差距对经济增长的影响研究》,中国财政科学研究院,2017 年。

观察表 7.2 可知,1978—2015 年,虽然泰尔指数在不同年份呈现出不同的上升和下降走势,但中国的城乡收入差距在过去 38 年间是呈现为不断扩大的趋势。1978 年泰尔指数为 0.091,2015 年为 0.116,是 1978 年的 1.27 倍;另外,泰尔指数最低点出现在 1983 年,为 0.037,最高点出现在 2003 年,为 0.162,最高点是最低点的 4.37 倍。

具体来说,根据泰尔指数的变化,中国城乡收入差距可以划分为五个阶段:

第一个阶段是 1978—1983 年的城乡居民收入差距缩小阶段。这一期间,农村土地承包责任制等改革的展开,大大激发了农村生产的活力,结果是农村居民人均纯收入年均增长速度高达 17.1%,比较之下,城市地区此时尚未开启经济改革,城镇居民人均可支配收入年均增长速度仅为 7.3%,农村居民收入增速是城市居民收入增速的 2.342 倍。

第二个阶段是 1984—1994 年的城乡居民收入差距持续扩大阶段。这一期间伴随着改革重心由农村转向城市,城市经济部门的生产力得到极大解放,城镇居民收入年均增速达到了 6.4%,而农村居民收入年均增速仅为 4.8%,由此导致中国城乡居民收入差距开始走向扩大。

第三个阶段为 1995—1997 年的城乡收入差距短暂缩小阶段。这一期间,针对 1994 年来的通货膨胀,国家提高了农副产品的最低收购价格,结果直接导致农村居民人均纯收入增长速度高于同期城镇居民收入增速,两者年均增速分别为 6.3% 和 4.1%,由此出现了城乡收入差距的缩小现象。

第四个阶段为 1998—2003 年的城乡收入差距重新扩大阶段。这一期间,物价持续下跌,通货紧缩明显,居民消费价格尤其是农产品价格等都出现持续下降,结果直接导致农村居民收入年均增速仅为 3.9%,而同期城镇居民收入增速则高达 8.7%,是前者的 2.23 倍。

第五个阶段是 2004—2015 年的城乡收入差距的调整及缩小阶段。这一期间,伴随着农村税费改革、取消农业税、实施新型农村合作医疗保险和新型农村社会养老保险等各项改革措施的推进,农村居民收入年均增速达到 8.8%,比 8.7% 的城镇居民收入年均增速高出一个百分点。这样,城乡居民收入差距从 2004 年开始缓慢缩小,进入 2009 后,两者之间差距缩小的步伐进一步明显加快。

三、中国城乡劳动收入差距

如前文所述,城乡劳动收入差距,是指城乡劳动收入,即城镇劳动力工资、农民工工资以及农民务农收入三类劳动收入之间的差距。

1995—2013 年,中国城镇劳动力工资、农民工工资、农民务农收入均持续增长,然而三类收入的增速却相差显著,其年均增速分别为 13.63%、12.31% 和 6.82%。因为农民工工资、农民务农收入起点低,再加上其增速长期低于城镇劳动工资,所以相互间的差距日益扩大。以城乡劳动收入比值为例,如图 7.1 所示,1995—2013 年,无论是城镇工资与农民工工资比值,还是城镇工资与农民务农收入比值,两者均在波动中不断攀升。其中,城镇工资与农民工工资比值平均值为 2.92,最低为 1997 年的 2.11,最高为 2009 年的 3.09。而城镇工资与农民务农收入比值的平均值为 4.90,最低为 1996 年的 2.23,最高为 2012 年的 6.89。显然,由于农民务农收入长期远远落后于城镇工资的增长,因此两者差距的扩大非常迅速。

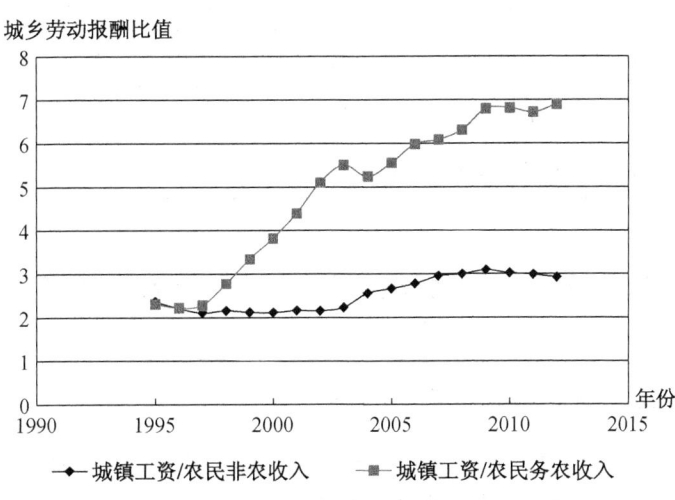

图 7.1 我国城乡劳动收入比值(1995—2013 年)

从最低工资标准与城乡劳动收入比值之间的相关性来看,由表 7.3 可知,最低工资标准与城乡劳动收入比值之间的相关性较高,其中和城镇工资与农民工工资比值的相关系数为 0.838 7,和城镇工资与农民务农收入比值的相关系数为 0.832 6。

表 7.3　　　　　最低工资标准与城乡劳动收入比值的相关系数

项目	城镇工资/农民工工资	城镇工资/农民务农收入	最低工资标准
城镇工资/农民工工资	1	0.833 9	0.838 7
城镇工资/农民务农收入	0.833 9	1	0.832 6
最低工资标准	0.838 7	0.832 6	1

当然,尽管最低工资标准与城乡劳动收入比值间的相关性较高,但这并不能表明他们是否存在因果关系,也无法说明其因果关系的方向,为此,进行了 Granger 因果检验。检验结果如表 7.4 所示,拒绝最低工资标准不是城镇工资

与农民工工资比值以及城镇工资与农民务农收入比值的格兰杰原因的犯错概率分别为 0.096％和 0.019％,因此,拒绝这两个零假设。也就是说,最低工资标准是城镇工资与农民工工资比值,以及城镇工资与农民务农收入比值的格兰杰原因。

表 7.4 最低工资标准与城乡劳动收入比值的 Granger 因果检验

零假设	F 值	P 值
城镇工资与农民工工资比值不是最低工资标准的 Granger 原因	0.951 6	0.479 7
最低工资标准不是城镇工资与农民工工资比值的 Granger 原因	3.175 9	0.000 96
城镇工资与农民务农收入比值不是最低工资标准的 Granger 原因	0.073 16	0.929 46
最低工资标准不是城镇工资与农民务农收入比值的 Granger 原因	8.724 95	0.000 19

第三节 最低工资标准影响收入分配的路径及机理

一、最低工资对收入分配的路径

最低工资制度通过政府设定的最低工资标准对劳动者、企业及政府实现初次分配。如表 7.5 所示,假设最低工资标准调整前,劳动者工资为 W,企业利润为 P,企业所得税费率为 t,政府税收为 tp,企业税后净利润 $(1-t)P$。当政府以比例 C 调整最低工资标准后:第一,劳动者工资为 $(1+c)W$,增长了 cW。第二,企业利润变为 $P-cW$,减少了 cW,企业的净利润也相应变为 $(1-t)(P-cW)$,减少了 $c(1-t)W$。第三,政府所得税额为 $t(P-cW)$,减少了 ctW。

表 7.5 最低工资标准调整后的初次分配

项目	劳动者工资总额	企业利润总额	企业净利润	政府所得税额
最低工资调整前	W	P	$(1-t)P$	tP
最低工资调整后	$(1+c)W$	$P-cW$	$(1-t)(P-cW)$	$t(P-cW)$
最低工资调整引起的收入变化额	cW	$-cW$	$-c(1-t)W$	$-ctW$

上述分析表明,政府提高最低工资标准后,企业将最低工资标准以初次分配的形式发给劳动者后,企业自身的利润水平下降,同时,政府所征收的企业所得税也会随之下降。由此可见,最低工资的实施可以对劳动者收入、公司盈利水平和政府财政收入之间的分配比例及结构起到初次调节作用。通常情况下,最低

工资水平设定越高，收入分配效应越显著；相反，最低工资水平设置越低，收入分配效应越不明显。总体表现为：最低工资标准提高→企业人力成本上升→企业盈利水平下降、政府税收下降、劳动者收入上升→初次分配差距下降。

二、最低工资影响收入分配的机理

最低工资对收入分配的影响较复杂，主要通过补偿效应、溢出效应、失业效应及替代效应对收入分配产生影响。

（一）最低工资的补偿效应

所谓最低工资的补偿效应，是指由于最低工资标准都高于市场均衡工资，因此，在政府提高最低工资标准后，原本处于均衡水平的劳动市场状态被打破，企业也被迫向低端劳动者支付最低工资标准。理论上，在无歧视买方垄断情况下，最低工资无限接近于均衡工资，政府提高最低工资标准后可以有效地提升工资标准和就业人数，此时，最低工资标准表现出最大的补偿效应；在完全歧视买方垄断情况下，最低工资提高后，虽然不能增加就业量，但却能提高劳动者的工资水平，这样，最低工资仍然表现出一定的补偿效应。

（二）最低工资的溢出效应

如前文所述，最低工资溢出效应是指最低工资标准不仅影响那些最低工资标准附近的劳动者的工资水平，而且还会对工资水平高于最低工资标准的其他劳动者的工资产生影响。

最低工资的溢出效应对收入分配影响较大。首先，溢出效应有助于形成合理的工资增长机制。长期以来，为了发展经济，中国一直倾向于实行保守的低工资政策。结果是，各地凭借低廉的劳动成本优势招商引资，虽然经济实现了快速增长，却导致了劳动者工资收入过低、经济收入差距过大等社会问题。因此，发挥最低工资的溢出效应，完善企业职工工资正常增长机制，有利于缩小收入分配不公。其次，随着溢出范围的扩大，最低工资的溢出效应将逐渐减弱，也就是说，在工资链条上，离最低工资标准越近，劳动者的工资水平受最低工资标准的溢出影响越大，而随着劳动者工资收入水平越高，距离最低工资标准越远，其受到的最低工资标准的溢出效应则越低。换句话说，高工资收入的劳动者没有像低收入员工那样因为最低工资标准提升获得同样的工资增长率，这样，最低工资标准的提升就产生了工资压实和扁平现象。显然，这是有利于缩小收入差距、促进社会公平的。最后，最低工资标准提高后，会增加那些正在寻找工作的劳动者的保留工资，导致企业招聘新员工时需要提供更高的工资。

（三）最低工资的失业效应

最低工资标准对就业的影响无论是理论推导方面、还是实证检验方面都众说纷纭。在新古典模型下，最低工资的上升会导致劳动力市场供过于求，超额劳动力将会被清出劳动力市场，不可避免地导致失业现象。然而，众多的实证研究却表明,最低工资标准并不必然会产生失业效应,相反,在很多情况下,诸如买方垄断下,最低工资标准提高后,不但不会导致失业,甚至还会促进就业。韩兆洲和魏章进(2006)也指出,最低工资制度对就业的影响并不绝对,而是取决于最低工资标准的水平是否合理。

(四)最低工资的替代效应

最低工资标准的替代效应是指,最低工资标准提高后,企业会使用其他生产要素来代替日益增长的劳动力成本。Reynolds 和 Gregory(1965)认为,雇主会通过提高劳动生产率来弥补工资成本的增加。第一,劳动者自身努力提高技能;第二,低技能工人被高技能工人替代;第三,采用诸如资本等其他生产要素替代劳动力。长期来看,劳动力和资本可以替代。当人力成本逐步上升时,企业会逐步加大资本投入,改进技术。进入 21 世纪后,在先进的信息技术和计算机时代下,资本将不可避免地以更低的价格在收入分配中占据优势。对此,Tali(2013)指出,美国劳动收入比例不断下降,其主要原因就在于工人受到了信息化技术的巨大冲击。Loukas 和 Brent(2014)也认为,资本相对于劳动力具有诸多优势,全球大部分国家和行业的劳动收入份额都面临着不断减少的状况。当然,就中国而言,由于目前中国最低工资标准相对于平均工资来说还较低,因此中国最低工资的要素替代弹性会较小,还不会出现大规模的快速的替代现象。

显然,在上述四种效应中,其中补偿效应、溢出效应会缩小收入分配差距,而失业效应、替代效应则会扩大收入分配差距。最低工资最终能否成为收入分配调节的有利工具,取决于这四种效应的综合作用结果。

第四节 中国最低工资标准对城乡劳动收入差距效应实证分析

一、计量模型的设立及数据说明

在上述因果分析的基础上,为进一步明确最低工资标准对城乡劳动收入比值的作用方向及大小,设立如下计量模型:

首先是解释变量,即城乡劳动收入差距,与前文分析相对应,选取两个变量,分别为城镇工资与农民工工资比值及城镇工资与农民务农收入比值。

其次是被解释变量,即最低工资标准,并对其以 1994 年为基期进行居民消费价格指数的缩减处理和对数转换。

最后是控制变量。由于经济发展水平、工业化水平、二元结构等因素对城乡劳动收入差距的影响较大,为避免这些重要变量的遗漏,本章将其设为控制变量。具体为:第一,经济发展水平,用人均 GDP 来衡量,同样,该变量也进行了价格指数的处理和对数转换。第二,工业化水平,以工业产值与地区生产总值的比值表示。第三,二元结构系数,以(第二、第三产业总产值之和/第二、第三产业就业人数)/(第一产业总产值/第一产业就业人数)来表示。第四,城市化率,以城镇人口与总人口比值表示。第五,金融发展水平,以年末金融机构贷款余额与地区生产总值比值表示,以反映城市倾向的金融政策对城乡劳动收入差距的影响。

本节分析样本为1995—2013年全国除西藏自治区外的其余30个省(市、自治区)。除最低工资标准外,其他变量都来自各地统计年鉴或根据统计年鉴数据自行计算所得。

二、实证分析结果

首先,对样本采取固定效应模型进行回归分析,之后为确保实证分析结果的可靠性,本章对数据做了分地区以及分时间段检验,其中分地区是以经济发展水平为依据,将数据进行东、中、西部地区划分,分时间段则是根据我国最低工资标准发展特征,将数据按照1995—2003年、2004—2013年两个阶段进行划分。

由实证分析结果表7.6可知,就控制变量而言,经济发展水平、二元结构系数、金融发展水平对城乡劳动收入都具有扩大作用,而工业化水平则具有缩小作用,基本符合理论预期。此外,城市化率虽然对城镇工资与农民非农工资比值具有缩小作用,但却对城镇工资与农民务农收入比值具有扩大作用。究其原因,可能是中国城市化过程中政府经济活动的城市偏向等,对农民务农收入产生了消极影响。

表 7.6　　　　最低工资标准影响城乡劳动收入差距的回归结果

项目	城镇工资/农民工工资	城镇工资/农民务农收入
常数项	9.238*** (2.574)	33.874*** (3.581)
最低工资标准	−3.589*** (−4.379)	−2.218*** (−3.037)
经济发展水平	1.545 (0.991)	1.701 (1.579)
工业化水平	−14.061*** (−3.585)	−10.506*** (−4.358)
二元结构系数	0.189*** (3.116)	0.337*** (3.568)

项目	城镇工资/农民工工资	城镇工资/农民务农收入
城市化率	−1.734 （−0.839）	2.981* （1.889）
金融发展水平	0.094 （0.281）	0.013 （0.057）
R^2	0.468	0.524

其次，从解释变量最低工资标准来看，它对城乡劳动收入比值的作用表现为：

第一，提高最低工资标准可以缩小城乡劳动收入比值。最低工资标准提高后，对城镇工资与农民工工资比值，以及城镇工资与农民务农收入比值，均具有负作用，且统计显著。也就是说，提高最低工资标准后，农民工工资、务农收入的增幅均超过了城镇工资的增幅。实际上，马双、张喆、朱喜（2012）指出，企业平均工资水平随着最低工资标准的增加而提高，并且那些劳动密集型行业、工资水平位于最低工资附近的企业，受最低工资的影响远远大于其他行业、企业。

对此，笔者的解释是：

（1）从城镇工资角度来看，最低工资标准对其产生的无论是攀比效应还是替代效应都较小。一方面，就攀比效应而言，由于攀比效应主要受到工资形成机制、社会风气、价值观、文化等外部因素影响，因此其短时间内变化不大。另一方面，就替代效应而言，它的大小主要取决于城市对农民工的需求弹性。需求弹性大的话，提高最低工资标准将产生较大的替代效应。反之，则替代效应较小。显然，当前中国最低工资标准还处于较低水平，城市对农民工的需求还缺乏弹性。也就是说，增加最低工资标准不会带来大的替代效应。这样，在上述两种效应都有限的情况下，最低工资标准对城镇工资的推动作用就不会很大。[①]

（2）从农民工工资及农民收入角度来看，毋庸置疑，农民工工资会随着最低工资标准的提高而显著增加。就农民务农收入而言，由于农民工需求缺乏弹性，中国并不存在提高最低工资标准导致农民工就业无效的市场条件，换句话说，提高最低工资标准并不会增加农民工的失业，而这无疑会大大提高农民进城务工的预期工资，并随之带来务农劳动力向城市的不断转移，结果是农村边际生产率提高及务农收入的增加。

[①] 罗小兰、丛树海（2009）研究发现，最低工资标准对城镇平均工资变化具有极小的正影响，最低工资增长率每增加1%，平均工资增长率才上升0.005%，而且这种正影响不具有持续性。

第二,最低工资标准对于城镇工资与农民工工资比值的降低作用,要大于其对城镇工资与农民务农收入比值的降低作用,前者作用大小为−3.589,而后者作用大小为−2.218。该结论背后的含义为,提高最低工资标准,农民工是城乡三类劳动力中最大的受益者。事实上,从图7.2也可以看出,实施最低工资制度以来,农民工工资基本显示出与最低工资标准相同的增长态势。

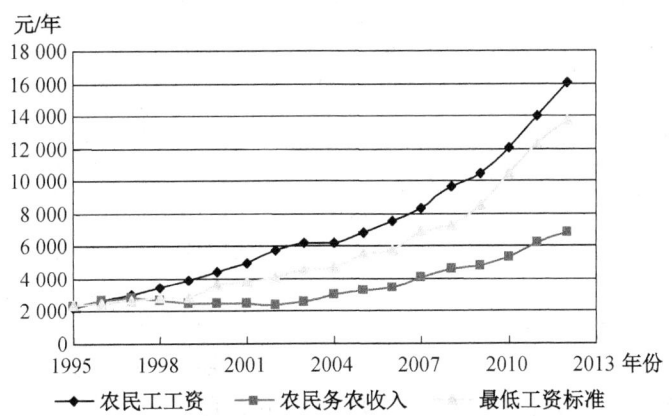

图7.2　最低工资标准、农民工工资及农民务农收入(1995—2013年)

第三,分地区来看(见表7.7),东、中、西部地区最低工资标准均具有缩小城乡劳动收入比值的作用,但存在一定的地区差异,即东部地区作用最大,且统计显著,中部地区不仅作用最小,且统计不显著。这就意味着,东部地区最低工资政策对于农民非农就业的吸纳力,以及对于农民的惠及力度最小。究其原因:一方面,中国最低工资体系存在较大的地区差异。另一方面,可能是中部地区无论是在市场发展方面,还是在国家政策扶持方面,都缺乏优势的缘故。

表7.7　　最低工资标准影响城乡劳动收入差距的回归结果:分地区

项目	东部地区		中部地区		西部地区	
	城镇工资/农民工工资	城镇工资/农民务农收入	城镇工资/农民工工资	城镇工资/农民务农收入	城镇工资/农民工工资	城镇工资/农民务农收入
常数项	82.267** (2.536)	267.497*** (7.122)	−12.876*** (−9.219)	3.153 (0.418)	−10.603*** (−9.359)	21.296*** (4.749)
最低工资标准	−9.322** (−3.260)	−8.256** (−2.493)	−1.368 (−0.799)	−0.518 (−0.363)	−2.078 (−0.372)	−1.549** (−2.321)
经济发展水平	−2.007 (−0.535)	−21.336*** (−4.913)	2.173*** (5.184)	−0.503 (−0.562)	1.208*** (2.659)	−1.624*** (−4.347)

（续表）

项目	东部地区		中部地区		西部地区	
	城镇工资/农民工工资	城镇工资/农民务农收入	城镇工资/农民工工资	城镇工资/农民务农收入	城镇工资/农民工工资	城镇工资/农民务农收入
工业化水平	13.945 (1.371)	11.691 (0.993)	−2.097 (−1.094)	−3.284* (−1.884)	7.473*** (3.301)	5.965** (2.575)
二元结构系数	1.325** (3.772)	1.219** (2.998)	0.059* (1.661)	0.177*** (5.016)	0.053 (1.288)	0.189*** (5.416)
城市化率	−31.056*** (−5.313)	−39.514*** (−5.838)	1.587 (1.027)	9.509*** (11.277)	3.011 (1.546)	4.341*** (4.222)
金融发展水平	−0.405 (−0.797)	−0.473 (−0.802)	1.496*** (4.049)	0.536** (2.325)	0.862* (1.684)	0.707* (1.787)
R^2	0.488	0.467	0.404	0.459	0.405	0.477

　　第四，分时间段来看（见表7.8），最低工资标准对于缩小城乡劳动收入比值的作用在2004—2013年比1995—2003年更大。具体表现为：最低工资标准对城镇工资与农民工工资比值的作用大小，1995—2003年为−0.938，2004—2013年增长为−4.324；最低工资标准对城镇工资与农民务农收入比值的作用，1995—2003年为−0.459，2004—2012年增长为−2.404。显然，制度的不断发展和完善是导致其功能日益凸显的重要原因。

表7.8　　最低工资标准影响城乡劳动收入差距的回归结果：分时间段

项目	城镇工资/农民工工资		城镇工资/农民务农收入	
	1995—2003年	2004—2013年	1995—2003年	2004—2013年
常数项	5.232*** (3.183)	26.017*** (2.791)	−2.929*** (−3.455)	95.301*** (7.745)
最低工资标准	−0.938 (−0.762)	−4.324*** (−3.869)	−0.459 (−0.589)	−2.404*** (−2.765)
经济发展水平	−0.856*** (−2.661)	−1.124 (−1.186)	0.437*** (3.029)	0.054*** (4.626)
工业化水平	2.237 (1.281)	−8.965*** (−3.321)	−0.681 (−0.786)	−13.752*** (−4.525)
二元结构系数	0.057 (1.6091)	0.313*** (3.623)	0.113*** (6.649)	0.392*** (3.708)
城市化率	2.111*** (3.809)	−1.731** (−0.712)	2.072 (4.311)	−11.524*** (−3.693)

（续表）

项目	城镇工资/农民工工资		城镇工资/农民务农收入	
	1995—2003 年	2004—2013 年	1995—2003 年	2004—2013 年
金融发展水平	0.447* (1.944)	0.021 (0.145)	0.513* (1.654)	0.032 (0.094)
R^2	0.429	0.466	0.441	0.452

总结上述分析可知,无论是整体数据的面板分析,还是分地区、分时间段的检验分析,结果都表明当前我国最低工资标准对于城乡劳动收入比值具有负影响,即提高最低工资标准将缩小城镇工资与农民工工资比值。

三、稳健性分析

为检验上述实证模型结果的稳健性,进行相关的检验。

第一,以城镇人均可支配收入与农村人均纯收入比值作为衡量城乡收入差距的变量,替代原被解释变量。结果显示,最低工资标准对于该变量具有负影响,即提高最低工资标准将缩小城镇人均可支配收入与农村人均纯收入比值。

第二,添加最低工资标准变量的平方项,检验其是否存在拐点。从理论上来说,当最低工资标准过高时,城市对农民工的劳动需求会显著下降,引起农民工的失业率增加,并导致大量农民工从城市返回农村,从而不利于缩小城乡劳动收入差距。检验结果显示,最低工资标准的系数为负,而最低工资标准的平方项系数为正,换句话说,最低工资标准对缩小城乡劳动收入差距的作用存在一个拐点,当最低工资标准超过拐点后,其对城乡劳动收入差距的作用就由缩小转变为扩大了。显然,这与前面的理论推导是一致的。

第三,剔除特殊样本,缩小样本变量数。样本中存在一些特殊样本。为检查特殊样本是否对模型结果产生影响,首先对样本分别按照最低工资标准和城乡劳动收入比值从高到低排序,并分别计算出 10% 和 90% 分位数值,然后把低于 10% 和高于 90% 分位数值的省份予以剔出,最终得到 225 个样本。对这些样本再次进行估计,回归结果表明,在依次加入控制变量的情况下,最低工资标准在 5% 显著水平对城乡劳动差距产生负向影响。由此可见,异常样本并未对估计结果带来实质性影响,说明了回归结果的稳健性。由于篇幅所限,以上稳健性检验的相关结果未列出。

综合上述分析可知,通过选择替代变量、添加平方项、剔除特殊样本等方法进行稳健性检验,回归结果均显示出较好的稳健性,这表明本章结果是稳健及可靠的。

117

第五节 小   结

本章以最低工资标准与城乡劳动收入差距的关系为研究对象,以中国省际面板数据为样本展开实证分析。研究发现,中国最低工资标准对城镇工资与农民工工资比值及城镇工资与农民务农收入比值均具有降低作用。并且从地区来说,东部地区作用最大,中部地区作用最小,西部地区居中。从时间段来说,2004—2013 年的缩小作用大于 1995—2003 年。上述研究结论表明,当前中国最低工资标准对于打破城镇劳动力的工资优势,遏制城乡劳动收入差距的无序扩大,具有重要意义。

事实上,在市场经济条件下,由于人力资本水平存在差异,因而城乡劳动者之间必然会存在劳动收入的差距。合理的差距,是效率的体现,也是发展的动力。然而,值得注意的是,除了人力资本的差异外,中国城乡劳动收入差距更大程度上是由市场分割造成的,并且这种差距由于马太效应和循环积累因果效应的存在,并不会自动缩小。换句话说,要减少乃至消除这种不合理性质的城乡劳动收入差距,就必须通过制度的改革与完善来实现。必须指出的是,包括户籍、财政、金融、养老等所有制度在内,其中能对对农民工的劳动收入产生直接的保护与促进作用的,只有最低工资制度最为突出。更重要的是,在当前劳动力市场垄断、工资协商机制又较为薄弱的情况下,最低工资的这种保护作用尤其必不可少。可以说,要重构城乡劳动收入的合理关系,必须先完善最低工资制度。

第八章 中国最低工资标准产业结构 升级效应分析

产业结构是指各产业的构成以及各产业之间的联系和比例关系。现代分工的细化导致经济生产部门越来越多,这些生产部门在就业人数、增长速度、对经济增长的推动作用等方面表现出很大的差异性,也受到许多因素的影响和制约。在一个经济实体中,组成国民经济的产业部门在每个具体的经济发展阶段、发展时点大不相同,各产业部门的构成及相互之间的联系和比例关系不尽相同,对经济增长的贡献率也有差别,因此可以把包括产业的构成、产业之间的相互关系在内的结构特征统一概括为产业结构。本章将通过说明中国最低工资制度与产业结构的发展现状,以最低工资标准的提升为切入点,分析其如何通过收入效应、替代效应、规模效应、转移效应、退出效应对中国产业结构的升级产生正向、反向等作用。

第一节 最低工资产业结构升级效应文献研究综述

当前直接以最低工资与产业结构升级之间的关系为分析对象的研究并不多。仅有的研究主要从产业结构升级测度、产业结构升级影响因素以及最低工资与产业结构升级关系三个思路展开。

一、产业结构升级的测度研究

关于如何测度产业结构的升级,当前学界并没有形成统一指标。例如,Kuznets 和 Kaldor(1973)提出产业升级速度可用劳动力在各产业间的转移来测定。Kaplinsky 和 Readman(2001)认为,产业的升级可用产品升级指数来测度。宋锦剑(2000)用产业结构高度化程度的指标体系来说明产业结构的升级。宋鸿明(2004)则以中国三大产业就业结构高度和三大产业间产值结构高度来说明产业结构升级。徐德云(2008)通过对三个产业赋予相应的权重来测度产业结构的升级。干春晖等(2011)认为,产业结构高级化是衡量产业结构升级的一种方法,可通过第三产业产值占第二产业产值比重的高低来计算产业结构的高级化。冯芳芳(2012)用三次产业结构指标、三次产业劳动指标、三次产业结构高加工度化指标、三次产业结构低碳化指标、三次产业结构经济效益等构成的综合指标体系来测度产业结构升级。谭晶荣等(2012)使用产业结构超前系数测度产业升级的方向。

二、产业结构升级的影响因素研究

促进产业结构升级的影响因素较多。一些学者从技术及资本等要素角度思考产业结构升级。例如,Hamberg(2007)认为,科技是产业发展的关键要素。黄茂兴、李军军(2009)认为,产业结构的升级可通过技术选择和资本深化这两种方式来完成。泽华、白艳(2006)研究发现,科技进步、制度安排、社会需求和资源禀赋会对产业结构升级产生影响。Acemoglu 和 Guerrieri(2008)指出,引起产业结构升级的因素主要为部门间要素比例的差异以及资本深化程度。另一些学者则从需求、外商投资、城市化水平等更宽泛的角度分析产业结构升级。例如,孙敬水和章迪平(2010)指出,影响产业结构的八个因素为,居民收入水平、居民消费水平、投资需求、城市化水平、工业化水平、市场化水平、信息化水平和对外开放水平。杜传忠和郭树龙(2011)发现,资本投入、外商直接投资能够促进中国产业结构升级,而劳动力数量、技术水平等对我国产业结构升级的促进作用并不显著。梁树广和李亚光(2012)揭示人力资本、最终消费、投资和外资因素具有正的产业结构升级作用,外贸、城市化、区位因素作用较小且不显著,而 R&D 强度则具有负作用。武晓霞(2014)指出,技术水平、外商直接投资对产业结构升级具有较大正影响,且统计显著,外贸规模、个人消费需求和人力资本作用较小,投资需求、政府消费需求对产业结构升级的贡献则不显著。刘建民、陈霞和吴金光(2015)发现,城市化水平有明显的促进产业结构升级的作用,而人均 GDP、外商直接投资的作用并不明显。

三、最低工资与产业结构升级的关系研究

张建武(2006)认为,最低工资是政府的人为干预,使劳动力市场的资源配置陷入无效率的状态,结果导致劳动力比较优势丧失同时促使企业向技术、资本密集型方向发展。王弟海(2011)通过雁行模型理论发现,最低工资可以促进全国产业结构的转移和沿海地区产业结构的升级。为此,他指出最低工资的地区差异会对产业转移和产业结构升级产生外在压力,当沿海地区的最低工资标准显著高于内地时,前者劳动密集型产业就会向后者转移,这样沿海地区在实现产业结构升级的同时,也会促进内地经济的发展。任志成、戴翔(2015)发现,劳动力成本上升对出口型企业的升级存在倒逼作用,但具体效应会因行业、地区及企业类型的差异而有所不同。具体来说,对劳动密集型出口企业的倒逼作用强于对资本和技术密集型出口企业,对东部地区出口型企业的倒逼作用强于中、西部地区出口型企业,此外,劳动力成本对中国本土出口型企业的倒逼作用体现为全要

素生产率水平的提高和新产品销售额比重的提升两方面,而其对外资企业的倒逼作用则体现在新产品销售额比重提高方面。范玉波、刘小鸽(2016)研究了最低工资的产业结构效应,发现最低工资制度促进了第三产业的增长,但对出口中的加工贸易产业及高新技术产业具有负面影响。

总结已有文献可知,关于产业结构升级,学者们尚未形成权威测度指标,关于产业结构的影响因素也没有获得一致结果,此外,尽管一些学者对最低工资产业结构效应进行了研究,但相对来说,研究还较薄弱,最低工资制度对产业结构升级的影响机理、影响途径及实证分析等方面都有待深入。[①]

第二节　中国产业结构现状

根据国际通用的三次产业结构分类方法可知:第一产业是指产品直接取自自然界的部门,包括农、林、牧、渔业;第二产业是指对初级产品进行再加工的部门,包括工业和建筑业;第三产业是指为生产和消费提供各种服务的部门,包括流通业和服务业。

一、中国产业结构现状

观察表 8.1 可知,改革开放后,中国第一产业产出与 GDP 的比重逐步降低,1982 年为 33.4%,2014 年开始低于 10%,为 9.1%,2015 年进一步降至 8.9%。第二产业比重在稳定中趋于下降,1982 年最高为 48.2%,2015 年最低为40.9%。相比之下,第三产业则呈现为显著的上升态势,1978 年第三产业比重仅为 23.9%,是三次产业中最低比值,1985 年第三产业比值达到 28.7%,首次超过第一产业的 28.4%,2013 年再次增加到 46.1%,首次超过第二产业,成为GDP 中最大比例产业。至此,中国三次产业结构已日趋合理,实现了由"二、一、三"转变为"三、二、一"的产业结构模式。

表 8.1　　　　　中国三次产业占 GDP 比值(1978—2015 年)

年份	第一产业	第二产业	第三产业
1978	28.2%	47.9%	23.9%
1979	31.3%	47.1%	21.6%
1980	30.2%	48.2%	21.6%
1981	31.9%	46.1%	22.0%
1982	33.4%	44.8%	21.8%

[①]　赵小菲:《最低工资制度对产业结构升级的影响研究》,浙江工商大学,2017 年。

年份	第一产业	第二产业	第三产业
1983	33.2%	44.4%	22.4%
1984	32.1%	43.1%	24.8%
1985	28.4%	42.9%	28.7%
1986	27.1%	43.7%	29.1%
1987	26.8%	43.6%	29.6%
1988	25.7%	43.8%	30.5%
1989	25.1%	42.8%	32.1%
1990	27.1%	41.3%	31.5%
1991	24.5%	41.8%	33.7%
1992	21.8%	43.5%	34.8%
1993	19.7%	46.6%	33.7%
1994	19.9%	46.6%	33.6%
1995	20.0%	47.2%	32.9%
1996	19.7%	47.5%	32.8%
1997	18.3%	47.5%	34.2%
1998	17.6%	46.2%	36.2%
1999	16.5%	45.8%	37.8%
2000	15.1%	45.9%	39.0%
2001	14.4%	45.2%	40.5%
2002	13.7%	44.8%	41.5%
2003	12.8%	46.0%	41.2%
2004	13.4%	46.2%	40.4%
2005	12.1%	47.4%	40.5%
2006	11.1%	47.9%	40.9%
2007	10.8%	47.3%	41.9%
2008	10.7%	47.4%	41.8%
2009	10.3%	46.2%	43.4%
2010	10.1%	46.7%	43.2%
2011	10.0%	46.6%	43.4%

（续表）

年份	第一产业	第二产业	第三产业
2012	10.1%	45.3%	44.6%
2013	10.0%	43.9%	46.1%
2014	9.1%	43.1%	47.8%
2015	8.9%	40.9%	50.2%

数据来源：中国统计年鉴（2015）。

此外，从三次产业对 GDP 的贡献率来看，由表 8.2 可知，1994—2015 年，第一产业一直是贡献率最低的产业，并且其贡献率呈现为波动中下降。第二产业在 1994—2014 年长达 21 年都是最大贡献率的产业，而第三产业尽管一直处于增长状态，但由于 1994 年的基数较低，直到 2015 年其贡献率才达到 53.7%，不仅比第一产业的 4.6% 高出 49.1%，比第二产业的 41.6% 也高出 12.1%。

表 8.2　　　　　　　　　　　三次产业贡献率[①]

年份	第一产业	第二产业	第三产业
1994	6.6%	67.9%	25.5%
1995	9.1%	64.3%	26.6%
1996	9.6%	62.9%	27.5%
1997	6.7%	59.7%	33.5%
1998	7.6%	60.9%	31.5%
1999	6.0%	57.8%	36.2%
2000	4.4%	60.8%	34.8%
2001	5.1%	46.7%	48.2%
2002	4.6%	49.8%	45.7%
2003	3.4%	58.5%	38.1%
2004	7.8%	52.2%	39.9%
2005	5.6%	51.1%	43.3%
2006	4.8%	50.0%	45.2%
2007	3.0%	50.7%	46.3%
2008	5.7%	49.3%	45.0%

---

① 三次产业贡献率指各产业增加值增量与 GDP 增量之比。

（续表）

年份	第一产业	第二产业	第三产业
2009	4.5%	51.9%	43.6%
2010	3.8%	56.8%	39.3%
2011	4.6%	51.6%	43.8%
2012	5.7%	48.7%	45.6%
2013	4.9%	48.3%	46.8%
2014	4.7%	47.8%	47.5%
2015	4.6%	41.6%	53.7%

二、中国产业结构升级状况

产业结构升级可通过产业结构高度化、加工程度高度化和价值链高度化三种途径来实现。其中,产业结构高度化是指经济发展中主导产业从"一、二、三"变成"二、三、一"再变成"三、二、一"的变化过程,也是由轻工业到重工业再到技术知识集约化的更替过程;加工程度高度化是指在产业内部对产品进行高附加值的加工,通过提高产品的技术含量和单位附加值来实现产业升级;价值链高度化则是指企业随着战略要素资源的不断优化,产业价值链不断实现低附加值向高附加值攀升的过程。

（一）中国产业结构升级速度

由表 8.3 可知,2004—2014 年,黑龙江产业结构升级速度最快,接下来是上海,两者的 K 值都高于 3,分别为 3.10 和 3.09,此外,安徽、西藏自治区、江苏、海南、山东、内蒙古自治区、广西壮族自治区、北京 8 个省份、直辖市的产业结构升级也较快,其 K 值均处于 2～3,天津、山西、吉林、浙江、江西、湖北、湖南、河南、广东、重庆、四川、贵州、云南、陕西、青海等 14 个省份的产业结构升级速度一般,其 K 值均处于 1～2,河北、辽宁、福建、甘肃、宁夏回族自治区 5 个省份产业结构升级较慢,其 K 值均处于 1 以下,其中,甘肃最慢,K 值仅为 0.73。

表 8.3　　　　中国各地产业结构升级速度（2004—2014 年）[①]

地区	K 值	地区	K 值
北京	2.02	湖北	1.30
天津	1.33	湖南	1.41

---

① K 值是指产业结构年均变动值,用来测定和反映产业升级的速度。K 值越大说明产业结构变动的幅度越大。

（续表）

地区	K 值	地区	K 值
河北	0.8	广东	1.70
山西	1.15	广西壮族自治区	2.06
内蒙古自治区	2.11	海南	2.35
辽宁	0.86	重庆	1.34
吉林	1.72	四川	1.97
黑龙江	3.10	贵州	1.57
上海	3.09	云南	1.64
江苏	2.49	西藏自治区	2.61
浙江	1.74	陕西	1.03
安徽	2.90	甘肃	0.73
福建	0.98	青海	1.69
江西	1.67	宁夏回族自治区	0.86
山东	2.31	新疆维吾尔自治区	1.00
河南	1.48		

数据来源:赵小菲:《最低工资制度对产业结构升级的影响研究》,浙江工商大学,2017 年。

(二) 中国产业结构升级方向

表 8.4 反映了 2004—2014 年中国各地产业升级方向状况。具体来说,首先,从第一产业发展来看,除山西、黑龙江、陕西、甘肃、青海、新疆维吾尔自治区 6 个地区外,其余地区 E_1 均小于 0,说明这些地区第一产业发展严重滞后,其中,上海、北京、浙江三地尤其突出;其次,从第二产业来看,除上海市的 E_2 为负数外,其余地区 E_2 均为正数,显示目前中国绝大部分地区第二产业发展与 GDP 的发展较一致;最后,从第三产业来看,北京、天津、河北、山西、黑龙江、上海、江苏、浙江、福建、江西、山东、河南、湖北、广东、海南、重庆、贵州、云南、甘肃、宁夏回族自治区、新疆维吾尔自治区 21 个地区的 E_3 都大于 1,说明这些地区的第三产业的发展要比整体经济的发展超前,相比之下,内蒙古自治区、辽宁、吉林、湖南、广西壮族自治区、四川、西藏自治区、陕西、青海 9 个地区的 E_3 则都小于 1,显示这些地区的第三产业发展滞后,亟须改革。

表 8.4　　　　　　中国各地产业结构升级方向(2004—2014 年)[①]

地区	E_1	E_2	E_3	地区	E_1	E_2	E_3
北京	−1.31	0.11	1.36	湖北	−0.29	1.35	1.04
天津	−1.1	0.67	1.31	湖南	−0.31	1.43	0.96
河北	−0.29	1.01	1.22	广东	−0.93	0.56	1.24
山西	0.03	0.81	1.29	广西壮族自治区	−0.35	1.71	0.91
内蒙古自治区	−0.43	1.72	0.88	海南	−0.27	1.17	1.52
辽宁	−0.35	1.23	0.99	重庆	−0.58	1.03	1.31
吉林	−0.65	1.36	0.86	四川	−0.65	1.69	0.97
黑龙江	3.2	0.49	1.73	贵州	−0.1	0.81	1.27
上海	−2.34	−0.1	1.68	云南	−0.03	0.83	1.48
江苏	−0.59	0.57	1.76	西藏自治区	−1.16	2.64	0.93
浙江	−1.02	0.7	1.45	陕西	0.27	1.24	0.88
安徽	−0.7	2.01	0.74	甘肃	0.05	1.03	1.15
福建	−0.69	1.18	1.06	青海	0.02	1.43	0.78
江西	−0.71	1.42	1.07	宁夏回族自治区	−0.21	1.18	1.05
山东	−0.42	0.65	1.76	新疆维吾尔自治区	0.25	0.84	1.17
河南	−0.63	1.11	1.33				

数据来源:赵小菲:《最低工资制度对产业结构升级的影响研究》,浙江工商大学,2017 年。

(三) 中国产业结构升级程度

观察表 8.5 可知:首先,无论是 2004 年还是 2014 年,各地产业结构层次系数 ω 值均大于 2,说明各地产业结构都至少是以第二为主导产业,其中,北京、上海、广东三地 ω 值最高,分别为 2.667、2.553 和 2.512,也就是说这三个地区的主导产业正在从第二产业转变为第三产业。而海南省的 ω 值最低,仅为 2.035,表明海南以第二产业为主导产业。其次,对比 2004 年、2014 年的发展状况可以发现,经过 10 年发展后,除吉林、广东、陕西、青海、新疆维吾尔自治区 5 个地区外,其他省、市的 ω 值 2014 年都高于 2004 年,这说明中国整体产业结构层次得到了提升。

---

① E 值是产业结构超前系数,用来测定某一产业增长相对于整个经济系统增长趋势的超前程度,判断产业升级方向。E_i 大于 1 表示第 i 产业超前发展,其在 GDP 中所占份额出现上升的趋势;E_i 小于 1 表示第 i 产业发展相对滞后,其在 GDP 中所占份额出现下降的趋势。

表 8.5　中国各地产业结构层次系数(2004 年、2014 年)①

地区	ω_{2004}	ω_{2014}	地区	2004	2014
北京	2.667	2.770	湖北	2.226	2.299
天津	2.416	2.485	湖南	2.264	2.306
河北	2.180	2.256	广东	2.512	2.443
山西	2.323	2.383	广西壮族自治区	2.165	2.225
内蒙古自治区	2.261	2.303	海南	2.035	2.288
辽宁	2.301	2.338	重庆	2.264	2.394
吉林	2.298	2.252	四川	2.180	2.263
黑龙江	2.229	2.286	贵州	2.290	2.308
上海	2.553	2.643	云南	2.15	2.278
江苏	2.272	2.414	西藏自治区	2.367	2.437
浙江	2.331	2.432	陕西	2.281	2.280
安徽	2.223	2.239	甘肃	2.245	2.308
福建	2.263	2.312	青海	2.301	2.276
江西	2.169	2.261	宁夏回族自治区	2.302	2.355
山东	2.214	2.354	新疆维吾尔自治区	2.251	2.242
河南	2.125	2.252			

数据来源:赵小菲:《最低工资制度对产业结构升级的影响研究》,浙江工商大学,2017 年。

第三节　最低工资对产业结构升级的作用途径

最低工资之所以会对产业结构升级产生影响,究其原因,关键在于最低工资标准提高后,会对相关劳动者带来收入效应,对企业造成替代效应、规模效应、转移效应和退出效应,而最低工资对产业结构升级的最终作用方向及大小取决于这些效应的综合结果。

一、最低工资的收入效应

最低工资的收入效应是指最低工资标准提高后,一方面,低技能劳动者的工资会提高,另一方面,企业出于激励目的,也必将增加高技能劳动者的工资。这

---

① ω值是产业结构层次系数,用来测定产业结构升级的程度。ω越接近 3 意味着第三产业在国民经济中占主导地位,产业结构层次高;ω越接近 2 则意味着第二产业为主导产业,产业结构层次处于中间;ω越接近 1 则表示第一产业为主导产业,产业结构层次低。

样,劳动者总体收入水平将得到提高,而这不仅会增强劳动者的消费能力,也将提高劳动者的劳动效率。

首先,从消费方面来看,劳动者会增加消费需求总量,同时调整消费需求结构。结果是消费需求总量带来产业规模、产出效率、投资规模等一系列的变化,而消费需求结构调整也会直接引起供给结构及产业结构的变化。事实上,随着劳动者收入增加,其需求结构将日益复杂化和高度化,突出表现为,工资增加后,劳动者将相应增加自身及下代的教育、医疗等方面的消费,这不仅带来供给结构或产业结构的复杂化和高度化,也必将促进经济与社会中长期人力资本水平的提升。

其次,从劳动效率方面来看,政府提高最低工资标准后,虽然劳动者尤其是低端劳动者的工资水平提高了,但同时也意味着其失业成本增加了,为了避免失业,劳动者将更加勤奋的工作,结果劳动者劳动效率乃至企业产出效率都将趋于改善。

二、最低工资的替代效应

最低工资的替代效应是指政府在提高最低工资标准后,不仅增加了企业的劳动力成本,而且改变了企业资本与劳动的相对价格。此时,无论是低效率企业还是高效率企业,从长期来看,为了维持、增加利润水平,都将采取以资本替代劳动的策略。在替代效应下,对劳动者而言,Bryan、Salvatori 和 Taaylor(2012)指出,大量证据表明上调最低工资会导致劳动者、尤其是青年劳动者的工作时间下降,这使得劳动者有更多的闲暇时间去思考和钻研问题,促进创新思潮的发展。另外,对企业而言,提高最低工资标准有助于引导企业尤其是低效率企业走出"低技术陷阱",促进企业科技创新和管理变革,实现劳动密集型产业向资本、技术密集型产业转变。

三、最低工资的规模效应

最低工资的规模效应是指最低工资标准提高后,为了应对用工成本的增加,一些劳动密集型企业短期内会减少对低端劳动者的需求,缩小生产规模,同时调整产业结构。

四、最低工资的转移效应

最低工资的转移效应是指最低工资标准提高后,一些劳动密集型产业会转移至劳动力成本更低的地区,在这种产业梯度转移过程中,转出地区产业结构将逐渐由劳动密集型产业升级为资本密集型产业,而转入地区也将实现主导产业由第一产业升级为第二产业。

五、最低工资的退出效应

最低工资的退出效应是指最低工资标准的提高会使一些产品附加值较低、

无法承受劳动力成本提高,又难以实现技术升级的企业会被淘汰、被迫退出市场。这样,产业结构将实现自动升级。

综合上述分析可知,最低工资对产业结构升级的影响是综合、复杂的。

首先,就劳动者个人而言,最低工资标准提高后,第一,劳动者工资收入增加,消费总量增加和消费结构高级化,促进产业结构升级;第二,劳动者劳动时间减少,创新时间增加,促进产业结构升级。

其次,就企业而言,最低工资标准提高后,第一,从短期来看,企业短期内会减少低端劳动力的需求,缩小生产规模,不利于产业结构升级;第二,从长期来看,企业会增加资本投入来代替劳动,促进产业结构升级;第三,劳动密集型企业将在劳动力成本上升的情况下,向技术及资本密集型企业转型。无法实现技术升级的企业将被淘汰。

最后,在最低工资标准存在地区差距的情况下,劳动密集型企业将逐渐从最低工资标准较高的地区向最低工资标准较低的地区转移。由于经济发达地区最低工资标准往往高于欠发达地区,因此,发达地区在输出低端产业的同时也将主动或被动的进行产业结构升级。

第四节　中国最低工资产业结构升级效应实证分析

如前所述,理论上,最低工资会通过收入效应、替代效应、规模效应、转移效应、退出效应对产业结构升级产生影响。实际中,中国最低工资对产业结构升级到底产生了什么样的影响,仍有待实证分析。为此,本节将借鉴已有文献,建立相应的计量模型并展开详细分析。

一、模型的建立

被解释变量为产业结构升级,以产业结构层次系数 ω 值衡量。解释变量为最低工资标准。

为避免重要变量的遗漏,选用以下六个控制变量:一是消费支出,以各地居民最终消费支出与当地 GDP 比值来测度。理论上,消费规模、消费结构的变动会引起产业结构的调整。二是研发投入,以各地 R&D 支出与当地 GDP 之比表示。一般而言,研发投入可带来创新,推动技术进步,促进产业结构升级。三是固定资产投资,以各地固定资产投资与当地 GDP 之比来衡量。无疑,作为发展中国家,中国在产业结构升级过程中需要大量的固定资产投资,而固定资产投资方向与产业结构发展方向密切相关,因此,固定资产投资对产业结构升级具有直接影响。四是外资投入,以各地外商直接投资与当地 GDP 之比表示。显然,外商投资不仅可以解决中国在产业结构升级过程中遇到的资金不足的问题,还可以通过技术外溢的方式对中国产业结构的升级产生重要影响。五是外贸依存度,以各地进出口总额与当地 GDP 之比来衡量。在国内需求总量不足情况下,中国经济增长不可避免在一定程度上依赖于国外需求,因此,国际贸易往来的状况无疑会对中国产业结构升级产生影响。六是城镇化率,以各地城镇人口与总人口比值来衡量。改革开放后,伴随着城镇化率的大幅提高,大量农村剩余劳动力不断从农业转移至城市的工业和服务业,不仅提高了劳动力市场的资源配置效率,而且也促进了产业结构的不断升级。

二、实证性分析

本节首先对总样本进行回归分析,然后再展开地区分析。

(一) 总样本回归分析

从表 8.6 分析结果可知,最低工资标准对产业结构升级具有正影响,5％水平统计显著。一种解释是,进入 2004 年以来,中国最低工资制度发展迅速,一方面,对劳动者个人产生了较好的收入效应,有效的改善了劳动者的消费需求;另一方面,随着企业劳动力成本不断增加,东部发达地区不断调整产业发展政策,缩小劳动密集型产业规模,加大技术及资本投入,发展第三产业,与此同时,东部地区原有的劳动密集型产业不断向中、西部地区转移,促进这些地区的产业结构不断由第一产业转变为第二产业。

表 8.6　　　　　　　最低工资产业结构升级效应总体分析结果

变量	全国
最低工资标准	0.102^{**} (0.986)
消费支出	0.102^{***} (2.376)
研发投入	0.339^{***} (9.768)
固定资产投资	0.155^{***} (5.473)
外资投入	-0.055^{***} (4.856)
外贸依存度	0.011(0.397)
城镇化率	0.127(0.583)
常数项	3.275^{***} (52.802)
R^2	0.916

控制变量中,消费支出、研发投入和固定资产投资对产业结构升级具有显著正作用,外贸依存度、城镇化率对产业结构升级虽具有正作用,但统计不显著。

另外,外资投入对产业结构升级具有负作用,究其原因,可能是因为当前外资投入仍然主要集中于基础性、劳动密集型等技术含量较低的产业的缘故。

(二) 地区回归分析

从地区回归分析结果来看(见表8.7),东、中、西部地区最低工资标准对产业结构升级具有正作用,大小依次为东部、西部、中部地区。对此,我们的理解是,东部地区最低工资标准调整频率快,调整幅度大,结果是东部地区最低工资标准远远超过中、西部地区,在用工成本日益增长的情况下,东部地区产生了较大的规模效应、转移和退出效应。一方面,政府积极进行产业结构优化调整,颁布一系列政策,引导产业结构由劳动密集型向资本和技术密集型产业转型。另一方面,部分劳动密集型产业由东部地区转移至劳动力成本较低的中、西部地区。显然,东部地区最低工资标准的转移效应,也部分解释了中、西部地区最低工资产业结构升级的原因,即通过承接东部地区转移来的产业,中、西部地区产业结构得到了较好的升级。另外,在最低工资标准提升的收入效应下,居民对产品需求的增多及需求结构的变化,也带动了中、西部地区产业规模的调整并实现了产业结构层次的提升。

表8.7 最低工资产业结构升级效应分地区分析结果

变量	东部	中部	西部
最低工资标准	0.117*** (5.896)	0.086 (3.367)	0.054 (1.649)
消费支出	0.237*** (3.212)	0.092* (1.141)	0.017* (1.611)
研发投入	0.503*** (10.733)	0.372*** (3.305)	0.203*** (2.025)
固定资产投资	0.054*** (2.163)	0.075** (6.218)	0.187*** (7.231)
外资投入	0.008* (1.156)	−0.016* (−1.303)	−0.002*** (−1.443)
外贸依存度	−0.012 (0.144)	−0.001 (0.945)	0.011 (0.633)
城镇化率	0.029 (0.953)	0.017 (0.657)	0.032 (1.007)
常数项	2.193*** (19.662)	3.276 (22.172)	3.749 (20.429)
R^2	0.601	0.577	0.495

第五节　小　　结

本章以最低工资制度产业结构升级效应为研究对象,在分析中国产业结构发展现状的基础上,就最低工资制度对产业结构升级的影响机理进行理论分析,同时以中国 2005—2015 年的 9 个地区的市级面板数据为样本展开实证分析,研究发现:

(1) 理论上,最低工资通过收入效应、替代效应、规模效应、转移效应、退出效应作用于产业结构升级,其作用的大小和作用方向最终取决于这五个效应的综合结果。

(2) 实证上,中国最低工资标准对产业结构升级具有正影响。从总样本分析来看,提高最低工资标准能促进产业结构的升级,作用大小为 0.102,且 5％统计显著。从地区分析结果来看,东、中、西部地区最低工资对产业结构升级都具有正作用,其中,东部地区作用最大,且 10％统计显著,而中、西部地区统计不显著。

中国产业结构调整的基本方向为促进第一、第二产业的优化升级,加快发展第三产业,逐步提高第三产业在 GDP 中的比重,实现产业结构的升级,为此,政府除了加大研发投入、激励创新、增加对第三产业的固定资产投资、积极引导外资流向、改变外商投资不合理格局,同时应充分发挥最低工资的产业结构升级效应。

首先,完善中国最低工资标准制定过程。为此,可尝试将最低工资标准的设计依据、制定及调整方案向社会公布,并采取听证会的方式充分听取劳动者、用人单位的意见,最终由地方人大常委会通过后颁布再执行。在制定的过程中,可以借鉴国外做法,政府将重心放在监管方面,而尝试将最低工资标准实际制定工作委托专业民间机构来进行调查和论证,再由民间机构向政府提交调整最低工资标准的可行性方案,政府最后决定方案。当然,为了确保民间机构方案的科学性,可以让工会参与构建最低工资协商机制。也就是说,工会的工作重点不应再仅仅是最低工资的兑现,而是要延展至最低工资的有效增长方面。只有这样,才能充分发挥工会在劳资关系中的协调技巧。

其次,保持合理的最低工资标准地区差距。考虑到中国东、中、西部地区在产业结构、产业高级化等方面都有较大差异,因此,各地区要选择差异化产业发展路径,来推动不同区域之间产业的协调发展,同时避免区域间产业结构重复现象的出现,实现东、中、西三大地区产业的优势互补与良性互动,形成各区域产业错位发展的产业分布格局和产业结构的优化升级。为此,要彰显中国最低工资标准地区差异优越性,制定与保持合理的最低工资标准间的地区差距,发挥最低工资的产业结构转移效应。

第九章　中国最低工资标准经济增长效应分析

　　最低工资制度从多个方面直接或者间接影响经济增长。国内外文献研究表明,最低工资对于经济增长的影响的确存在,但相关研究结论却不一致。这说明最低工资制度对经济增长的影响是极其复杂的,就中国情况而言,尤其需要从中国实情出发来研究最低工资对经济增长的影响。然而,问题在于,当前国内学者大部分研究都集中于最低工资的就业、收入效应等方面,而关于经济增长效应方面的研究则非常薄弱。基于此,本章以经济增长效应为分析对象,在研究中国经济增长现状基础上,从理论上构建最低工资经济增长框架,并展开相应实证分析。

第一节　中国最低工资经济增长效应文献综述

　　目前关于最低工资经济增长效应方面的研究不多。总结来看,学者们主要从人力资本以及资本积累两个角度展开研究。

　　首先是人力资本角度。Cahuc 和 Michel(1996)最先研究最低工资经济增长效应。他们将人力资本引入 Romer(1986)的知识溢出模型,对个人行为及厂商行为展开分析。在此基础上,通过 Diamond(1965)的世代交叠模型,两人比较了最低工资在新古典增长模型和内生增长模型中的影响。研究发现:第一,在新古典增长模型中,短期来说,最低工资制度会使非效率工人失业,从而降低社会总产出。但长期而言,一些非效率工人为了避免失业或者获得高工资,会通过学习和培训转换为效率工人。这样,最低工资失业效应带来的产出减少会被人力资本提高带来的正效应所吸收。要注意的是,在新古典框架内,由于劳动者承担了较高的教育、培训费用,因此他们的福利处于降低状态。第二,在内生增长模型中,Cahuc 和 Michel 发现,人力资本具有正的外部性,即知识的积累将同时影响效率部门和非效率部门。因此,短期内,提高最低工资不再是新古典增长模型中的消极影响,而是有利也有弊,即最低工资标准的提高虽然会增加失业率,但却会提高人力资本积累的效率。长期内,提高最低工资标准会鼓励非效率工人不断学习,进而逐步提高全社会效率工人的比例,促进经济增长。

Askenazy(2003)研究了最低工资在开放经济中的作用。他在模型中构建了一个创新与制造技术方面处于领先地位的发达国家,同时假设该发达国家存在制造和研发两个部门。另外,与 Cahuc 和 Michel(1996)不同的是,Askenazy假设非技术工人与技术工人的劳动供给为固定。研究发现,最低工资对经济增长的影响取决于两个效应:一是最低工资的提高将减少制造部门对工人的需求,结果工人不断从制造部门转移至工资更高的研发部门,而研发部门人力资本的投入增加反过来又将促进制造部门的产业升级。二是最低工资的提高也会使制造部门减少对技术的需求。在封闭经济下,制造部门对技术需求的减少会使研发部门技术工人的边际产量下降,这阻碍了技术工人的流动,也不能带来经济增长。然而,在开放经济中,由于存在着大量外部需求,因而经济对技术的需求总量总体不会受太大影响,这就意味着,技术工人可以从受到冲击的研发部门向没有受到冲击的研发部门转移,从而增加全社会的人力资本。进一步研究表明,最低工资经济增长的作用与技术工人、非技术工人之间的可替代程度相关。如果技术工人与非技术工人可替代性低的话,那么最低工资制度将有利于开放经济的增长;而如果技术工人与非技术工人可以替代但不完全替代时,只在充分开放的条件下,最低工资才有可能带来经济增长。与之相呼应,Askenazy 对 11 个 OECD 成员国的实证分析显示,最低工资对于长期经济增长的贡献率为 0.2%。

Friedman(2005)以 Cahuc 和 Michel(1996)模型为基础,同时结合 Burden 和 Mortensen(1998)的搜索匹配理论对最低工资经济增长效应进行研究。分析认为,决定最低工资经济增长效应的是正、负两个方面的机制,而最终结果取决于模型中具体的结构参数。具体来说,最低工资对于经济增长的正面效应是指最低工资制度会降低企业对于低技术劳动力的需求,从而激励这些低技术劳动力投资于人力资本;而负面效应则是指,在企业拥有买方垄断势力情况下,当最低工资增长过快时,企业会降低技术工人的福利、奖金等收入,进而阻碍技术工人对于人力资本的投资。研究表明,在新兴经济体中,无论是企业还是低技术工人,都会对最低工资制度作出调整,因此提高最低工资标准有利于经济的增长。然而在充分竞争的经济体中,与 Cukierman、Rama 和 Van Ours(2001)实证研究结论相一致的是,Friedman 指出最低工资会削弱企业的垄断力,结果是可能并不利于经济的长期增长。

其次是资本积累角度。Irmen 和 Wigger(2006)以资本积累为契机,研究在开放经济下资本可以充分流动的最低工资经济增长效应。Irmen 和 Wigger 指出,一国实行最低工资制度后,资本将从该国流向更有效率的、没有实施最低工资制度的自由竞争国家。这样,两国的收入和储蓄水平都会受到影响,而最低工资经济增长效应则取决于技术与储蓄倾向。如果这两个国家的储蓄倾向相同,资本对劳动的替代弹性与劳动的产出弹性之和小于1,那么最低工资标准将产生积极的经济增长正效应;反之,如果自由竞争国的储蓄倾向比实行最低工资制度国家的储蓄倾向更低的话,由于资本流入国的储蓄倾向更低,因此不利于资本积累,结果是最低工资将产生负面的、消极的经济增长效应,而且两个国家的经济增长水平都趋于下降。与 Irmen 和 Wigger 不同的是,Fanti 和 Gori(2011)发现,最低工资制度往往不会单独实施,实际上政府为了推进最低工资制度的顺利实施,常常会同时推出其他诸如转移支付、失业保险、税收优惠等政策。这就意味着,考察最低工资制度时必须把与之相关的政策考虑在内。据此,Fanti 和 Gori 在 Romer(1986)的知识溢出模型基础上,引入税收、失业补贴政策因素,通过一般均衡分析,他们发现最低工资与经济增长之间的关系取决于政策与技术水平。当政策与技术水平可行时,实行最低工资的经济体的增长速度完全可能高于不实行最低工资制度的经济体。不仅如此,Fanti 和 Gori 还进一步证明,理论上,在充分必要条件下,一个国家是存在促进经济增长的最优最低工资标准的。

值得注意的是,与国外研究相比,国内直接分析最低工资制度与经济增长之间关系的文献屈指可数。韩兆洲和安宁宁(2008)最早研究封闭条件下最低工资经济增长效应。他们发现,最低工资会带来经济增长的正效应。赵卓、王敏(2012)对中国 1996—2010 年的省级面板数据进行实证分析,发现最低工资标准和经济增长率在一个较长时期内互为格兰杰因果关系,并且最低工资标准对经济增长的影响呈现为倒 U 形,也就是说,提高中国最低工资标准可以一定程度地促进经济增长,但是最低工资标准不宜提高过快,否则会给经济增长带来负面效应。

总结已有国内外文献可知,最低工资制度的实施的确会对经济增长带来影响。由于不同的研究角度,不同的研究方法,学者们得出的研究结论各不相同。总体来说,最低工资制度对经济增长的影响较为复杂,这也是该问题在学术界争论比较多的主要原因。[①]

第二节　中国经济增长现状

作为宏观经济学的重要概念之一,经济增长有许多不同的概念表述。早期的经济学家认为农业产量的增加即为经济增长。20 世纪 90 年代后期美国著名政治经济学家库兹涅茨提出,经济增长不仅仅只是一国总产值在量上的增长,更应包括以技术、制度与思想意识为基础实现的经济增长能力的提升。此外,萨缪尔森提出"生产潜能增长水平"概念。他指出,资源、人口、技术和资本的积累是推动经济增长的主要动力,并认为国内生产总值 GDP 是 20 世纪最伟大的发明

---

① 沈正祺:《最低工资对经济增长的影响》,南京财经大学,2014。

之一。总结经济增长已有相关概念,可以发现,无论从哪种角度来分析经济增长,经济增长通常由一定时期内一国或一定地域内的生产规模或经济增值所体现,最常用的衡量指标是国民生产总值 GNP 和国内生产总值 GDP。

一、中国经济增长总量情况

伴随着中国经济改革的推进、经济政策的发展、技术进步和人口红利所带来的优势,1978 年改革开放后,中国经济实现了长期、持续的增长。

首先,从 GDP 总量来看,纵观 1978 年后的经济增长概况可以发现,从最初"摸着石头过河"到今日全球经济强劲的发动引擎,中国经济增长呈现出不同于其他国家的特征。如表 9.1 所示,1978 年中国国内生产总值为 3 645.2 亿元,国内生产总值在 1990 年后进入了超快速增长阶段,1990 年的国内生产总值为18 872.9亿元,是 1978 年国内生产总值的 5 倍,2000 年的国内生产总值已经超过 10 万亿元,是 1990 年的 5 倍,2011 年的国内生产总值为 473 104 亿元,是 2000 年的 4.78 倍,2015 年国内生产总值为 689 052.1 亿元,是 1978 年189.03倍。

表 9.1 中国国内生产总值发展(1978—2015 年) 单位:亿元

年份	GDP 总值	年份	GDP 总值	年份	GDP 总值
1978	3 645.2	1991	21 781.5	2004	159 878.3
1979	4 062.6	1992	26 923.5	2005	184 937.4
1980	4 545.6	1993	35 333.9	2006	216 314.4
1981	4 891.6	1994	48 197.9	2007	265 810.3
1982	5 323.4	1995	60 793.7	2008	314 045.4
1983	5 962.7	1996	71 176.6	2009	340 902.8
1984	7 208.1	1997	78 973.0	2010	401 512.8
1985	9 016.0	1998	84 402.3	2011	473 104.0
1986	10 275.2	1999	89 677.1	2012	519 470.1
1987	12 058.6	2000	99 214.6	2013	568 845.2
1988	15 042.8	2001	109 655.2	2014	643 974
1989	16 992.3	2002	120 332.7	2015	689 052.1
1990	18 667.8	2003	135 822.8		

资料来源:中国统计局网站,http://www. stata. gov. cn。

其次,从人均 GDP 来看,尽管中国人口不断膨胀,但与 GDP 总值不断增长相一致,中国人均GDP也有了大幅提高。由表9.2可知,1978年人均国内生产总值仅为381元,1994年人均国内生产总值为4 044元,2000年人均国内生产总值为7 858元,而2015年人均国内生产总值达到50 251元,是1978年的131.8倍。

表9.2　　　中国人均国内生产总值发展(1978—2015年)　　　单位:元

年份	人均GDP	年份	人均GDP
1978	381	—	—
1994	4 044	2005	14 185
1995	5 046	2006	16 500
1996	5 846	2007	20 169
1997	6 420	2008	23 708
1998	6 796	2009	25 608
1999	7 159	2010	30 015
2000	7 858	2011	35 198
2001	8 622	2012	38 459
2002	9 398	2013	41 908
2003	10 542	2014	47 203
2004	12 336	2015	50 251

资料来源:中国统计局网站,http:www.stata.gov.cn。

　　与发达国家相比,中国经济总量的发展也相当显著。日本在1950—1973年GDP总量增长7.7倍,年均增长速度9.3%,美国、英国和德国在1870—1913年GDP总量分别增长5.26倍、2.24倍及3.32倍,中国无一例外地打破了这些国家的增长纪录,不仅成功实现从低收入国家向中等收入国家的跨越,而且使中国占世界经济总量比重也显著提高。由表9.3可知,1978年中国占世界经济总量比重仅为1.8%,在世界各经济体中排名第10位。同期美国、日本和德国的经济总量占比分别为27.1%、11.7%和8.5%。2000年中国排名提升至第6位,占世界经济总量为3.7%,但仍落后于传统的发达国家如日本、德国、英国、法国等。进入21世纪后中国经济的强劲增长使情况发生显著变化,中国先后于2006年超过德国、2010年超过日本,最终跃升为仅次于美国的世界第二大经济体。2014年中国占世界经济总量比重继续提高至13.4%,比1978年增长了11.6个百分点。[①]

_____

① 王薇:《中国经济增长数量、质量和效益的耦合研究》,西北大学,2016年。

表 9.3　　　　1978—2014 年部分国家经济总量占世界经济总量比重

国家	2014 年		2000 年		1978 年	
	排名	份额	排名	份额	排名	份额
美国	1	22.5%	1	30.7%	1	27.1%
中国	2	13.4%	6	3.7%	10	1.8%
日本	3	6.0%	2	14.5%	2	11.7%
德国	4	5.0%	3	5.9%	3	8.5%
英国	5	3.8%	4	4.6%	5	3.9%
法国	6	3.7%	5	4.1%	4	5.9%
巴西	7	3.0%	9	2.0%	8	2.4%
意大利	8	2.8%	7	3.4%	6	3.6%
印度	9	2.7%	13	1.4%	13	1.6%
俄罗斯	10	2.4%	19	0.8%	—	—
加拿大	11	2.3%	8	2.2%	7	2.6%
澳大利亚	12	1.9%	17	1.1%	14	1.4%
韩国	13	1.8%	12	1.7%	27	0.6%
西班牙	14	1.8%	11	1.8%	9	1.9%
墨西哥	15	1.7%	10	1.8%	15	1.2%
印度尼西亚	16	1.2%	28	0.5%	26	0.6%
荷兰	17	1.1%	16	1.2%	11	1.7%
土耳其	18	1.0%	18	0.8%	22	0.8%
沙特阿拉伯	19	1.0%	24	0.6%	—	—
瑞士	20	0.9%	20	0.8%	—	—
合计		80%		83.6%		77.3%

资料来源:王薇:《中国经济增长数量、质量和效益的耦合研究》,西北大学,2016 年。

二、中国经济增长速度情况

就 GDP 增长情况来看,由表 9.4 可知,国内生产总值在 1990 年后进入了超快速增长阶段,并且这种快速增长一直持续至 2011 年。1994—2011 年,年均增加 24 320.6 亿元,年均增速为 15.7%。但自 2012 年后,中国国内生产总值进入增速减缓阶段,但 2015 年仍然保持 6.9% 的增速。

表 9.4　　　　　中国国内生产总值发展（1978—2015 年）

年份	GDP 增加值（亿元）	GDP 增长率	年份	GDP 增加值（亿元）	GDP 增长率
1979	417.4	11.5%	1998	5 429.3	6.9%
1980	483.0	11.9%	1999	5 274.8	6.2%
1981	346.0	7.6%	2000	9 537.5	10.6%
1982	431.8	8.8%	2001	10 440.6	10.5%
1983	639.3	12.0%	2002	10 677.5	9.7%
1984	1 245.4	20.9%	2003	15 490.1	12.9%
1985	1 807.9	25.1%	2004	24 055.5	17.7%
1986	1 259.2	14.0%	2005	25 059.1	15.7%
1987	1 783.4	17.4%	2006	31 377.0	17.0%
1988	2 984.2	24.7%	2007	49 495.9	22.9%
1989	1 949.5	13.0%	2008	48 235.1	18.1%
1990	1 675.5	9.9%	2009	26 857.4	8.6%
1991	3 113.7	16.7%	2010	60 610.0	17.8%
1992	5 142.0	23.6%	2011	71 591.2	17.8%
1993	8 410.4	31.2%	2012	46 366.1	9.8%
1994	12 864.0	36.4%	2013	49 375.1	9.5%
1995	12 595.8	26.1%	2014	75 128.8	13.2%
1996	10 382.9	17.1%	2015	45 078.1	6.9%
1997	7 796.4	11.0%			

资料来源：中国国家统计年鉴（2016）。

　　另外，根据国家统计局数据计算，1978—2014 年中国的 GDP 年均增长率为 9.78%，2000—2010 年平均增长率达 10.5%。由表 9.5、表 9.6 可知，1978—2010 年，世界经济整体增长并不快，年均增长率超过 5% 的仅有中国、新加坡、韩国、印度、马来西亚、泰国 7 个亚洲国家，世界主要发达国家如美国、加拿大等国的经济增长速度明显放缓，增长率仅为 2.75%、2.53%，日本、法国、德国的增长率甚至更低，只有 1.78%、1.72%、1.68%。相比之下，中国 1980—2010 年 GDP 增长率为 17.74%、2000—2010 年为 10.48%，远远超出这些国家，成为世界经济增长速度最快的国家。

表 9.5 　　　　　　1980—2010 年中国与其他国家经济增长率比较

国家	世界排序	2010 年经济总量相对于1980 年的倍数	1980—2010年均增长率	2010 年经济总量相对于2000 年的倍数	2000—2010年均增长率
中国	1	17.74	10.06%	2.71	10.48%
新加坡	2	7.26	6.83%	1.72	5.59%
缅甸	3	7.06	6.73%	3.12	12.05%
韩国	4	6.26	6.30%	1.50	4.15%
印度	5	6.13	6.23%	2.09	7.67%
马来西亚	6	5.57	5.89%	1.57	4.61%
泰国	7	5.03	5.53%	1.53	4.32%
印度尼西亚	8	4.66	5.26%	1.66	5.21%
土耳其	26	3.48	4.25%	1.46	3.88%
美国	53	2.26	2.75%	1.17	1.60%
巴西	60	2.13	2.56%	1.42	3.59%
加拿大	61	2.11	2.53%	1.20	1.87%
墨西哥	65	2.01	2.35%	1.19	1.78%
南非	68	1.96	2.27%	1.41	3.49%
荷兰	69	1.95	2.25%	1.14	1.36%
英国	70	1.94	2.24%	1.15	1.42%
日本	78	1.78	1.94%	1.07	0.70%
法国	82	1.72	1.82%	1.12	1.13%
沙特阿拉伯	87	1.69	1.76%	1.37	3.23%
德国	89	1.68	1.74%	1.10	0.94%
瑞士	91	1.63	1.65%	1.18	1.65%

资料来源:刘伟等《经济增长与结构演进:中国新时期以来的经验》,中国人民大学出版社 2016 年版。

表 9.6　　　　　　　中国、日本及亚洲四小龙的经济增长率比较

国家或地区	经济高速增长时期	GDP 增长率
中国	1978—2014 年	9.78%
日本	1955—1973 年	9.22%
新加坡	1965—1984 年	9.86%
韩国	1962—1991 年	8.48%
中国香港	1968—1988 年	8.69%
中国台湾	1962—1987 年	9.48%

资料来源:王薇:《中国经济增长数量、质量和效益的耦合研究》,西北大学,2016 年。

第三节　最低工资经济增长理论模型

考虑到中国人口多,面积大,经济发展不平衡,无论是最低工资制度,还是其他政府政策,在实际操作时,表现出较为明显的区域分割特点,为此,本节试图在 Fanti 和 Gori(2011)最低工资模型的基础上,借鉴沈正祺(2014)的研究,通过建立一个扩展模型,推导模型以及均衡分析,发现最低工资制度影响经济增长的方式以及程度。

一、模型的基本假设

为便于分析,笔者提出以下六个假设:假设一,经济体只有两个区域,分别为区域 1 和区域 2,其中区域 1 的劳动力市场为完全竞争,区域 2 则实行最低工资制度;假设二,经济体初始条件下不存在失业;假设三,区域 1、区域 2 之间劳动力无法随意流动;假设四,资本折旧率为 100%,并且可自由流动;假设五,区域 1 和区域 2 具有相同的生产技术和知识存量,并且技术与知识具有正的外部性;假设六,政府将通过转移支付对失业者发放补贴。对于一个社会保障机制比较健全的国家,将该因素纳入模型是合理的,同时也是必要的。

上述假设中刻画了区域分割下的模型,体现出最低工资标准的地区差异,同时又凸显了资本流动的重要性。实际上,尽管劳动力不能随意流动的假设似乎比较苛刻,但是在中国现有体制及居民的观念下,劳动力的流动相对于资本的流动来说确实更为困难。

二、模型的建立

(一) 个人行为分析

个人在经济体中既是最终产品的消费者,也是生产要素的供给方。根据

Diamond(1965)的世代交叠模型,人的一生分为两个阶段,分别是年轻时期(工作期)和老年时期(退休期)。每个人只有在年轻时期通过提供劳动获得工资收入,并且把收入在两期的消费进行分配。进入老年期后,个人无法再取得收入,其消费的唯一来源是年轻时期的储蓄。假设 t 时期出生的个人在两期的消费分别为 $C_{1, t}$ 和 $C_{2, t+1}$。假设其终身效用函数为可分离的效用函数,并且满足"稻田条件"。① 我们选用对数函数表示:

$$U_t^i(c_{1, t+1}^i, c_{2, t+1}^i) = \ln c_{1, t}^i + \beta \ln c_{2, t+1}^i (i = 1, 2) \tag{9.1}$$

其中,i 代表区域,β 是效用贴现因子,β 的存在可以简单地理解为跨期的效用替代率。根据现实中的观察以及理性人假设,对于今后的消费来说个人更加偏好于眼前的消费,因为今后的事情有着不确定性,另外人们还必须付出耐心,因此有 $0 < \beta < 1$。

下面将构造预算约束并求解个人的最优消费,为此,分别考虑区域 1 和区域 2 的情况。

1. 区域 1 的个人行为最优化

令本地区的资本收益率为 r_{t+1}^1,并且区域 1 的工资收入为 w_t^1。根据世代交叠模型,由于个人在年轻时期和老年时期的消费均来自于年轻时期的工资收入,所以预算约束为,一个人终生消费的现值不能超过他的终生劳动收入,即:

$$c_{1, t}^1 + \frac{c_{2, t+1}^1}{1 + r_{t+1}^1} \leqslant w_1^t \tag{9.2}$$

根据目标函数(9.1)式和预算约束(9.2)式,我们可以用构造拉格朗日函数的方法求其最优解:

$$L(c_{1, t}^1, c_{2, t+1}^1, \lambda_1) = \ln c_{1, t}^1 + \beta \ln c_{2, t+1}^1 + \lambda_1 \left(c_{1, t}^1 + \frac{c_{2, t+1}^1}{1 + r_{t+1}^1} - w_t^1 \right) \tag{9.3}$$

对(9.3)式各个变量求一阶微分可以得到区域 1 的个人两期最优的消费解:

$$C_{1, t}^1 = \frac{w_t^1}{1 + \beta} \tag{9.4}$$

$$c_{2, t+1}^1 = \frac{\beta(1 + r_{t+1}^1) w_t^1}{1 + \beta} \tag{9.5}$$

另外,由于世代交叠模型的设定,个人的储蓄将全部用于第二期的消费,因此储蓄与第二期的消费关系为:

---

① 稻田条件指某种新古典生产函数,满足:$f(0) = 0$,一阶导数大于 0,二阶导数小于 0,另外,当生产要素投入趋于 0 时,一阶导数的极限无穷大,当生产要素的投入趋于无穷大时,一阶导数的极限等于 0。

$$(1+r_{t+1}^1) s_t^1 = c_{2,\,t+1}^1 \tag{9.6}$$

所以,区域 1 的个人在第一期的最优储蓄为:

$$s_t^1 = \frac{\beta w_t^1}{1+\beta} \tag{9.7}$$

2. 区域 2 的个人行为最优化

按照早期 Stigler(1946)的经典研究,当工资率高于自由竞争条件下劳动力市场的均衡工资率时,劳动力的供给就会大于需求,从而造成失业。由于区域 2 实行了最低工资制度,不妨先假设该制度造成了区域 2 的失业率为 u_t,因此有: $u_t = (N_t - L_t) / N_t$,其中, L_t 为制度实施以后区域 2 的劳动需求, N_t 为每个区域 t 时期的劳动为人口。

由于最低工资标准主要由政府颁布并实施,因此可以将最低工资标准看作是外生变量。令最低工资标准 $w_t^2 = \mu w_t^*$,其中 w_t^* 为 t 时期在全社会完全竞争的条件下的均衡工资收入, μ 为政府设立最低工资标准的政策变量,因此必然有 $\mu > 1$。

在完全竞争条件下,政府无法干预经济,劳动者的收入完全由市场决定。但是,政府设立了最低工资标准和失业救助后,政府会对失业的人群支付失业补贴,假设失业补贴额为失业者完全竞争条件下工资收入的一个比例水平 ρ,则政府对个人的失业补贴可以表示为: $b_t = \rho w_t^*$ $(0 < \rho < 1)$。这些补贴的来自我们可认为是对于年轻人消费征收的税款,税率为 τ。

基于上述的一系列说明,可以得出区域 2 的个人终生预算约束:

$$c_{1,\,t}^2(1+\tau_t) + \frac{c_{2,\,t+1}^2}{1+r_{t+1}^2} \leqslant w_t^2(1-u_t) + b_t u_t \tag{9.8}$$

上式右边的含义为,最低工资标准制度的实施,对于个人来说,原本提供的每单位劳动中,现在劳动力市场只需 $(1-u_t)$ 单位,另外的 u_t 单位劳动为失业。

在效用函数(9.1)及预算约束(9.8)下,最低工资制度下的拉格朗日函数为:

$$L(c_{1,\,t}^2,\ c_{2,t+1}^2, \lambda_2) = \ln c_{1,\,t}^2 + \beta \ln c_{2,\,t+1}^2 + \lambda_2 \left(c_{1,\,t}^2 + \frac{c_{2,\,t+1}^2}{1+r_{t+1}^2} \right)$$
$$- w_t^2(1-u_t) - b_t u_t \tag{9.9}$$

对(9.9)式求一阶微分,可以得到效用最大化时区域 2 个人的最优消费解,如下所示:

$$c_{1,\,t}^2 = \frac{w_t^2(1-u_t) + b_t u_t}{(1+\beta)(1+\tau_t)} \tag{9.10}$$

$$c_{2,t+1}^2 = \frac{\beta(1+r_{t+1}^2)\left[w_t^2(1-u_t) + b_t u_t\right]}{(1+\beta)(1+\tau_t)} \tag{9.11}$$

此时，区域 2 的个人储蓄为：

$$s_t^2 = \frac{\beta[w_t^2(1-u_t)+b_t u_t]}{(1+\beta)} \tag{9.12}$$

（二）厂商行为分析

根据 Romer(1986)的理论，知识存在外溢效应，也就是说有正的外部性，企业无法完全保守秘密或者取得专利。因此，假设具有代表性企业的生产函数为如下形式：

$$Y = B K^\alpha (AL)^{1-\alpha} \tag{9.13}$$

其中，Y 代表该企业的产出，K 和 L 分别是企业对于资本和劳动的投入量，$B>0$ 为规模参数，$0<\alpha<1$。另外，A 表示社会知识水平，它的大小取决于经济体中所有厂商的知识存量，可以用全社会的人均资本量来表示其大小，因此，t 时期的社会知识水平为 $A_t = k_t = K_t/(2N_t)$，

1. 全社会完全竞争条件下的厂商最优化

在全社会完全竞争条件下，对于任何一个区域来说，都有 $K = K_t/2$，并且 $L = N_t$。根据新古典经济增长理论，各要素的均衡价格应当等于其边际报酬。这样，分别对资本和劳动求一阶偏导，得到在完全竞争条件下每个区域的均衡资本收益率和工资：

$$R_t^* = \alpha B \tag{9.14}$$

$$w_t^* = (1-\alpha)B k_t \tag{9.15}$$

其中，$R = 1 + r$。接下来，将进一步考察在区域 2 实行最低工资之后，两个区域的厂商行为。

2. 区域 1 的厂商行为最优化

尽管区域 1 并不实施最低工资制度，仍然保持完全竞争，然而，由于资本的流动，区域 1 均衡的资本收益率与工资都会发生改变。假设均衡时，t 时刻区域 1 的资本总量为 K_{1t}，在生产函数形式不变的情况下，则有 $K = K_{1t}$，及 $L = N_t$。区域 1 的资本收益率和工资也分别为：

$$R_t^1 = \alpha B K_{1t}^{\alpha-1} (A_t N_t)^{1-\alpha} \tag{9.16}$$

$$w_t^1 = (1-\alpha)B K_{1t}^\alpha A_t^{1-\alpha} N_t^{-\alpha} \tag{9.17}$$

3. 区域 2 的厂商最优化

区域 2 由于实行了最低工资的政策，因此不仅仅资本总量发生了变化，劳动力的投入也将有所改变。假设政府设立的最低工资标准造成了区域 2 的失业率为 u_t，这样，区域 2 劳动力的投入由原来的充分就业变为：

$$L = L_t = (1 - u_t) N_t$$

另外，区域2在失业率为 u_t 时的利率及所实施的最低工资标准，如下所示：

$$R_t^2 = \alpha B K_{2t}^{\alpha-1} (A_t N_t)^{1-\alpha} (1 - u_t)^{1-\alpha} \tag{9.18}$$

$$w_t^2 = (1 - \alpha) B K_{2t}^{\alpha} A_t^{1-\alpha} N_t^{-\alpha} (1 - u_t)^{-\alpha} \tag{9.19}$$

（三）最低工资的失业效应

通过之前模型的建立，在得到区域1、区域2的资本收益率以及工资后，就可由这些条件逐步建立起失业率与最低工资标准之间的关系。由于区域1、区域2之间的资本可自由流动，因此在均衡条件下，两个区域的资本收益率必定相等，即有：

$$R_t^1 = R_t^2 \tag{9.20}$$

从(9.20)式中可进一步得到：

$$K_{1t} / K_{2t} = 1/(1 - u_t) \tag{9.21}$$

同时，两地的资本之和为全社会资本之和，即：

$$K_{1t} + K_{2t} = K_t \tag{9.22}$$

把(9.21)(9.22)两式分别代入(9.15)和(9.17)，可发现在区域1实行了最低工资制度之后，两个地区的工资仍然是相同的：

$$w_t^1 = w_t^2 = (1 - \alpha) B \left(\frac{2}{2 - u_t} \right)^{\alpha} k_t \tag{9.23}$$

由于 $w_t^2 = \mu w_t^*$，代入(9.15)和(9.23)，可建立起最低工资标准幅度与该政策所造成的失业率之间的关系：

$$\mu = \frac{w_t^2}{w_t^*} = \left(\frac{2}{2 - u_t} \right)^{\alpha} \tag{9.24}$$

整理(9.24)可得到失业率关于最低工资标准的函数：

$$u_t = 2(1 - \mu^{\frac{1}{\alpha}}) \tag{9.25}$$

仔细观察(9.25)式，可以发现，由于 $\mu > 1$ 的设定，一阶导数 $\dfrac{\partial u_t}{\partial \mu} = \dfrac{2}{\alpha \mu^{\frac{1+\alpha}{\alpha}}} > 0$ 恒成立，也就是说，u_t 是关于 μ 的增函数，这就意味着，最低工资标准的提高将会加剧失业的发生，并且两者一一对应。进一步地，当 $\mu = 1$，也就是完全竞争状态下，我们可得到 $u_t = 0$。

事实上，(9.25)式的结论有着十分重要的意义，它揭示了在给定假设条件下,最低工资制度确实存在着失业效应。该结论也与新古典经济学的观点保持一致。

(四) 政府预算

按照之前给出的假设,区域 2 的地方政府把对年轻人征收的税款作为唯一的财政来源,全部用来补助由于最低工资制度而失业的人员,这样,政府的预算为:

$$\rho w_t^* u_t = \tau_t c_{1,t}^2 \qquad (9.26)$$

将(9.10)式及(9.24)式代入(9.26)式,可得到失业率为 u_t 时政府要征收的税率:

$$\tau_t = \frac{(1+\beta)\rho u_t}{(1-u_t/2)^{-\alpha}(1-u_t)-\beta\rho u_t} \qquad (9.27)$$

把税率对于失业率求一阶导数:

$$\tau_t = \frac{(1+\beta)\rho u_t\left[(1-u_t/2)^{-\alpha}(1-u_t)-\beta\rho u_t\right]}{\left[(1-u_t/2)^{-\alpha}(1-u_t)-\beta\rho u_t\right]^2} +$$

$$\frac{\left[\dfrac{\alpha}{2}(1-u_t/2)^{-\alpha-1}(1-u_t)+(1-u_t/2)^{-\alpha}+\beta\rho\right]}{\left[(1-u_t/2)^{-\alpha}(1-u_t)-\beta\rho u_t\right]^2} \qquad (9.28)$$

对(9.28)式求一阶微分,容易得到 $\dfrac{\partial \tau_t}{\partial u_t} > 0$。也就是说政府对消费者征收的税率将随着失业率的提高而提高,又因为失业率与最低工资标准正相关,因此,税率与最低工资标准也是正相关关系。

另外,观察(9.28)不难发现,政府税率还与其对于失业的补贴力度有关。当 ρ 增加时,必有 τ_t 同时增加,也就是说补贴力度越大,政府征收的税率也越高,这是显而易见的。

三、最低工资对经济增长的影响分析

(一) 最低工资对总体经济的影响

由于假设的是一个封闭的经济体,因此不存在国际贸易,根据新古典经济增长理论可知,储蓄将全部转化为投资。在资本折旧率是 100% 的前提下,可得到其均衡条件为:

$$s_t^1 N_t + s_t^2 N_t = k_{t+1}(2 N_t) \qquad (9.29)$$

也就是说,全部的社会总储蓄将转换为下一期的资本投入,进一步可化简得到:

$$\sigma \left(\frac{2}{2-u_t} \right)^{\alpha} k_t + \sigma \left(\frac{2}{2-u_t} \right)^{\alpha} k_t (1-u_t) + \sigma \rho k_t u_t = 2 k_{t+1} \qquad (9.30)$$

其中：

$$\sigma = \left(\frac{\beta}{1+\beta} \right) (1-\alpha) B$$

通过建立起来的动态方程(9.30)式,可得到人均资本的增长率:

$$g_k = \frac{k_{t+1}}{k_t} - 1 = (\sigma/2) \left[\left(\frac{2}{2-u_t} \right)^{\alpha} + \left(\frac{2}{2-u_t} \right)^{\alpha} (1-u_t) + \rho u_t \right] - 1$$

$$(9.31)$$

根据模型中生产函数的形式,容易得到人均产出的增长率等于人均资本增长率。因此,为了得到经济增长率与最低工资标准的关系,可直接对 g_k 求关于 μ 的一阶导数:

$$\frac{\partial g_k}{\partial \mu} = \frac{\partial g_k}{\partial u_t} \frac{\partial u_t}{\partial \mu} \qquad (9.32)$$

由于 $\frac{\partial u_t}{\partial \mu} > 0$, 所以可以得到:

$$\frac{\partial g_k}{\partial \mu} > 0 \left(\frac{\partial g_k}{\partial \mu} < 0 \right) \Leftrightarrow \frac{\partial g_k}{\partial u_t} > 0 \left(\frac{\partial g_k}{\partial u_t} < 0 \right)$$

因此,只需考虑 $\frac{\partial g_k}{\partial u_t}$ 的正负性:

$$\frac{\partial g_k}{\partial u_t} = \left[-(1-\alpha) \left(\frac{2}{2-u_t} \right)^{\alpha} + \rho \right] (\sigma/2) \qquad (9.33)$$

观察(9.33)式,可以发现,如果最低工资对经济增长产生正向效应的话,那么政府对于失业者的转移支付比例 ρ 就显得尤为重要。此时:

$$\rho > (1-\alpha) \left(\frac{2}{2-u_t} \right)^{\alpha} \qquad (9.34)$$

当全社会是完全竞争状态之时,有 $u_t = 0$,此时只要失业补贴政策中的变量 $\rho > (1-\alpha)$,那么该区域只需稍稍提高工资水平,就必定提高人均资本增长率。此时,如果政策参数 ρ 固定,最低工资标准的逐渐提高,将不断提高失业率,而由最低工资带来的经济增长正向效应也会随之逐渐减小。要注意的是,一旦最低工资标准的提升超过某个阈值时,最低工资标准就会对经济增长产生负作用。也就是说,最低工资标准对于经济增长的总体影响呈现为一个倒U效应。

(二) 最低工资对区域经济的影响

在最低工资标准不发生改变情况下,区域1、区域2的总资本存量之比不会发生改变,因此在长期中,两个区域的经济增长将同时趋于总体的经济增长水平。换而言之,在长期均衡条件下实行最低工资制度的区域2,其最低工资标准对于经济增长的影响将同样呈现倒U型效应。

四、模型的结论

总结上述分析,可以得出几个基本的结论:

首先,最低工资标准的建立会引起劳动力市场的改变,相对于完全竞争下的经济来说,最低工资制度会引起失业,并且失业率将随着最低工资标准的提升而提升。

其次,在资本流动条件下,最低工资标准对经济增长的具体影响取决于技术条件及政府对于失业者的救济政策。后者主要是通过私人储蓄影响资本积累进而影响下一期的产出。

最后,在政策变量 ρ 外生给定并且满足(9.34)式的情况下,一个地区提高最低工资标准,会使总体经济增长呈现先增加后减少的倒U关系,同时该地区的经济增长会趋同于整体经济的增长水平。也就是说,最低工资标准的提升,可能会有利于经济增长。[①]

第四节　中国最低工资对经济增长影响的实证分析

本节在上述理论分析基础上,通过计量模型建立及实证分析,对中国最低工资与经济增长之间的关系展开进一步的经验分析。

一、模型的建立

根据前述理论分析可知,在资本流动条件下,一个地区的最低工资标准与经济增长存在倒U型的关系。此外,资本存量、劳动力供给及人力资本等因素均对经济增长产生影响。据此,构建如下实证模型:

首先是被解释变量,即经济增长,用人均国内生产总值对数来衡量。

其次是解释变量,即最低工资标准对数。同时,为了检验最低工资与经济增

---

① 　沈正祺:《最低工资制度对经济增长的影响》,《南京财经大学》,2014年。

长之间是否存在倒 U 关系,在最低工资标准基础上,另外添加最低工资标准平方项,以最低工资标准对数平方表示。

最后是控制变量。为了增加分析的可信度,模型还另外增加三个控制变量。具体来说,一是资本存量,以各地资本存量自然对数表示,并采用单豪杰(2008)方法计算资本存量;二是城镇登记失业率,衡量经济中劳动力的投入;三是人力资本,以平均受教育年限来衡量。实际上,采用平均受教育年限测算人力资本存量是国际普遍做法。为此,按照文盲 0 年、小学 6 年、初中 9 年、高中 12 年、大专及以上 16 年的方法,通过对各地区人口的教育年限进行加权平均计算得到。

二、实证分析

分析仍以 2005—2015 年市级面板数据为样本展开总体分析,在此基础上,进一步展开东、中、西地区分析。

首先,从全国总体分析结果来看,由表 9.4 可知,就解释变量而言,最低工资标准对经济增长具有正效应,系数大小为 0.072,也就是说,最低工资标准每提高 1%,人均 GDP 会提高 0.072%,但统计不显著。而最低工资标准平方项对经济增长具有负效应,系数大小为 -0.012,且统计显著,换句话说,当最低工资标准提高到一定程度后,它将对经济增长带来显著负效应。上述实证分析结果显示最低工资对于经济增长的影响是一个开口向下的、倒 U 形抛物线,与前面的理论分析结果保持了较好的一致性。

表 9.4　　　　最低工资经济增长效应总体分析结果

变量	全国
最低工资标准	0.072 (0.986)
最低工资标准平方项	-0.012^* (1.125)
资本存量	0.239^{***} (9.768)
人力资本	0.155^{***} (5.473)
失业率	-0.039^{***} (-3.606)
常数项	7.602 (18.002)
R^2	0.879

此外,就控制变量而言,资本存量的系数为 0.239,人力资本的系数为 0.155,并且都统计显著,说明两个变量对经济增长都有着明显促进作用。失业率系数为 -0.039,显示其对经济增长具有负作用。

其次,从地区分析结果来看,观察表 9.5 可以发现,东、中、西部的最低工资标准对于经济增长均存在着正相关关系,并且作用大小依次为,东部地区最大,系数为 0.107,西部地区居中,系数为 0.063,中部地区最小,系数为 0.046。此外,就最低工资标准平方项而言,仅有东部地区最低工资标准平方项对经济增长具有正作用,而中、西部地区最低工资标准平方项对经济增长为负作用,这可能是东部地区最低工资标准的相对水平较低的缘故。事实上,尽管东部地区的最低工资标准从绝对数值上看,远远高出中、西部地区,但是东部地区整体经济十分发达,因此与中、西部地区相比,东部地区最低工资相对水平实际要更低些。

表 9.5　　　　　　　　最低工资经济增长效应分地区分析结果

变量	东部	中部	西部
最低工资标准	0.107* (1.271)	0.046 (0.607)	0.063 (0.874)
最低工资标准 平方项	0.053* (1.125)	−0.012* (1.125)	−0.012* (1.125)
资本存量	0.407*** (15.324)	0.292*** (11.291)	0.164*** (12.507)
人力资本	0.227*** (8.351)	0.099*** (9.018)	0.101*** (12.206)
失业率	−0.041*** (−4.713)	−0.091*** (−10.331)	−0.072*** (−8.245)
常数项	5.702 (21.102)	4.692 (15.371)	5.937 (18.742)
R^2	0.922	0.815	0.837

第五节　小　　结

综合上述理论与实证分析可知,中国最低工资与经济增长之间的关系主要表现为:

第一,理论研究表明,提高最低工资标准可以促进经济增长。最低工资制度虽然会导致失业,但如果政府同时辅之以税收、失业补助等政策的话,那么这些政策会改变家庭和个人的消费行为,使他们更加重视储蓄,从而增加社会资本存量。

第二,最低工资对于经济增长的影响,整体表现为倒 U 形。提高最低工资标准会对经济增长有促进作用,然而随着标准的不断提升,其促进作用会逐渐减小,当最低工资标准超过某个阈值后,会对经济增长起到负作用。显然,这是因为,最低工资标准一旦过高,政府虽然可以通过继续提高补助来提升经济,但却会导致劳动者承担过高的税负,以至于产生显著的负面效应。

第三,实证分析显示,中国最低工资对于经济增长存在着正向促进作用。从全国情况来看,最低工资对经济增长具有正作用,但统计不显著,并且存在阈值。就地区情况来看,东、中、西部地区最低工资标准均对经济增长具有正作用,而且东部地区作用最大,且统计显著。中、西部地区统计不显著,并且中部地区作用最小。

总结上述研究结果可知,最低工资能否对经济增长产生正向作用,与政府其他配套政策密切相关。实际上,由于最低工资在实施时会不可避免地导致失业,因此,要真正发挥最低工资的经济增长促进作用,就必然需要有效的失业保障、社会救助等政策予以支持。据此,完善中国现有的失业保险和社会救助政策,与最低工资一起搭建社会保障网,就具有积极的现实意义。它在提高底层劳动者的收入、缩小收入差距的同时,还可以促进经济增长,带动产业转型和升级。

第十章　中国最低工资与经济新常态协调分析

进入 2010 年以来,中国的经济增长从过去的两位数的高速增长,下行到 7%～8% 的速度。中国经济增长速度的明显趋缓,其中固然有外部经济环境变化的影响,但更为深层的原因应该是中国自身经济结构调整的内在要求。尽管华民(2014)仍然认为中国经济快速增长的潜力非常巨大,高增长不可能就此结束,但徐以升(2012),王庆(2013),黄益平、苟琴等(2013),余斌、吴振宇(2014),郑京平(2014),汪红驹(2014),林毅夫(2014),刘伟、苏剑(2014)等许多经济学家都指出,中国经济已经进入了一个不同以往的新常态。其实,不仅学者们达成了这种共识,中国政府的决策者们也已认识到中国经济的基本面发生了历史性的实质变化,已经进入了一个经济发展的新阶段。可以说,经济发展这一新常态不仅对未来经济增长注入了新的活力,而且也对政府政策带来了挑战。就最低工资而言,针对经济发展的新态与常态,如何进行改革与完善,实现与新常态的经济协调发展,就是一个值得研究的课题。鉴于此,本章首先介绍经济增长新常态的内涵及特征,其次分析经济增长新常态对发展最低工资制度带来的问题与挑战,最后探讨最低工资在经济增长新常态下的创新路径。

第一节　经济增长新常态分析

一、经济新常态

新常态(The New Normal)一词最早见于 2002 年国际主流媒体中,当时主要指发达国家的就业增长乏力,恐怖主义离生活越来越近等状态。2009 年美国太平洋投资管理公司两位首席投资官比尔·格罗斯和穆罕默德·埃里安重新定义了新常态。他们认为,新常态表示全球经济从繁荣到衰退再到正常的恢复过程,即经济转型、再平衡过程。他们给新常态定义了几个特征:增长乏力、失业率持续、公共财政面临挑战、经济增长动力和财富活力从工业化国家向新兴经济体转移。同时,他们强调,新常态是指在目前的政治经济环境下最可能发生的事情,而不是应该发生的事情。

新常态从字面上理解,就是原有的旧常态的发展逐步转变为新常态的一个过程,这个过程伴随着结构调整、发展要素转变、增长动力调整、社会分配公平等一系列特征,并且最终要达到一个可持续、包容的增长模式。

新常态在世界范围内被广泛关注和研究是在 2008 年的金融危机后。由于国情迥异,经济禀赋不同,各国经济新常态的内涵也大不相同。但从世界经济整体来看,经济新常态的主要特征表现为经济增长与结构的震荡调整。具体来说,2008年经济危机对世界上大部分国家和地区产生了负面影响。就发达国家而言,为了实现经济危机后的尽快复苏,发达国家一是不断启动"再工业化"战略,对位于国外的制造业尤其是高尖端技术制造业实行"回归"政策;二是国际贸易保护主义抬头,对特定贸易商品提出限制条件,并通过反倾销、反补贴等措施增加对进口商品的严格审核力度,甚至针对存在较高竞争性的产品征收产品税;三是限制技术出口,尽管发达国家的技术创新动力不足,却不愿让发展中国家使用其已掌握的高端技术、高端产品。发达国家的上述政策无疑对发展中国家的增长带来极大的不利,使得后者的经济增长也难以为继。究其原因,主要在于,尽管许多发展中国家是全球经济增长最快的国家,但必须承认的是,这些发展中国家的经济增长既受制于自身发展阶段的影响,又依赖于国际贸易及发达国家的高端技术。

这样,由于各自为政,发达国家与发展中国家之间缺乏协调一致的联合战略,不但降低了本国经济增长速度,又对贸易关系国或债权债务国造成负外部性影响,最后导致整体世界经济陷入增长缓慢的新常态。

二、中国经济新常态

中国对新常态的重视始于 2014 年。2014 年年底,中央经济工作会议公报从消费、投资、出口和国际收支、生产能力和产业组织方式、生产要素、市场竞争、资源环境、经济风险等八个方面分析中国新经济。公报指出,中国经济未来发展方向将向形态更高级、分工更复杂、结构更合理的阶段演化,经济高速增长转向中高速增长,经济发展方式从规模速度型粗放增长转向质量效率型集约增长,经济结构从增量扩能为主转向调整存量、做优增量并存的深度调整,经济发展动力从传统增长点转向新的增长点。总结中国经济新常态,可以发现它突出表现为以下四个基本特征:

第一,中国经济增长减速。

从经济增长速度看,中国经济新常态的一个主要特征就是经济增长速度由两位数转变为一位数。究其原因,首先,中国经济增长面临投资、净出口和消费等主要经济要素约束。随着中国经济的不断推进,产能开始过剩,技术遇到瓶颈,环境承载力越来越差,人口红利逐渐消失,国内低端制造业转移,国外中高端制造业流失。经济环境的不断恶化,使中国经济增长的投资、净出口和消费需求都放缓,结果是长期以来的粗放型增长方式已经变得不可持续。其次,中国经济短期内技术水平难有大的突破和提高,而且当前改革仍处于深水区,潜在生产效率也难以提高。这样,经济增长减速就成为新常态的重要特征。

第二,中国经济结构调整。

长期以来,中国经济结构调整滞后于经济增长。一方面,自 20 世纪 80 年代以来,中国承接了大量从欧、美、日等发达国家和新兴工业化国家转移过来的劳动密集型产业和低技术型产业,后果是,中国高能耗、高投入、高污染型产业快速增长,并导致地区失衡、城乡失衡、产业失衡等问题。而且随着市场化的不断推进,这些失衡已经发展成为突出矛盾,到了不得不改的发展阶段。另一方面,如前文所述,自 2008 年金融危机发生后,发达国家为了复兴经济,不断启动"再工业化"战略,对位于国外的制造业尤其是高尖端技术制造业实行回归政策。这样,新常态下的中国经济结构调整既是自身的内在诉求,也是外在的压力所迫。

第三,中国经济增长新动力。

改革后经济增长的动力主要来自要素的粗放型投入。然而,随着生产要素成本的上升,以及投资边际效率的下降,创新已逐渐代替要素投入成为促进经济继续增长的重要动力。作为新的驱动力,创新有利于消除经济发展中存在的资源紧缺、环境污染等要素的制约,改变以投资和进出口为主要动力的增长驱动。与原有经济增长动力不同的是,创新不仅指新兴经济、创新创业型经济、信息技术经济、服务业经济等,当然,它也包括对传统产业的科研创新、技术创新、制度创新等。

第四,中国经济发展福利化。

中国经济新常态的另一个基本特征就是不再片面追求经济增长,而是注重社会公平,寻找能够让全体国民享受到国家发展成果的途径、方向,打造福利化、和谐型经济,维持社会和谐、稳定和实现全面小康社会目标。具体来说,新常态经济的福利化过程,就是通过提高居民收入,建立完善的社会保险、高质量的教育资源及高效率的教育体制等措施,解决中国已经存在多年的收入分配不公问题。

总之,中国经济新常态与原有经济常态存在不同的特点和发展路径。中国经济新常态是一个随实践不断发展变化的动态过程,是一个多重因素变化的综合优化过程,是经济增长数量增大、经济增长质量提高、生态效应改善、可持续性增强的良性组合。在这一过程中,中国社会主义市场经济各个方面的制度将更加成熟、更加定型。

第二节 中国经济新常态对发展最低工资的挑战

截至 2015 年年底,中国国内生产总值已突破 10 万亿美元,成为仅次于美国的世界第二大经济实体。然而,值得注意的是,中国经济发展正面临巨大挑战:一是人口结构改变所带来的劳动力红利渐失;二是劳动力成本不断上升,企业利润下降,以往依靠廉价劳动力的粗放经营难以为继;三是中国的人均收入正处于中等收入陷阱边缘。

一、中国人口红利消失

中国发展基金会(2012),李建民、周保民(2013)指出,由于人口生育率、死亡率不断下降,人口寿命不断延长等原因,在中国经济进入新常态时,中国人口也进入了新常态,人口红利随之逐渐消失。

第一,中国人口增长率仅为 5% 左右的低水平,到 2030 年甚至进入负增长。

如表 10.1 所示,中国人口增长率在 1996 年、1997 年还分别高达 10.42%、10.06%。然而,进入 1998 年后,人口增长率开始低于 10%,到 2003 年人口增长率只有 6.01%,比 1996 年下降了 4.41 个百分点。2004 年开始人口增长率低于 6%,2015 年人口增长率继续降至 4.96%,比 1996 年降了 5.46 个百分点。

表 10.1　　　　　　　　中国人口增长率(1996—2015 年)

年份	人口自然增长率	年份	人口自然增长率
1996	10.42%	2006	5.28%
1997	10.06%	2007	5.17%
1998	9.14%	2008	5.08%
1999	8.18%	2009	4.87%
2000	7.58%	2010	4.79%
2001	6.95%	2011	4.79%
2002	6.45%	2012	4.95%
2003	6.01%	2013	4.92%
2004	5.87%	2014	5.21%
2005	5.89%	2015	4.96%

资料来源:中国统计局网站,www.stata.gov.cn。

第二,中国人口平均预期寿命(见表 10.2)。

表 10.2　　　　　　　　平均预期寿命　　　　　　　　单位:岁

年份	平均预期寿命	年份	平均预期寿命
1996	70.8	2010	74.83
2000	71.4	2015	76.34
2005	72.95		

资料来源:中国统计局网站,www.stata.gov.cn。

随着居民生活水平的改善,以及医疗质量的提高,中国人口平均预期寿命显著延长。1996年平均预期寿命为70.8岁,2015年为76.34岁,比1996年提高了5.54岁。

第三,中国人口老龄化加速。

伴随着中国人口平均预期寿命日益延长,中国人口老龄化程度日益严重。由表10.3可知,中国老龄化程度呈现为不断提高的趋势。1996—2015年,65岁及以上人口占总人口的比例逐年提高,1996年时65岁及以上人口占总人口的比例只有6.40%,2001年65岁及以上人口占总人口的比例提高至7.10%,2014年65岁及以上人口占总人口的比例突破10%,2015年该比例上升至10.47%,比1996年提高了4.17个百分点。总体来说,中国人口老龄化速度较快,1996—2015年,中国人口老龄化速度年均增长20.35%。而United Nations(2013)更进一步指出,2030年中国老龄化程度将达到发达国家目前的水平,2050年将超过发达国家水平,成为世界上老龄化程度最严重的国家之一。

表10.3　　　　　　　　65岁及以上人口占总人口比例

年份	65岁及以上人口占总人口比例	年份	65岁及以上人口占总人口比例
1996	6.40%	2006	7.93%
1997	6.54%	2007	8.05%
1998	6.70%	2008	8.25%
1999	6.90%	2009	8.47%
2000	6.96%	2010	8.87%
2001	7.10%	2011	9.12%
2002	7.30%	2012	9.39%
2003	7.50%	2013	9.67%
2004	7.58%	2014	10.06%
2005	7.69%	2015	10.47%

资料来源:中国统计局网站,www.stata.gov.cn。

第四,中国就业人员抚养比不断提高。

观察表 10.4 可知,中国人口抚养比的发展趋势最早是不断下降的。1996 年,中国人口抚养比还较高,为 48.8%,1996—2010 年,中国人口抚养比下降了 14.6 个百分点,到 2010 年中国人口抚养比仅为 34.2%,是1996—2015 年近 20 年的最低年份。然而,中国人口抚养比自 2011 年起就开始进入上升通道,到 2015 年时,该抚养比上升至 37%,比 2010 年增加了2.8 个百分点。

表 10.4　　　　　　中国人口抚养比(1996—2015 年)

年份	人口扶养比	年份	人口扶养比
1996	48.8%	2006	38.3%
1997	48.1%	2007	37.9%
1998	47.9%	2008	37.4%
1999	47.7%	2009	36.9%
2000	42.6%	2010	34.2%
2001	42%	2011	34.4%
2002	42.2%	2012	34.9%
2003	42%	2013	35.3%
2004	41%	2014	36.2%
2005	38.8%	2015	37%

资料来源:中国统计局网站,www.stata.gov.cn。

综合上述分析可知,中国经济增长的人口红利在 2010 年达到最高,2015 年中国虽然仍处于人口红利较高的时期,但可以肯定的是,中国人口按照这种趋势及特征发展,中国未来劳动力资源必将日益减少,届时长期以来促进中国经济增长的人口红利将逐渐减少乃至消失。

二、中国劳动成本上升

由表 10.5 可知,中国劳动年龄人口占总人口的比值基本表现出与人口抚养比相一致的变化趋势。1950—2015 年,中国劳动年龄人口占总人口比值的平均值为 63.31%。其中,从 1965 年开始,中国劳动年龄人口占总人口的比值一直趋于上升,直到达到 2010 年的最高值 74.34%,进入 2011 年后中国劳动年龄人口占总人口比值开始下降,直到 2015 年的 73.22%,比 2010 年的最高值下降了1.12 个百分点。

表 10.5 中国劳动年龄人口占总人口比例

年份	劳动年龄人口占总人口比例	年份	劳动年龄人口占总人口比例
1950	61.19%	1985	64.01%
1955	58.15%	1990	65.82%
1960	56.39%	1995	66.34%
1965	55.35%	2000	68.28%
1970	55.66%	2005	72.42%
1975	55.86%	2010	74.34%
1980	59.31%	2015	73.22%

资料来源：United Nations，Department of Economic and Social Affairs，Population Division，2015.

劳动力是促进经济增长的核心要素之一。劳动力数量的减少必然会给经济带来一系列的影响。首当其冲的是，劳动力供给趋紧，劳动成本上涨。

2000 年以后，尤其是 2003 年以后，中国劳动成本上升明显，并不断加速。2013 年中国城镇单位就业人员平均工资为 51 483 元，按平均货币工资指数计算，比 2000 年增加了 4.5 倍，按实际平均工资指数计算，比 2000 年增加了 3.4 倍（见表 10.6）。

表 10.6 城镇单位就业人员平均工资

单位：元

年份	城镇单位就业人员平均工资	年份	城镇单位就业人员平均工资
2000	10 834	2008	32 244
2001	12 373	2009	36 539
2002	13 969	2010	41 799
2003	15 920	2011	46 769
2004	18 200	2012	51 483
2005	20 856	2013	56 360
2006	24 721	2014	62 029
2007	28 898	2015	10 834

资料来源：中国统计局网站，www.stata.gov.cn。

不断上升的劳动成本会对企业产生重要影响。首先是企业用工成本提高，大中型企业利润不断下滑，小企业尤其是劳动密集型小企业，承受能力更差。其次是促进企业改变发展策略，逐渐用资本和技术代替劳动力，并减少劳动力用工数量。最后是促进产业结构升级和优化，提高劳动生产率，形成以创新和效率为驱动力的经济增长新模式。

不过,要注意的是,中国目前正处于经济新常态时期,短期内难以实现制度创新与技术创新,也不可能迅速提高劳动生产率。

实际上,伴随着劳动成本的加速上升,中国劳动生产率的增速却在下降。一方面,从国内纵向发展来看,Economist(2013)指出,中国劳动生产率提高速度从2000—2007年的12%下降到2008—2012年的9%以下。国家统计局2015年发布的统计公报也显示,2014年全社会劳动生产率提高了7%,比2013年下降了0.3个百分点。另一方面,从国际横向比较来看,2014年中国劳动生产率为21 000美元,不到美国劳动生产率的1/5,也不到韩国劳动生产率的1/3。

这样,无论是劳动力数量减少,还是劳动力成本提高,抑或劳动生产率增速下降,都不利于经济增长,而如果这三个不利因素同时出现的话,对于中国经济的发展则更是一个严重的威胁。

三、中国中等收入陷阱

根据世界银行《东亚经济发展报告(2006)》可知,所谓中等收入陷阱(Middle Income Trap),它是指是当一个国家发展到中等收入阶段,即人均国内生产总值3 000美元左右时,难以成功地跻身为高收入国家,而是陷入了经济增长的停滞期。陷入中等收入陷阱的国家既无法在工资方面与发展中国家竞争,又无法在尖端技术研制方面与发达国家竞争。典型代表如拉美地区、东南亚的一些国家。

一个国家发展到中等收入阶段后,可能出现两种不同的命运,一是继续发展,逐渐成为发达国家,如韩国,1987年人均国内生产总值超过3 000美元,1995年达到了11 469美元,2014年更是达到了28 101美元,进入发达国家的行列。从中等收入国家跨入高收入国家,韩国仅用了8年。

二是国家出现贫富悬殊、环境恶化甚至社会动荡等问题,导致经济发展徘徊不前。如菲律宾,1980年人均国内生产总值为684.6美元,2014年仍只有2 865美元,如果考虑通货膨胀的话,菲律宾34年来人均收入基本没有变化。另外,中等收入陷阱还表现为,国家收入水平虽然在提高,但始终难以缩小与发达国家的鸿沟,如马来西亚1980年人均国内生产总值为1 812美元,2014年仅达到10 804美元。阿根廷1964年人均国内生产总值就超过1 000美元,20世纪90年代末达到了8 000多美元,但2014年也只有12 873美元。墨西哥1973年人均GDP已经达到了1 000美元,2014年人均GDP还只有10 718美元。总之,这些中等偏上国家,经过多年发展,仍然没能跨过15 000美元发达国家的门槛。

总结拉美地区和东南亚等典型国家的经验可知,导致这些国家陷入中等收入陷阱的原因,主要有以下几个方面:

第一,错失发展模式转换时机。经济发展到了一定阶段后,原有的经济增长模式就不再适应,需要及时转换新的增长模式,然而,很多国家却没有及时转换发展模式。以阿根廷等拉美国家为例,工业化初期实施进口替代战略,不断推进耐用消费品和资本品的进口替代,以至于进口替代战略延续了半个世纪,错失了最佳的发展模式转换时机,经济发展难以为继。

第二,无法实现技术创新。随着一国经济进入中等收入阶段后,其劳动力低成本优势将逐渐丧失,这就要求在自主创新和人力资本方面不断增加投入,克服技术瓶颈,培育新的竞争优势。否则的话,既难以在低端市场与低收入国家竞争,又无法在中高端市场与高收入国家抗衡,国家很快就会由于失去增长动力而陷入经济增长停滞状态。

第三,忽视收入分配公平。收入的公平分配有利于缩小收入差距,减缓社会矛盾和冲突,促进经济可持续发展。然而,一些国家在进入中等收入阶段后,由于对收入分配公平的忽略,导致过大的贫富悬殊,社会严重分化,中、低收入居民消费严重不足,大大降低了消费需求对经济增长的拉动作用。一些国家甚至还因此引发激烈的社会动荡、政权更迭等,对经济发展造成严重负面影响。

第四,错误使用宏观经济政策。宏观经济管理缺乏效率,政策缺乏稳定性,政府债台高筑,通货膨胀和国际收支不平衡等顽疾难以消除,不断引发经济危机,造成经济大幅波动。

第五,消极推进体制变革。财富过度集中,利益集团势力强大,他们反对在社会结构、价值观念和权力分配等领域进行变革,或者把这种变革减少到最低限度。结果使体制变革严重滞后于经济发展,寻租、投机、腐败现象蔓延,市场配置资源的功能受到严重扭曲。

第三节　实现中国最低工资与经济新常态协调发展的机制

总结新兴发达国家经验,要跨越中等收入陷阱,必须打破以廉价劳动力为驱动的低工资、低技术积累和低利润率的经济发展方式。这就要求适时完善中国最低工资制度。而在经济新常态下,实现最低工资与经济新常态的协调发展,不仅能为中国经济的长远发展注入新的活力,而且能提升企业职工收入水平,缩小社会贫富差距,为社会和谐与稳定奠定基础。

一、实现中国最低工资与经济新常态协调发展的总体思路

经济发展新常态下,考虑到中国经济高速增长转为中高速平稳增长,企业利润下降尤其是小微企业经营困难等实际情况,中国在调整最低工资标准时,首先应该把握好最低工资标准总体思路,统筹处理好维护劳动者权益与促进企业发展的关系,做到兜底线、差别化和可持续。

(一) 坚持中国最低工资保底的基本功能

新常态下,中国最低工资标准的发展尤其要结合经济增长水平,既要保障低收入劳动者的权益,又要考虑企业的支付及承受能力。如果过分突出和重视最低工资制度的功能,把最低工资作为缓解收入分配差距扩大的重要工具和抓手,过分关注劳动者权益等单一因素而忽视对最低工资标准相关影响因素的平衡等,都可能引起和增加最低工资标准的负面效应。

为与经济新常态协调发展,中国最低工资标准的发展要适时、适度,量力而行,坚持保底的基本原则。具体来说,中国最低工资的保底包括三个方面的含义:

首先,中国最低工资标准要满足低端劳动者及其赡养人口的基本生活需要,保障最低收入户家庭必需的支出。

其次,中国最低工资标准最少要与物价保持同步增长,确保低端劳动者及其赡养人口的基本生活水平不因物价上涨而下降。换言之,实际最低工资标准的水平不能下降。

最后,当保障劳动者及其家庭成员基本生活与兼顾企业人工成本承受能力出现冲突时,应坚持将前者即保障劳动者及其赡养人口基本生活作为发展最低工资制度的首要目标,这是底线。至于由此给企业效益及就业带来的负面影响,则可以通过税收优惠、财政补贴等其他配套措施来解决。

(二) 坚持最低工资标准的地区差别化模式

由于各地经济发展水平不同,各地劳动者基本生活水平不同,各地劳动密集型企业承受能力不同,各地最低工资标准影响因素存在差异,为此,中国最低工资仍宜坚持当前的地区模式,即不采取一刀切的方式调整最低工资标准,而是让各省根据自己的发展思路采取更为自主、更为灵活的决定各自的最低工资标准,中央政府的工作重心是对最低工资标准过高或过低的地方,进行窗口指导,引导各地最低工资标准与新常态下的当地相关经济社会发展指标协调发展。

(三) 坚持最低工资标准未来可持续性发展

为了实现新常态下最低工资的可持续性发展,最低工资标准的增长要按照短期利益与长期利益相结合的原则,引导各地在调整最低工资标准时,与人均GDP增长相协调,与企业劳动生产率相协调,与城镇居民消费价格变动情况相协调,保证最低工资标准调整在新常态下实现长期且可持续的增长。

二、实现中国最低工资与经济新常态协调发展的具体措施

(一) 规范中国最低工资标准的调整

首先,规范中国最低工资标准的调整时间。针对当前各地政府调整最低工资标准时间都不规律,为了形成企业和居民的预期,建议将最低工资标准的调整时间统一设定为当年某一具体日期,如 1 月 1 日或 7 月 1 日,同时,最低工资标

准的发布时间与实施时间至少应间隔 3 个月以上,使企业、劳动者能够有充足的调整时间。

其次,设置中国最低工资标准的最低调整幅度。为保障实际最低工资标准水平不降低,中央政府要加强对各地最低工资标准调整幅度的指导,并设定最低工资标准调整的下限,即至少将 CPI 增幅作为中国最低工资标准最低增幅。

(二) 健全中国最低工资民主协商程序

经济新常态下,尤其要充分发挥中国最低工资调整过程中的民主决策。建议由政府、企业、劳动者分别选取专家代表组成国家、地区层面最低工资委员会,增强相关各方的代表性。进一步明确最低工资标准调整的决策程序,使最低工资标准调整过程逐步转为相关各方协商沟通的过程,兼顾好各方权益,最大程度发挥最低工资制度正面效应。

(三) 建立中国最低工资评估机制

为了避免中国最低工资对经济产生大的负面影响,经济新常态下,特别要密切关注最低工资制度的实施对就业、收入、经济增长等各方面的影响,为此,要建立事后、事前最低工资评估机制。

其中,事后评估包括每年定期对各地最低工资标准调整的适时性、适度性和规范性进行评估。其中,适时性评估是指主要评估最低工资标准是否按照规定时间及时进行调整等;适度性评估是指主要评估最低工资标准调整对劳动者基本生活保障程度、企业人工成本承受能力影响程度、宏观收入分配影响、社会就业影响程度以及与经济社会发展相关指标的匹配程度等,不断提高最低工资标准调整的规范化、科学化水平;规范性评估建议主要对最低工资标准调整的制定决策程序、备案和执行情况等进行评估。

事前评估主要指针对最低工资标准的下次调整可能产生的影响进行事前预评估。具体来说,事前预评估主要对最低工资标准相关经济社会指标发展趋势、调整可行性和调整后影响进行预测等。同时,通过发布各地评估报告,发布年度区域最低工资标准调整系数等量化引导数据,加强对各地调整最低工资标准前的针对性指导。

在加强事后评估和事前指导的基础上,建议取消各地事前向人社部报送方案的程序,改事前报备为事后备案,各地调整方案经省级人民政府批准后一定时间内应向人力资源社会保障部报备。对于逾期未报备的,采取通报等形式督促及时报备,简化行政审批程序,提高最低工资运行效率。

(四) 加强对中国最低工资标准的适度性研究

关于最低工资标准,当前中国许多研究通常都以最低工资标准与平均工资的比值来判断其水平的高低。但要注意的是,胡宗万(2015)指出,单纯以最低工资标准与平均工资比值这一指标来评价也存在偏颇。虽然国际上最低工资占平均工资的比例普遍在 40%~60%,但那多是福利相对丰厚的一些欧洲国家。在市场自由度更大和鼓励竞争的美国，其最低工资占平均工资的比例也为30％左右。胡宗万认为，评价最低工资标准水平是否适度，更好的指标是看最低工资标准的调整是否参考了与低收入群体密切相关的食品价格指数，特别是蔬菜价格指数。进一步说，最低工资标准水平的适度性取决于最低工资标准有没有解决低收入就业者及其家庭的基本生活需要。①

---

①　胡宗万：《新常态下完善最低工资标准调整机制的思考》，《中国劳动》2015年第23期。

附　录

① 中华人民共和国劳动合同法①

第一章　总　　则

第一条　为了完善劳动合同制度,明确劳动合同双方当事人的权利和义务,保护劳动者的合法权益,构建和发展和谐稳定的劳动关系,制定本法。

第二条　中华人民共和国境内的企业、个体经济组织、民办非企业单位等组织(以下称用人单位)与劳动者建立劳动关系,订立、履行、变更、解除或者终止劳动合同,适用本法。

国家机关、事业单位、社会团体和与其建立劳动关系的劳动者,订立、履行、变更、解除或者终止劳动合同,依照本法执行。

第三条　订立劳动合同,应当遵循合法、公平、平等自愿、协商一致、诚实信用的原则。

依法订立的劳动合同具有约束力,用人单位与劳动者应当履行劳动合同约定的义务。

第四条　用人单位应当依法建立和完善劳动规章制度,保障劳动者享有劳动权利、履行劳动义务。

用人单位在制定、修改或者决定有关劳动报酬、工作时间、休息休假、劳动安全卫生、保险福利、职工培训、劳动纪律以及劳动定额管理等直接涉及劳动者切身利益的规章制度或者重大事项时,应当经职工代表大会或者全体职工讨论,提出方案和意见,与工会或者职工代表平等协商确定。

在规章制度和重大事项决定实施过程中,工会或者职工认为不适当的,有权向用人单位提出,通过协商予以修改完善。

用人单位应当将直接涉及劳动者切身利益的规章制度和重大事项决定公示,或者告知劳动者。

第五条　县级以上人民政府劳动行政部门会同工会和企业方面代表,建立健全协调劳动关系三方机制,共同研究解决有关劳动关系的重大问题。

第六条　工会应当帮助、指导劳动者与用人单位依法订立和履行劳动合同,并与用人单位建立集体协商机制,维护劳动者的合法权益。

第二章　劳动合同的订立

第七条　用人单位自用工之日起即与劳动者建立劳动关系。用人单位应当建立职工名

---

① 　附录 1—6 均来自中华人民共和国人力资源和社会保障部网站 www. mohrss. gov. cn。

册备查。

第八条　用人单位招用劳动者时,应当如实告知劳动者工作内容、工作条件、工作地点、职业危害、安全生产状况、劳动报酬,以及劳动者要求了解的其他情况;用人单位有权了解劳动者与劳动合同直接相关的基本情况,劳动者应当如实说明。

第九条　用人单位招用劳动者,不得扣押劳动者的居民身份证和其他证件,不得要求劳动者提供担保或者以其他名义向劳动者收取财物。

第十条　建立劳动关系,应当订立书面劳动合同。

已建立劳动关系,未同时订立书面劳动合同的,应当自用工之日起一个月内订立书面劳动合同。

用人单位与劳动者在用工前订立劳动合同的,劳动关系自用工之日起建立。

第十一条　用人单位未在用工的同时订立书面劳动合同,与劳动者约定的劳动报酬不明确的,新招用的劳动者的劳动报酬按照集体合同规定的标准执行;没有集体合同或者集体合同未规定的,实行同工同酬。

第十二条　劳动合同分为固定期限劳动合同、无固定期限劳动合同和以完成一定工作任务为期限的劳动合同。

第十三条　固定期限劳动合同,是指用人单位与劳动者约定合同终止时间的劳动合同。

用人单位与劳动者协商一致,可以订立固定期限劳动合同。

第十四条　无固定期限劳动合同,是指用人单位与劳动者约定无确定终止时间的劳动合同。

用人单位与劳动者协商一致,可以订立无固定期限劳动合同。有下列情形之一,劳动者提出或者同意续订、订立劳动合同的,除劳动者提出订立固定期限劳动合同外,应当订立无固定期限劳动合同:

(一)劳动者在该用人单位连续工作满十年的;

(二)用人单位初次实行劳动合同制度或者国有企业改制重新订立劳动合同时,劳动者在该用人单位连续工作满十年且距法定退休年龄不足十年的;

(三)连续订立二次固定期限劳动合同,且劳动者没有本法第三十九条和第四十条第一项、第二项规定的情形,续订劳动合同的。

用人单位自用工之日起满一年不与劳动者订立书面劳动合同的,视为用人单位与劳动者已订立无固定期限劳动合同。

第十五条　以完成一定工作任务为期限的劳动合同,是指用人单位与劳动者约定以某项工作的完成为合同期限的劳动合同。

用人单位与劳动者协商一致,可以订立以完成一定工作任务为期限的劳动合同。

第十六条　劳动合同由用人单位与劳动者协商一致,并经用人单位与劳动者在劳动合同文本上签字或者盖章生效。

劳动合同文本由用人单位和劳动者各执一份。

第十七条　劳动合同应当具备以下条款:

(一)用人单位的名称、住所和法定代表人或者主要负责人;

(二)劳动者的姓名、住址和居民身份证或者其他有效身份证件号码;

(三)劳动合同期限;

（四）工作内容和工作地点；

（五）工作时间和休息休假；

（六）劳动报酬；

（七）社会保险；

（八）劳动保护、劳动条件和职业危害防护；

（九）法律、法规规定应当纳入劳动合同的其他事项。

劳动合同除前款规定的必备条款外，用人单位与劳动者可以约定试用期、培训、保守秘密、补充保险和福利待遇等其他事项。

第十八条 劳动合同对劳动报酬和劳动条件等标准约定不明确，引发争议的，用人单位与劳动者可以重新协商；协商不成的，适用集体合同规定；没有集体合同或者集体合同未规定劳动报酬的，实行同工同酬；没有集体合同或者集体合同未规定劳动条件等标准的，适用国家有关规定。

第十九条 劳动合同期限三个月以上不满一年的，试用期不得超过一个月；劳动合同期限一年以上不满三年的，试用期不得超过二个月；三年以上固定期限和无固定期限的劳动合同，试用期不得超过六个月。

同一用人单位与同一劳动者只能约定一次试用期。

以完成一定工作任务为期限的劳动合同或者劳动合同期限不满三个月的，不得约定试用期。

试用期包含在劳动合同期限内。劳动合同仅约定试用期的，试用期不成立，该期限为劳动合同期限。

第二十条 劳动者在试用期的工资不得低于本单位相同岗位最低档工资或者劳动合同约定工资的百分之八十，并不得低于用人单位所在地的最低工资标准。

第二十一条 在试用期中，除劳动者有本法第三十九条和第四十条第一项、第二项规定的情形外，用人单位不得解除劳动合同。用人单位在试用期解除劳动合同的，应当向劳动者说明理由。

第二十二条 用人单位为劳动者提供专项培训费用，对其进行专业技术培训的，可以与该劳动者订立协议，约定服务期。

劳动者违反服务期约定的，应当按照约定向用人单位支付违约金。违约金的数额不得超过用人单位提供的培训费用。用人单位要求劳动者支付的违约金不得超过服务期尚未履行部分所应分摊的培训费用。

用人单位与劳动者约定服务期的，不影响按照正常的工资调整机制提高劳动者在服务期期间的劳动报酬。

第二十三条 用人单位与劳动者可以在劳动合同中约定保守用人单位的商业秘密和与知识产权相关的保密事项。

对负有保密义务的劳动者，用人单位可以在劳动合同或者保密协议中与劳动者约定竞业限制条款，并约定在解除或者终止劳动合同后，在竞业限制期限内按月给予劳动者经济补偿。劳动者违反竞业限制约定的，应当按照约定向用人单位支付违约金。

第二十四条 竞业限制的人员限于用人单位的高级管理人员、高级技术人员和其他负有保密义务的人员。竞业限制的范围、地域、期限由用人单位与劳动者约定，竞业限制的约定不得违反法律、法规的规定。

在解除或者终止劳动合同后,前款规定的人员到与本单位生产或者经营同类产品、从事同类业务的有竞争关系的其他用人单位,或者自己开业生产或者经营同类产品、从事同类业务的竞业限制期限,不得超过二年。

第二十五条　除本法第二十二条和第二十三条规定的情形外,用人单位不得与劳动者约定由劳动者承担违约金。

第二十六条　下列劳动合同无效或者部分无效:

(一)以欺诈、胁迫的手段或者乘人之危,使对方在违背真实意思的情况下订立或者变更劳动合同的;

(二)用人单位免除自己的法定责任、排除劳动者权利的;

(三)违反法律、行政法规强制性规定的。

对劳动合同的无效或者部分无效有争议的,由劳动争议仲裁机构或者人民法院确认。

第二十七条　劳动合同部分无效,不影响其他部分效力的,其他部分仍然有效。

第二十八条　劳动合同被确认无效,劳动者已付出劳动的,用人单位应当向劳动者支付劳动报酬。劳动报酬的数额,参照本单位相同或者相近岗位劳动者的劳动报酬确定。

第三章　劳动合同的履行和变更

第二十九条　用人单位与劳动者应当按照劳动合同的约定,全面履行各自的义务。

第三十条　用人单位应当按照劳动合同约定和国家规定,向劳动者及时足额支付劳动报酬。

用人单位拖欠或者未足额支付劳动报酬的,劳动者可以依法向当地人民法院申请支付令,人民法院应当依法发出支付令。

第三十一条　用人单位应当严格执行劳动定额标准,不得强迫或者变相强迫劳动者加班。用人单位安排加班的,应当按照国家有关规定向劳动者支付加班费。

第三十二条　劳动者拒绝用人单位管理人员违章指挥、强令冒险作业的,不视为违反劳动合同。

劳动者对危害生命安全和身体健康的劳动条件,有权对用人单位提出批评、检举和控告。

第三十三条　用人单位变更名称、法定代表人、主要负责人或者投资人等事项,不影响劳动合同的履行。

第三十四条　用人单位发生合并或者分立等情况,原劳动合同继续有效,劳动合同由承继其权利和义务的用人单位继续履行。

第三十五条　用人单位与劳动者协商一致,可以变更劳动合同约定的内容。变更劳动合同,应当采用书面形式。

变更后的劳动合同文本由用人单位和劳动者各执一份。

第四章　劳动合同的解除和终止

第三十六条　用人单位与劳动者协商一致,可以解除劳动合同。

第三十七条　劳动者提前三十日以书面形式通知用人单位,可以解除劳动合同。劳动者在试用期内提前三日通知用人单位,可以解除劳动合同。

第三十八条 用人单位有下列情形之一的,劳动者可以解除劳动合同:

(一)未按照劳动合同约定提供劳动保护或者劳动条件的;

(二)未及时足额支付劳动报酬的;

(三)未依法为劳动者缴纳社会保险费的;

(四)用人单位的规章制度违反法律、法规的规定,损害劳动者权益的;

(五)因本法第二十六条第一款规定的情形致使劳动合同无效的;

(六)法律、行政法规规定劳动者可以解除劳动合同的其他情形。

用人单位以暴力、威胁或者非法限制人身自由的手段强迫劳动者劳动的,或者用人单位违章指挥、强令冒险作业危及劳动者人身安全的,劳动者可以立即解除劳动合同,不需事先告知用人单位。

第三十九条 劳动者有下列情形之一的,用人单位可以解除劳动合同:

(一)在试用期间被证明不符合录用条件的;

(二)严重违反用人单位的规章制度的;

(三)严重失职,营私舞弊,给用人单位造成重大损害的;

(四)劳动者同时与其他用人单位建立劳动关系,对完成本单位的工作任务造成严重影响,或者经用人单位提出,拒不改正的;

(五)因本法第二十六条第一款第一项规定的情形致使劳动合同无效的;

(六)被依法追究刑事责任的。

第四十条 有下列情形之一的,用人单位提前三十日以书面形式通知劳动者本人或者额外支付劳动者一个月工资后,可以解除劳动合同:

(一)劳动者患病或者非因工负伤,在规定的医疗期满后不能从事原工作,也不能从事由用人单位另行安排的工作的;

(二)劳动者不能胜任工作,经过培训或者调整工作岗位,仍不能胜任工作的;

(三)劳动合同订立时所依据的客观情况发生重大变化,致使劳动合同无法履行,经用人单位与劳动者协商,未能就变更劳动合同内容达成协议的。

第四十一条 有下列情形之一,需要裁减人员二十人以上或者裁减不足二十人但占企业职工总数百分之十以上的,用人单位提前三十日向工会或者全体职工说明情况,听取工会或者职工的意见后,裁减人员方案经向劳动行政部门报告,可以裁减人员:

(一)依照企业破产法规定进行重整的;

(二)生产经营发生严重困难的;

(三)企业转产、重大技术革新或者经营方式调整,经变更劳动合同后,仍需裁减人员的;

(四)其他因劳动合同订立时所依据的客观经济情况发生重大变化,致使劳动合同无法履行的。

裁减人员时,应当优先留用下列人员:

(一)与本单位订立较长期限的固定期限劳动合同的;

(二)与本单位订立无固定期限劳动合同的;

(三)家庭无其他就业人员,有需要扶养的老人或者未成年人的。

用人单位依照本条第一款规定裁减人员,在六个月内重新招用人员的,应当通知被裁减的人员,并在同等条件下优先招用被裁减的人员。

第四十二条　劳动者有下列情形之一的,用人单位不得依照本法第四十条、第四十一条的规定解除劳动合同:

(一)从事接触职业病危害作业的劳动者未进行离岗前职业健康检查,或者疑似职业病病人在诊断或者医学观察期间的;

(二)在本单位患职业病或者因工负伤并被确认丧失或者部分丧失劳动能力的;

(三)患病或者非因工负伤,在规定的医疗期内的;

(四)女职工在孕期、产期、哺乳期的;

(五)在本单位连续工作满十五年,且距法定退休年龄不足五年的;

(六)法律、行政法规规定的其他情形。

第四十三条　用人单位单方解除劳动合同,应当事先将理由通知工会。用人单位违反法律、行政法规规定或者劳动合同约定的,工会有权要求用人单位纠正。用人单位应当研究工会的意见,并将处理结果书面通知工会。

第四十四条　有下列情形之一的,劳动合同终止:

(一)劳动合同期满的;

(二)劳动者开始依法享受基本养老保险待遇的;

(三)劳动者死亡,或者被人民法院宣告死亡或者宣告失踪的;

(四)用人单位被依法宣告破产的;

(五)用人单位被吊销营业执照、责令关闭、撤销或者用人单位决定提前解散的;

(六)法律、行政法规规定的其他情形。

第四十五条　劳动合同期满,有本法第四十二条规定情形之一的,劳动合同应当续延至相应的情形消失时终止。但是,本法第四十二条第二项规定丧失或者部分丧失劳动能力劳动者的劳动合同的终止,按照国家有关工伤保险的规定执行。

第四十六条　有下列情形之一的,用人单位应当向劳动者支付经济补偿:

(一)劳动者依照本法第三十八条规定解除劳动合同的;

(二)用人单位依照本法第三十六条规定向劳动者提出解除劳动合同并与劳动者协商一致解除劳动合同的;

(三)用人单位依照本法第四十条规定解除劳动合同的;

(四)用人单位依照本法第四十一条第一款规定解除劳动合同的;

(五)除用人单位维持或者提高劳动合同约定条件续订劳动合同,劳动者不同意续订的情形外,依照本法第四十四条第一项规定终止固定期限劳动合同的;

(六)依照本法第四十四条第四项、第五项规定终止劳动合同的;

(七)法律、行政法规规定的其他情形。

第四十七条　经济补偿按劳动者在本单位工作的年限,每满一年支付一个月工资的标准向劳动者支付。六个月以上不满一年的,按一年计算;不满六个月的,向劳动者支付半个月工资的经济补偿。

劳动者月工资高于用人单位所在直辖市、设区的市级人民政府公布的本地区上年度职工月平均工资三倍的,向其支付经济补偿的标准按职工月平均工资三倍的数额支付,向其支付经济补偿的年限最高不超过十二年。

本条所称月工资是指劳动者在劳动合同解除或者终止前十二个月的平均工资。

第四十八条 用人单位违反本法规定解除或者终止劳动合同，劳动者要求继续履行劳动合同的，用人单位应当继续履行；劳动者不要求继续履行劳动合同或者劳动合同已经不能继续履行的，用人单位应当依照本法第八十七条规定支付赔偿金。

第四十九条 国家采取措施，建立健全劳动者社会保险关系跨地区转移接续制度。

第五十条 用人单位应当在解除或者终止劳动合同时出具解除或者终止劳动合同的证明，并在十五日内为劳动者办理档案和社会保险关系转移手续。

劳动者应当按照双方约定，办理工作交接。用人单位依照本法有关规定应当向劳动者支付经济补偿的，在办结工作交接时支付。

用人单位对已经解除或者终止的劳动合同的文本，至少保存二年备查。

第五章 特别规定

第一节 集体合同

第五十一条 企业职工一方与用人单位通过平等协商，可以就劳动报酬、工作时间、休息休假、劳动安全卫生、保险福利等事项订立集体合同。集体合同草案应当提交职工代表大会或者全体职工讨论通过。

集体合同由工会代表企业职工一方与用人单位订立；尚未建立工会的用人单位，由上级工会指导劳动者推举的代表与用人单位订立。

第五十二条 企业职工一方与用人单位可以订立劳动安全卫生、女职工权益保护、工资调整机制等专项集体合同。

第五十三条 在县级以下区域内，建筑业、采矿业、餐饮服务业等行业可以由工会与企业方面代表订立行业性集体合同，或者订立区域性集体合同。

第五十四条 集体合同订立后，应当报送劳动行政部门；劳动行政部门自收到集体合同文本之日起十五日内未提出异议的，集体合同即行生效。

依法订立的集体合同对用人单位和劳动者具有约束力。行业性、区域性集体合同对当地本行业、本区域的用人单位和劳动者具有约束力。

第五十五条 集体合同中劳动报酬和劳动条件等标准不得低于当地人民政府规定的最低标准；用人单位与劳动者订立的劳动合同中劳动报酬和劳动条件等标准不得低于集体合同规定的标准。

第五十六条 用人单位违反集体合同，侵犯职工劳动权益的，工会可以依法要求用人单位承担责任；因履行集体合同发生争议，经协商解决不成的，工会可以依法申请仲裁、提起诉讼。

第二节 劳务派遣

第五十七条 经营劳务派遣业务应当具备下列条件：

（一）注册资本不得少于人民币二百万元；

（二）有与开展业务相适应的固定的经营场所和设施；

（三）有符合法律、行政法规规定的劳务派遣管理制度；

（四）法律、行政法规规定的其他条件。

经营劳务派遣业务，应当向劳动行政部门依法申请行政许可；经许可的，依法办理相应的公司登记。未经许可，任何单位和个人不得经营劳务派遣业务。

第五十八条　劳务派遣单位是本法所称用人单位,应当履行用人单位对劳动者的义务。劳务派遣单位与被派遣劳动者订立的劳动合同,除应当载明本法第十七条规定的事项外,还应当载明被派遣劳动者的用工单位以及派遣期限、工作岗位等情况。

劳务派遣单位应当与被派遣劳动者订立二年以上的固定期限劳动合同,按月支付劳动报酬;被派遣劳动者在无工作期间,劳务派遣单位应当按照所在地人民政府规定的最低工资标准,向其按月支付报酬。

第五十九条　劳务派遣单位派遣劳动者应当与接受以劳务派遣形式用工的单位(以下称用工单位)订立劳务派遣协议。劳务派遣协议应当约定派遣岗位和人员数量、派遣期限、劳动报酬和社会保险费的数额与支付方式以及违反协议的责任。

用工单位应当根据工作岗位的实际需要与劳务派遣单位确定派遣期限,不得将连续用工期限分割订立数个短期劳务派遣协议。

第六十条　劳务派遣单位应当将劳务派遣协议的内容告知被派遣劳动者。

劳务派遣单位不得克扣用工单位按照劳务派遣协议支付给被派遣劳动者的劳动报酬。

劳务派遣单位和用工单位不得向被派遣劳动者收取费用。

第六十一条　劳务派遣单位跨地区派遣劳动者的,被派遣劳动者享有的劳动报酬和劳动条件,按照用工单位所在地的标准执行。

第六十二条　用工单位应当履行下列义务:

(一)执行国家劳动标准,提供相应的劳动条件和劳动保护;

(二)告知被派遣劳动者的工作要求和劳动报酬;

(三)支付加班费、绩效奖金,提供与工作岗位相关的福利待遇;

(四)对在岗被派遣劳动者进行工作岗位所必需的培训;

(五)连续用工的,实行正常的工资调整机制。

用工单位不得将被派遣劳动者再派遣到其他用人单位。

第六十三条　被派遣劳动者享有与用工单位的劳动者同工同酬的权利。用工单位应当按照同工同酬原则,对被派遣劳动者与本单位同类岗位的劳动者实行相同的劳动报酬分配办法。用工单位无同类岗位劳动者的,参照用工单位所在地相同或者相近岗位劳动者的劳动报酬确定。

劳务派遣单位与被派遣劳动者订立的劳动合同和与用工单位订立的劳务派遣协议,载明或者约定的向被派遣劳动者支付的劳动报酬应当符合前款规定。

第六十四条　被派遣劳动者有权在劳务派遣单位或者用工单位依法参加或者组织工会,维护自身的合法权益。

第六十五条　被派遣劳动者可以依照本法第三十六条、第三十八条的规定与劳务派遣单位解除劳动合同。

被派遣劳动者有本法第三十九条和第四十条第一项、第二项规定情形的,用工单位可以将劳动者退回劳务派遣单位,劳务派遣单位依照本法有关规定,可以与劳动者解除劳动合同。

第六十六条　劳动合同用工是我国的企业基本用工形式。劳务派遣用工是补充形式,只能在临时性、辅助性或者替代性的工作岗位上实施。

前款规定的临时性工作岗位是指存续时间不超过六个月的岗位;辅助性工作岗位是指为主营业务岗位提供服务的非主营业务岗位;替代性工作岗位是指用工单位的劳动者因脱产学

习、休假等原因无法工作的一定期间内,可以由其他劳动者替代工作的岗位。

用工单位应当严格控制劳务派遣用工数量,不得超过其用工总量的一定比例,具体比例由国务院劳动行政部门规定。

第六十七条 用人单位不得设立劳务派遣单位向本单位或者所属单位派遣劳动者。

第三节　非全日制用工

第六十八条 非全日制用工,是指以小时计酬为主,劳动者在同一用人单位一般平均每日工作时间不超过四小时,每周工作时间累计不超过二十四小时的用工形式。

第六十九条 非全日制用工双方当事人可以订立口头协议。

从事非全日制用工的劳动者可以与一个或者一个以上用人单位订立劳动合同;但是,后订立的劳动合同不得影响先订立的劳动合同的履行。

第七十条 非全日制用工双方当事人不得约定试用期。

第七十一条 非全日制用工双方当事人任何一方都可以随时通知对方终止用工。终止用工,用人单位不向劳动者支付经济补偿。

第七十二条 非全日制用工小时计酬标准不得低于用人单位所在地人民政府规定的最低小时工资标准。

非全日制用工劳动报酬结算支付周期最长不得超过十五日。

第六章　监　督　检　查

第七十三条 国务院劳动行政部门负责全国劳动合同制度实施的监督管理。

县级以上地方人民政府劳动行政部门负责本行政区域内劳动合同制度实施的监督管理。

县级以上各级人民政府劳动行政部门在劳动合同制度实施的监督管理工作中,应当听取工会、企业方面代表以及有关行业主管部门的意见。

第七十四条 县级以上地方人民政府劳动行政部门依法对下列实施劳动合同制度的情况进行监督检查:

(一)用人单位制定直接涉及劳动者切身利益的规章制度及其执行的情况;

(二)用人单位与劳动者订立和解除劳动合同的情况;

(三)劳务派遣单位和用工单位遵守劳务派遣有关规定的情况;

(四)用人单位遵守国家关于劳动者工作时间和休息休假规定的情况;

(五)用人单位支付劳动合同约定的劳动报酬和执行最低工资标准的情况;

(六)用人单位参加各项社会保险和缴纳社会保险费的情况;

(七)法律、法规规定的其他劳动监察事项。

第七十五条 县级以上地方人民政府劳动行政部门实施监督检查时,有权查阅与劳动合同、集体合同有关的材料,有权对劳动场所进行实地检查,用人单位和劳动者都应当如实提供有关情况和材料。

劳动行政部门的工作人员进行监督检查,应当出示证件,依法行使职权,文明执法。

第七十六条 县级以上人民政府建设、卫生、安全生产监督管理等有关主管部门在各自职责范围内,对用人单位执行劳动合同制度的情况进行监督管理。

第七十七条 劳动者合法权益受到侵害的,有权要求有关部门依法处理,或者依法申请仲裁、提起诉讼。

第七十八条　工会依法维护劳动者的合法权益,对用人单位履行劳动合同、集体合同的情况进行监督。用人单位违反劳动法律、法规和劳动合同、集体合同的,工会有权提出意见或者要求纠正;劳动者申请仲裁、提起诉讼的,工会依法给予支持和帮助。

第七十九条　任何组织或者个人对违反本法的行为都有权举报,县级以上人民政府劳动行政部门应当及时核实、处理,并对举报有功人员给予奖励。

第七章　法　律　责　任

第八十条　用人单位直接涉及劳动者切身利益的规章制度违反法律、法规规定的,由劳动行政部门责令改正,给予警告;给劳动者造成损害的,应当承担赔偿责任。

第八十一条　用人单位提供的劳动合同文本未载明本法规定的劳动合同必备条款或者用人单位未将劳动合同文本交付劳动者的,由劳动行政部门责令改正;给劳动者造成损害的,应当承担赔偿责任。

第八十二条　用人单位自用工之日起超过一个月不满一年未与劳动者订立书面劳动合同的,应当向劳动者每月支付二倍的工资。

用人单位违反本法规定不与劳动者订立无固定期限劳动合同的,自应当订立无固定期限劳动合同之日起向劳动者每月支付二倍的工资。

第八十三条　用人单位违反本法规定与劳动者约定试用期的,由劳动行政部门责令改正;违法约定的试用期已经履行的,由用人单位以劳动者试用期满月工资为标准,按已经履行的超过法定试用期的期间向劳动者支付赔偿金。

第八十四条　用人单位违反本法规定,扣押劳动者居民身份证等证件的,由劳动行政部门责令限期退还劳动者本人,并依照有关法律规定给予处罚。

用人单位违反本法规定,以担保或者其他名义向劳动者收取财物的,由劳动行政部门责令限期退还劳动者本人,并以每人五百元以上二千元以下的标准处以罚款;给劳动者造成损害的,应当承担赔偿责任。

劳动者依法解除或者终止劳动合同,用人单位扣押劳动者档案或者其他物品的,依照前款规定处罚。

第八十五条　用人单位有下列情形之一的,由劳动行政部门责令限期支付劳动报酬、加班费或者经济补偿;劳动报酬低于当地最低工资标准的,应当支付其差额部分;逾期不支付的,责令用人单位按应付金额百分之五十以上百分之一百以下的标准向劳动者加付赔偿金:

(一)未按照劳动合同的约定或者国家规定及时足额支付劳动者劳动报酬的;

(二)低于当地最低工资标准支付劳动者工资的;

(三)安排加班不支付加班费的;

(四)解除或者终止劳动合同,未依照本法规定向劳动者支付经济补偿的。

第八十六条　劳动合同依照本法第二十六条规定被确认无效,给对方造成损害的,有过错的一方应当承担赔偿责任。

第八十七条　用人单位违反本法规定解除或者终止劳动合同的,应当依照本法第四十七条规定的经济补偿标准的二倍向劳动者支付赔偿金。

第八十八条　用人单位有下列情形之一的,依法给予行政处罚;构成犯罪的,依法追究刑事责任;给劳动者造成损害的,应当承担赔偿责任:

（一）以暴力、威胁或者非法限制人身自由的手段强迫劳动的；

（二）违章指挥或者强令冒险作业危及劳动者人身安全的；

（三）侮辱、体罚、殴打、非法搜查或者拘禁劳动者的；

（四）劳动条件恶劣、环境污染严重，给劳动者身心健康造成严重损害的。

第八十九条 用人单位违反本法规定未向劳动者出具解除或者终止劳动合同的书面证明，由劳动行政部门责令改正；给劳动者造成损害的，应当承担赔偿责任。

第九十条 劳动者违反本法规定解除劳动合同，或者违反劳动合同中约定的保密义务或者竞业限制，给用人单位造成损失的，应当承担赔偿责任。

第九十一条 用人单位招用与其他用人单位尚未解除或者终止劳动合同的劳动者，给其他用人单位造成损失的，应当承担连带赔偿责任。

第九十二条 违反本法规定，未经许可，擅自经营劳务派遣业务的，由劳动行政部门责令停止违法行为，没收违法所得，并处违法所得一倍以上五倍以下的罚款；没有违法所得的，可以处五万元以下的罚款。

劳务派遣单位、用工单位违反本法有关劳务派遣规定的，由劳动行政部门责令限期改正；逾期不改正的，以每人五千元以上一万元以下的标准处以罚款，对劳务派遣单位，吊销其劳务派遣业务经营许可证。用工单位给被派遣劳动者造成损害的，劳务派遣单位与用工单位承担连带赔偿责任。

第九十三条 对不具备合法经营资格的用人单位的违法犯罪行为，依法追究法律责任；劳动者已经付出劳动的，该单位或者其出资人应当依照本法有关规定向劳动者支付劳动报酬、经济补偿、赔偿金；给劳动者造成损害的，应当承担赔偿责任。

第九十四条 个人承包经营违反本法规定招用劳动者，给劳动者造成损害的，发包的组织与个人承包经营者承担连带赔偿责任。

第九十五条 劳动行政部门和其他有关主管部门及其工作人员玩忽职守、不履行法定职责，或者违法行使职权，给劳动者或者用人单位造成损害的，应当承担赔偿责任；对直接负责的主管人员和其他直接责任人员，依法给予行政处分；构成犯罪的，依法追究刑事责任。

第八章 附 则

第九十六条 事业单位与实行聘用制的工作人员订立、履行、变更、解除或者终止劳动合同，法律、行政法规或者国务院另有规定的，依照其规定；未作规定的，依照本法有关规定执行。

第九十七条 本法施行前已依法订立且在本法施行之日存续的劳动合同，继续履行；本法第十四条第二款第三项规定连续订立固定期限劳动合同的次数，自本法施行后续订固定期限劳动合同时开始计算。

本法施行前已建立劳动关系，尚未订立书面劳动合同的，应当自本法施行之日起一个月内订立。

本法施行之日存续的劳动合同在本法施行后解除或者终止，依照本法第四十六条规定应当支付经济补偿的，经济补偿年限自本法施行之日起计算；本法施行前按照当时有关规定，用人单位应当向劳动者支付经济补偿的，按照当时有关规定执行。

第九十八条 本法自 2013 年 7 月 1 日起施行。

② 中华人民共和国劳动合同法实施条例

第一章 总 则

第一条 为了贯彻实施《中华人民共和国劳动合同法》(以下简称劳动合同法),制定本条例。

第二条 各级人民政府和县级以上人民政府劳动行政等有关部门以及工会等组织,应当采取措施,推动劳动合同法的贯彻实施,促进劳动关系的和谐。

第三条 依法成立的会计师事务所、律师事务所等合伙组织和基金会,属于劳动合同法规定的用人单位。

第二章 劳动合同的订立

第四条 劳动合同法规定的用人单位设立的分支机构,依法取得营业执照或者登记证书的,可以作为用人单位与劳动者订立劳动合同;未依法取得营业执照或者登记证书的,受用人单位委托可以与劳动者订立劳动合同。

第五条 自用工之日起一个月内,经用人单位书面通知后,劳动者不与用人单位订立书面劳动合同的,用人单位应当书面通知劳动者终止劳动关系,无需向劳动者支付经济补偿,但是应当依法向劳动者支付其实际工作时间的劳动报酬。

第六条 用人单位自用工之日起超过一个月不满一年未与劳动者订立书面劳动合同的,应当依照劳动合同法第八十二条的规定向劳动者每月支付两倍的工资,并与劳动者补订书面劳动合同;劳动者不与用人单位订立书面劳动合同的,用人单位应当书面通知劳动者终止劳动关系,并依照劳动合同法第四十七条的规定支付经济补偿。

前款规定的用人单位向劳动者每月支付两倍工资的起算时间为用工之日起满一个月的次日,截止时间为补订书面劳动合同的前一日。

第七条 用人单位自用工之日起满一年未与劳动者订立书面劳动合同的,自用工之日起满一个月的次日至满一年的前一日应当依照劳动合同法第八十二条的规定向劳动者每月支付两倍的工资,并视为自用工之日起满一年的当日已经与劳动者订立无固定期限劳动合同,应当立即与劳动者补订书面劳动合同。

第八条 劳动合同法第七条规定的职工名册,应当包括劳动者姓名、性别、公民身份号码、户籍地址及现住址、联系方式、用工形式、用工起始时间、劳动合同期限等内容。

第九条 劳动合同法第十四条第二款规定的连续工作满 10 年的起始时间,应当自用人单位用工之日起计算,包括劳动合同法施行前的工作年限。

第十条 劳动者非因本人原因从原用人单位被安排到新用人单位工作的,劳动者在原用人单位的工作年限合并计算为新用人单位的工作年限。原用人单位已经向劳动者支付经济补偿的,新用人单位在依法解除、终止劳动合同计算支付经济补偿的工作年限时,不再计算劳动者在原用人单位的工作年限。

第十一条 除劳动者与用人单位协商一致的情形外,劳动者依照劳动合同法第十四条第二款的规定,提出订立无固定期限劳动合同的,用人单位应当与其订立无固定期限劳动合同。

对劳动合同的内容,双方应当按照合法、公平、平等自愿、协商一致、诚实信用的原则协商确定;对协商不一致的内容,依照劳动合同法第十八条的规定执行。

第十二条　地方各级人民政府及县级以上地方人民政府有关部门为安置就业困难人员提供的给予岗位补贴和社会保险补贴的公益性岗位,其劳动合同不适用劳动合同法有关无固定期限劳动合同的规定以及支付经济补偿的规定。

第十三条　用人单位与劳动者不得在劳动合同法第四十四条规定的劳动合同终止情形之外约定其他的劳动合同终止条件。

第十四条　劳动合同履行地与用人单位注册地不一致的,有关劳动者的最低工资标准、劳动保护、劳动条件、职业危害防护和本地区上年度职工月平均工资标准等事项,按照劳动合同履行地的有关规定执行;用人单位注册地的有关标准高于劳动合同履行地的有关标准,且用人单位与劳动者约定按照用人单位注册地的有关规定执行的,从其约定。

第十五条　劳动者在试用期的工资不得低于本单位相同岗位最低档工资的80%或者不得低于劳动合同约定工资的80%,并不得低于用人单位所在地的最低工资标准。

第十六条　劳动合同法第二十二条第二款规定的培训费用,包括用人单位为了对劳动者进行专业技术培训而支付的有凭证的培训费用、培训期间的差旅费用以及因培训产生的用于该劳动者的其他直接费用。

第十七条　劳动合同期满,但是用人单位与劳动者依照劳动合同法第二十二条的规定约定的服务期尚未到期的,劳动合同应当续延至服务期满;双方另有约定的,从其约定。

第三章　劳动合同的解除和终止

第十八条　有下列情形之一的,依照劳动合同法规定的条件、程序,劳动者可以与用人单位解除固定期限劳动合同、无固定期限劳动合同或者以完成一定工作任务为期限的劳动合同:

（一）劳动者与用人单位协商一致的;

（二）劳动者提前30日以书面形式通知用人单位的;

（三）劳动者在试用期内提前3日通知用人单位的;

（四）用人单位未按照劳动合同约定提供劳动保护或者劳动条件的;

（五）用人单位未及时足额支付劳动报酬的;

（六）用人单位未依法为劳动者缴纳社会保险费的;

（七）用人单位的规章制度违反法律、法规的规定,损害劳动者权益的;

（八）用人单位以欺诈、胁迫的手段或者乘人之危,使劳动者在违背真实意思的情况下订立或者变更劳动合同的;

（九）用人单位在劳动合同中免除自己的法定责任、排除劳动者权利的;

（十）用人单位违反法律、行政法规强制性规定的;

（十一）用人单位以暴力、威胁或者非法限制人身自由的手段强迫劳动者劳动的;

（十二）用人单位违章指挥、强令冒险作业危及劳动者人身安全的;

（十三）法律、行政法规规定劳动者可以解除劳动合同的其他情形。

第十九条　有下列情形之一的,依照劳动合同法规定的条件、程序,用人单位可以与劳动者解除固定期限劳动合同、无固定期限劳动合同或者以完成一定工作任务为期限的劳动合同：

  （一）用人单位与劳动者协商一致的；

  （二）劳动者在试用期间被证明不符合录用条件的；

  （三）劳动者严重违反用人单位的规章制度的；

  （四）劳动者严重失职，营私舞弊，给用人单位造成重大损害的；

  （五）劳动者同时与其他用人单位建立劳动关系，对完成本单位的工作任务造成严重影响，或者经用人单位提出，拒不改正的；

  （六）劳动者以欺诈、胁迫的手段或者乘人之危，使用人单位在违背真实意思的情况下订立或者变更劳动合同的；

  （七）劳动者被依法追究刑事责任的；

  （八）劳动者患病或者非因工负伤，在规定的医疗期满后不能从事原工作，也不能从事由用人单位另行安排的工作的；

  （九）劳动者不能胜任工作，经过培训或者调整工作岗位，仍不能胜任工作的；

  （十）劳动合同订立时所依据的客观情况发生重大变化，致使劳动合同无法履行，经用人单位与劳动者协商，未能就变更劳动合同内容达成协议的；

  （十一）用人单位依照企业破产法规定进行重整的；

  （十二）用人单位生产经营发生严重困难的；

  （十三）企业转产、重大技术革新或者经营方式调整，经变更劳动合同后，仍需裁减人员的；

  （十四）其他因劳动合同订立时所依据的客观经济情况发生重大变化，致使劳动合同无法履行的。

  第二十条 用人单位依照劳动合同法第四十条的规定，选择额外支付劳动者一个月工资解除劳动合同的，其额外支付的工资应当按照该劳动者上一个月的工资标准确定。

  第二十一条 劳动者达到法定退休年龄的，劳动合同终止。

  第二十二条 以完成一定工作任务为期限的劳动合同因任务完成而终止的，用人单位应当依照劳动合同法第四十七条的规定向劳动者支付经济补偿。

  第二十三条 用人单位依法终止工伤职工的劳动合同的，除依照劳动合同法第四十七条的规定支付经济补偿外，还应当依照国家有关工伤保险的规定支付一次性工伤医疗补助金和伤残就业补助金。

  第二十四条 用人单位出具的解除、终止劳动合同的证明，应当写明劳动合同期限、解除或者终止劳动合同的日期、工作岗位、在本单位的工作年限。

  第二十五条 用人单位违反劳动合同法的规定解除或者终止劳动合同，依照劳动合同法第八十七条的规定支付了赔偿金的，不再支付经济补偿。赔偿金的计算年限自用工之日起计算。

  第二十六条 用人单位与劳动者约定了服务期，劳动者依照劳动合同法第三十八条的规定解除劳动合同的，不属于违反服务期的约定，用人单位不得要求劳动者支付违约金。

  有下列情形之一，用人单位与劳动者解除约定服务期的劳动合同的，劳动者应当按照劳动合同的约定向用人单位支付违约金：

  （一）劳动者严重违反用人单位的规章制度的；

177

（二）劳动者严重失职，营私舞弊，给用人单位造成重大损害的；

（三）劳动者同时与其他用人单位建立劳动关系，对完成本单位的工作任务造成严重影响，或者经用人单位提出，拒不改正的；

（四）劳动者以欺诈、胁迫的手段或者乘人之危，使用人单位在违背真实意思的情况下订立或者变更劳动合同的；

（五）劳动者被依法追究刑事责任的。

第二十七条　劳动合同法第四十七条规定的经济补偿的月工资按照劳动者应得工资计算，包括计时工资或者计件工资以及奖金、津贴和补贴等货币性收入。劳动者在劳动合同解除或者终止前12个月的平均工资低于当地最低工资标准的，按照当地最低工资标准计算。劳动者工作不满12个月的，按照实际工作的月数计算平均工资。

第四章　劳务派遣特别规定

第二十八条　用人单位或者其所属单位出资或者合伙设立的劳务派遣单位，向本单位或者所属单位派遣劳动者的，属于劳动合同法第六十七条规定的不得设立的劳务派遣单位。

第二十九条　用工单位应当履行劳动合同法第六十二条规定的义务，维护被派遣劳动者的合法权益。

第三十条　劳务派遣单位不得以非全日制用工形式招用被派遣劳动者。

第三十一条　劳务派遣单位或者被派遣劳动者依法解除、终止劳动合同的经济补偿，依照劳动合同法第四十六条、第四十七条的规定执行。

第三十二条　劳务派遣单位违法解除或者终止被派遣劳动者的劳动合同的，依照劳动合同法第四十八条的规定执行。

第五章　法　律　责　任

第三十三条　用人单位违反劳动合同法有关建立职工名册规定的，由劳动行政部门责令限期改正；逾期不改正的，由劳动行政部门处2 000元以上2万元以下的罚款。

第三十四条　用人单位依照劳动合同法的规定应当向劳动者每月支付两倍的工资或者应当向劳动者支付赔偿金而未支付的，劳动行政部门应当责令用人单位支付。

第三十五条　用工单位违反劳动合同法和本条例有关劳务派遣规定的，由劳动行政部门和其他有关主管部门责令改正；情节严重的，以每位被派遣劳动者1 000元以上5 000元以下的标准处以罚款；给被派遣劳动者造成损害的，劳务派遣单位和用工单位承担连带赔偿责任。

第六章　附　　　则

第三十六条　对违反劳动合同法和本条例的行为的投诉、举报，县级以上地方人民政府劳动行政部门依照《劳动保障监察条例》的规定处理。

第三十七条　劳动者与用人单位因订立、履行、变更、解除或者终止劳动合同发生争议的，依照《中华人民共和国劳动争议调解仲裁法》的规定处理。

第三十八条　本条例自公布之日起施行。

2008年9月18日

企业最低工资规定(1993年)

第一章 总 则

第一条 为了适应社会主义市场经济发展的需要,保障劳动者个人及其家庭成员的基本生活、促进劳动者素质的提高和企业公平竞争,制定本规定。

第二条 本规定适用于中华人民共和国境内各种经济类型的企业(以下简称企业)以及在其中领取报酬的劳动者(以下简称劳动者)。乡镇企业是否适用本规定由省、自治区、直辖市人民政府决定。

第三条 本规定所称"最低工资"是指劳动者在法定工作时间内提供了正常劳动的前提下,其所在企业应支付的最低劳动报酬。本规定所称最低工资率是指单位劳动时间的最低工资数额。

第四条 最低工资率的确定实行政府、工会、企业三方代表民主协商原则。

第五条 国务院劳动行政主管部门对全国最低工资制度实行统一管理。省、自治区、直辖市人民政府劳动行政主管部门对本行政区域最低工资制度的实施实行统一管理。

第二章 最低工资率的确定和发布

第六条 最低工资率在国务院劳动行政主管部门的指导下,由省、自治区、直辖市人民政府劳动行政主管部门会同同级工会、企业家协会研究确定。

第七条 最低工资率应参考政府统计部门提供的当地就业者及其赡养人口的最低生活费用、职工的平均工资、劳动生产率、城镇就业状况和经济发展水平等因素确定,高于当地的社会救济金和待业保险金标准,低于平均工资。其具体测算方法附后。

第八条 最低工资率一般按月确定,也可按周、日或小时确定。各种单位时间的最低工资率可以互相转换。

第九条 最低工资率应考虑同一地区不同区域和行业的特点,对不同经济发展区域和行业可以确定不同的最低工资率。

第十条 各省、自治区、直辖市劳动行政主管部门会同工会、企业家协会确定最低工资率时,应向当地工商业联合会、财政、民政、统计等部门咨询。

第十一条 省、自治区、直辖市人民政府劳动行政主管部门必须将确定的当地最低工资率及其依据、详细说明和最低工资率的适用范围(包括区域、行业和人员,下同)报国务院劳动行政主管部门备案。

第十二条 国务院劳动行政主管部门在收到省、自治区、直辖市劳动行政主管部门的备案报告后,应召集全国总工会、全国企业家协会共同研究;如其报送的最低工资率及其适用范围不妥的,有权提出变更意见,并在十五天之内以书面形式给予回复。

第十三条 省、自治区、直辖市劳动行政主管部门在二十五天之内未收到国务院劳动行政主管部门提出变更意见的,或接到变更意见对原确定的最低工资率及其适用范围作出修订后,应当将本地区最低工资率及其适用范围报省、自治区、直辖市人民政府批准,并且在批准后七天内发布。

第十四条　省、自治区、直辖市最低工资率及其适用范围应在当地政府公报上和至少一种全地区报纸上发布。

第十五条　最低工资率发布实施后,如本规定第七条所规定的诸项因素发生变化,或本地区职工生活费用价格指数累计变动较大时,应当适时调整,但每年最多调整一次。最低工资率调整的权限、方式、程序、公布办法按照其确定时的规定进行。

第三章　最低工资的给付

第十六条　最低工资应以法定货币按时支付。

第十七条　下列各项不作为最低工资的组成部分:

1. 加班加点工资;

2. 中班、夜班、高温、低温、井下、有毒有害等特殊工作环境、条件下的津贴;

3. 国家法律、法规和政策规定的劳动者保险、福利待遇。

第四章　最低工资的保障与监督

第十八条　企业必须将政府对最低工资的有关规定告知本单位劳动者。

第十九条　企业支付给劳动者的工资不得低于其适用最低工资率。

实行计件工资或提成工资等工资形式的企业,必须进行合理的折算,其相应的折算额不得低于按时、日、周、月确定的相应的最低工资率。

第二十条　劳动者由于本人原因造成在法定工作时间内未提供正常劳动的,不适用于第十九条第一款的规定。

第二十一条　劳动者因探亲、结婚、直系亲属死亡按照规定休假期间,以及依法参加国家和社会活动,视为提供了正常劳动。

第二十二条　各级人民政府的劳动行政主管部门负责对最低工资执行情况进行检查监督。

第二十三条　工会有权对最低工资执行情况进行监督,发现企业支付劳动者工资低于有关最低工资率的,有权要求有关部门处理。

第二十四条　劳动者与企业之间就最低工资发生争议时,按《中华人民共和国企业劳动争议处理条例》处理。

第五章　法　律　责　任

第二十五条　违反本规定第七条、第十条、第十一条、第十三条、第十四条规定的,由国务院劳动行政主管部门责令其限期改正。

第二十六条　企业违反本规定第十六条、第十七条、第十八条、第二十一条规定的,由当地政府劳动行政主管部门责令其限期改正。逾期未改正的,对用人单位和责任人给予经济处罚。

第二十七条　企业违反本规定第十九条规定的,由当地政府劳动行政主管部门责令其限期补发所欠劳动者工资,并视其欠付工资时间的长短向劳动者支付赔偿金。欠付一个月以内的向劳动者支付所欠工资的 20% 赔偿金;欠付三个月以内的向劳动者支付所欠工资的 50% 赔偿金;欠付三个月以上的向劳动者支付所欠工资的 100% 赔偿金。拒发所欠工资和赔偿金的,对企业和责任人给予经济处罚。

第二十八条　对处罚决定不服的,当事人可以依照《行政复议条例》的规定申请复议。对复议决定不服的,当事人可以依照《中华人民共和国行政诉讼法》的规定向人民法院提起诉讼。

第二十九条　复议申请人逾期不起诉,又不履行复议决定的,依照《行政复议条例》的规定执行。

第六章　附　　则

第三十条　各省、自治区、直辖市人民政府可依据本规定制定实施办法。

第三十一条　本规定由国务院劳动行政主管部门负责解释。

第三十二条　本规定自公布之日起实行。

劳动部

1993 年 11 月 24 日

4 劳动部关于实施最低工资保障制度的通知

各省、自治区、直辖市及计划单列市劳动(劳动人事)厅(局):

根据《中华人民共和国劳动法》第四十八条关于"国家实行最低工资保障制度"的规定,现就实施最低工资保障制度的有关问题通知如下:

一、建立最低工资保障制度是适应社会主义市场经济要求,推动劳动力市场建设与工资分配法制化,充分保障劳动者合法权益的一项重要举措。各级劳动行政部门要充分认识这项工作的重要性与紧迫性,在当地人民政府的领导下,积极与有关部门和社会团体(组织)协商,力争在 1995 年 1 月 1 日《劳动法》实施前拟定出本地区最低工资标准,保证最低工资保障制度的顺利实施。

二、各省、自治区、直辖市劳动行政部门在 1994 年底以前拟定和调整最低工资标准的,应先报劳动部,报出 25 日内未接到我部提出变更意见,或接到变更意见进行修改后,报当地人民政府批准发布,并抄报劳动部;1995 年 1 月 1 日后,拟定和调整最低工资标准的,应先报劳动部征求意见,报出 25 日内未接到我部提出变更意见,或接到变更意见进行修改后,报当地人民政府批准发布,并报国务院备案,同时抄送劳动部。

三、根据《劳动法》有关规定,对《企业最低工资规定》(劳部发〔1993〕333 号文件,以下简称《规定》)作出如下修正和补充:

1.《规定》中使用的"最低工资率"均改为"最低工资标准",其含义不变。

2.《规定》中的"正常劳动"是指劳动者按劳动合同的约定,在法定工作时间内从事的劳动。劳动者依法律、法规的规定休假、探亲以及参加社会活动等,应视同提供了正常劳动。

3. 关于最低工资标准的组成,除《规定》中列举的扣除项目外,用人单位通过贴补伙食、住房等支付给劳动者的非货币性收入亦不包括在内。

4. 个体经济组织和与之形成劳动关系的劳动者,以及国家机关、事业组织、社会团体和与之建立劳动合同关系的劳动者参照《规定》执行。

《劳动法》实施后,《规定》其他未修改条款规定继续有效。

1994 年 10 月 8 日

⑤ 最低工资规定

第一条 为了维护劳动者取得劳动报酬的合法权益,保障劳动者个人及其家庭成员的基本生活,根据劳动法和国务院有关规定,制定本规定。

第二条 本规定适用于在中华人民共和国境内的企业、民办非企业单位、有雇工的个体工商户(以下统称用人单位)和与之形成劳动关系的劳动者。

国家机关、事业单位、社会团体和与之建立劳动合同关系的劳动者,依照本规定执行。

第三条 本规定所称最低工资标准,是指劳动者在法定工作时间或依法签订的劳动合同约定的工作时间内提供了正常劳动的前提下,用人单位依法应支付的最低劳动报酬。

本规定所称正常劳动,是指劳动者按依法签订的劳动合同约定,在法定工作时间或劳动合同约定的工作时间内从事的劳动。劳动者依法享受带薪年休假、探亲假、婚丧假、生育(产)假、节育手术假等国家规定的假期间,以及法定工作时间内依法参加社会活动期间,视为提供了正常劳动。

第四条 县级以上地方人民政府劳动保障行政部门负责对本行政区域内用人单位执行本规定情况进行监督检查。

各级工会组织依法对本规定执行情况进行监督,发现用人单位支付劳动者工资违反本规定的,有权要求当地劳动保障行政部门处理。

第五条 最低工资标准一般采取月最低工资标准和小时最低工资标准的形式。月最低工资标准适用于全日制就业劳动者,小时最低工资标准适用于非全日制就业劳动者。

第六条 确定和调整月最低工资标准,应参考当地就业者及其赡养人口的最低生活费用、城镇居民消费价格指数、职工个人缴纳的社会保险费和住房公积金、职工平均工资、经济发展水平、就业状况等因素。

确定和调整小时最低工资标准,应在颁布的月最低工资标准的基础上,考虑单位应缴纳的基本养老保险费和基本医疗保险费因素,同时还应适当考虑非全日制劳动者在工作稳定性、劳动条件和劳动强度、福利等方面与全日制就业人员之间的差异。

月最低工资标准和小时最低工资标准具体测算方法见附件。

第七条 省、自治区、直辖市范围内的不同行政区域可以有不同的最低工资标准。

第八条 最低工资标准的确定和调整方案,由省、自治区、直辖市人民政府劳动保障行政部门会同同级工会、企业联合会/企业家协会研究拟订,并将拟订的方案报送劳动保障部。方案内容包括最低工资确定和调整的依据、适用范围、拟订标准和说明。劳动保障部在收到拟订方案后,应征求全国总工会、中国企业联合会/企业家协会的意见。

劳动保障部对方案可以提出修订意见,若在方案收到后 14 日内未提出修订意见的,视为同意。

第九条 省、自治区、直辖市劳动保障行政部门应将本地区最低工资标准方案报省、自治区、直辖市人民政府批准,并在批准后 7 日内在当地政府公报上和至少一种全地区性报纸上发布。省、自治区、直辖市劳动保障行政部门应在发布后 10 日内将最低工资标准报劳动保障部。

第十条 最低工资标准发布实施后,如本规定第六条所规定的相关因素发生变化,应当适时调整。最低工资标准每两年至少调整一次。

第十一条 用人单位应在最低工资标准发布后 10 日内将该标准向本单位全体劳动者公示。

第十二条 在劳动者提供正常劳动的情况下,用人单位应支付给劳动者的工资在剔除下列各项以后,不得低于当地最低工资标准:

(一)延长工作时间工资;

(二)中班、夜班、高温、低温、井下、有毒有害等特殊工作环境、条件下的津贴;

(三)法律、法规和国家规定的劳动者福利待遇等。

实行计件工资或提成工资等工资形式的用人单位,在科学合理的劳动定额基础上,其支付劳动者的工资不得低于相应的最低工资标准。

劳动者由于本人原因造成在法定工作时间内或依法签订的劳动合同约定的工作时间内未提供正常劳动的,不适用于本条规定。

第十三条 用人单位违反本规定第十一条规定的,由劳动保障行政部门责令其限期改正;违反本规定第十二条规定的,由劳动保障行政部门责令其限期补发所欠劳动者工资,并可责令其按所欠工资的 1 至 5 倍支付劳动者赔偿金。

第十四条 劳动者与用人单位之间就执行最低工资标准发生争议,按劳动争议处理有关规定处理。

第十五条 本规定自 2004 年 3 月 1 日起实施。1993 年 11 月 24 日原劳动部发布的《企业最低工资规定》同时废止。

附件:最低工资标准测算方法

劳动和社会保障部

2014 年 1 月 20 日

最低工资标准测算方法

一、确定最低工资标准应考虑的因素

确定最低工资标准一般考虑城镇居民生活费用支出、职工个人缴纳社会保险费、住房公积金、职工平均工资、失业率、经济发展水平等因素。可用公式表示为:

$$M = f(C、S、A、U、E、a)$$

式中 M——最低工资标准;

       C——城镇居民人均生活费用;

       S——职工个人缴纳社会保险费、住房公积金;

       A——职工平均工资;

       U——失业率;

       E——经济发展水平;

       a——调整因素。

二、确定最低工资标准的通用方法

1. 比重法即根据城镇居民家计调查资料,确定一定比例的最低人均收入户为贫困户,统计出贫困户的人均生活费用支出水平,乘以每一就业者的赡养系数,再加上一个调整数。

2. 恩格尔系数法即根据国家营养学会提供的年度标准食物谱及标准食物摄取量,结合标准食物的市场价格,计算出最低食物支出标准,除以恩格尔系数,得出最低生活费用标准,再乘以每一就业者的赡养系数,再加上一个调整数。

以上方法计算出月最低工资标准后,再考虑职工个人缴纳社会保险费、住房公积金、职工平均工资水平、社会救济金和失业保险金标准、就业状况、经济发展水平等进行必要的修正。

举例:某地区最低收入组人均每月生活费支出为 210 元,每一就业者赡养系数为 1.87,最低食物费用为 127 元,恩格尔系数为 0.604,平均工资为 900 元。

1. 按比重法计算得出该地区月最低工资标准为:

$$月最低工资标准 = 210 \times 1.87 + a = 393 + a(元) \tag{1}$$

2. 按恩格尔系数法计算得出该地区月最低工资标准为:

$$月最低工资标准 = 127 \div 0.604 \times 1.87 + a = 393 + a(元) \tag{2}$$

公式(1)与(2)中 a 的调整因素主要考虑当地个人缴纳养老、失业、医疗保险费和住房公积金等费用。

另,按照国际上一般月最低工资标准相当于月平均工资的 $40\% \sim 60\%$,则该地区月最低工资标准范围应在 $360 \sim 540$ 元。

$$小时最低工资标准 = \left[(月最低工资标准 \div 20.92 \div 8) \times \left(1 + \begin{matrix} 单位应当缴纳的基本养老保险费、\\ 基本医疗保险费比例之和 \end{matrix} \right) \right] \times (1 + 浮动系数)$$

浮动系数的确定主要考虑非全日制就业劳动者工作稳定性、劳动条件和劳动强度、福利等方面与全日制就业人员之间的差异。

各地可参照以上测算办法,根据当地实际情况合理确定月、小时最低工资标准。

⑥ 北京市最低工资规定[①]

第一章 总 则

第一条 为规范工资支付行为,维护劳动者的合法权益,根据《中华人民共和国劳动法》及有关法律、法规的规定,结合本市实际情况,制定本规定。

第二条 本规定适用于本市行政区域内的企业、个体工商户以及民办非企业单位(以下统称用人单位)和与之形成劳动关系的劳动者。

本市国家机关、事业单位、社会团体和与之建立劳动合同关系的劳动者,依照本规定执行。

第三条 政府根据本市社会经济发展和劳动力供求状况,及时制定和发布本市工资水平宏观指导政策。

用人单位根据政府宏观指导政策和本单位的经济效益,在与劳动者平等协商的基础上,合理确定和调整工资支付水平。

第四条 市和区、县劳动和社会保障行政部门(以下简称劳动保障部门)负责本行政区域内工资支付的管理和监督检查工作。

[①] 北京、天津等各省市最低工资规定均来自各省市政府网站。

市和区、县人事部门按照职责,依法对本市国家机关、事业单位和社会团体的工资支付进行管理和监督。

第五条　各级工会组织依法对用人单位遵守有关工资支付法律、法规、规章的情况进行监督,有权对用人单位违法支付工资行为提出意见或者向有关部门反映,并支持和帮助劳动者依法维护其合法权益。

第二章　一　般　规　定

第六条　用人单位应当依法制定本单位的工资支付制度;制定工资支付制度应当征求工会或者职工代表的意见,并向本单位的全体劳动者公布。

工资支付制度应当主要规定下列事项:

(一)工资支付的项目、标准和形式;

(二)工资支付的周期和日期;

(三)工资扣除事项。

第七条　用人单位与劳动者应当在劳动合同中约定工资标准;工资标准可以根据劳动者所在岗位或者所从事的工作确定。

用人单位与劳动者可以在劳动合同中约定有关工资标准调整、变更的事项。

用人单位与工会或者职工代表可以在集体合同中约定工资支付事项。

第八条　用人单位应当以货币形式支付工资,不得以实物、有价证券等代替货币支付。

用人单位应当将工资直接支付给劳动者本人。本市鼓励和逐步推行用人单位为劳动者在银行开立个人账户,通过银行按月支付给劳动者工资。

用人单位支付劳动者工资应当向其提供一份其本人的工资支付清单。

第九条　用人单位应当自用工之日起即计算劳动者工资。

用人单位可以按照小时、日、周、月为周期支付工资。以完成一定工作任务计发工资的,应当在工作任务完成后即时支付劳动者工资。但用人单位应当至少每月向劳动者支付一次工资。

用人单位支付劳动者工资应当按照规定的日期足额支付,不得克扣或者无故拖欠。工资支付日期遇法定休假日或者休息日的,应当提前在最近的工作日支付。

第十条　用人单位应当遵守本市最低工资的规定,支付劳动者工资不得低于最低工资标准。

第十一条　用人单位不得随意扣除劳动者工资。除法律、法规、规章规定的事项外,用人单位扣除劳动者工资应当符合集体合同、劳动合同的约定或者本单位规章制度的规定。因劳动者本人原因给用人单位造成经济损失,用人单位按照前款规定扣除劳动者工资的,扣除后的余额不得低于本市最低工资标准。

第十二条　用人单位与劳动者双方依法终止、解除劳动合同的,用人单位应当一次性付清劳动者工资。

第十三条　用人单位应当按照工资支付周期编制工资支付记录表,并至少保存二年备查。工资支付记录表应当主要包括用人单位名称、劳动者姓名、支付时间以及支付项目和金额、加班工资金额、应发金额、扣除项目和金额、实发金额等事项。

劳动者有权查询本人的工资支付记录。

第三章　特　别　规　定

第十四条　用人单位依法安排劳动者在标准工作时间以外工作的,应当按照下列标准支付劳动者加班工资:

(一)在日标准工作时间以外延长工作时间的,按照不低于小时工资基数的150%支付加班工资;

(二)在休息日工作的,应当安排其同等时间的补休,不能安排补休的,按照不低于日或者小时工资基数的200%支付加班工资;

(三)在法定休假日工作的,应当按照不低于日或者小时工资基数的300%支付加班工资。

第十五条　实行计件工资制的,劳动者在完成计件定额任务后,用人单位安排其在标准工作时间以外工作的,应当根据本规定第十四条的原则,分别按照不低于计件单价的150%、200%、300%支付加班工资。

第十六条　用人单位经批准实行综合计算工时工作制的,在综合计算工时周期内,用人单位应当按照劳动者实际工作时间计算其工资;劳动者总实际工作时间超过总标准工作时间的部分,视为延长工作时间,应当按照本规定第十四条第(一)项的规定支付加班工资;安排劳动者在法定休假日工作的,应当按照本规定第十四条第(三)项的规定支付加班工资。

第十七条　用人单位经批准实行不定时工作制度的,不适用本规定第十四条的规定。

第十八条　从事非全日制工作的劳动者,实行小时工资制。小时工资由用人单位与劳动者协商确定,但不得低于本市规定的非全日制从业人员小时最低工资标准。

用人单位招用非全日制工作的劳动者,可以不执行本规定第十四条的规定,但用人单位安排其在法定休假日工作的,其小时工资不得低于本市规定的非全日制从业人员法定休假日小时最低工资标准。非全日制从业人员小时最低工资标准和法定休假日小时最低工资标准由市劳动保障部门确定、调整和公布。

第十九条　劳动者依法享受年休假、探亲假、婚假、丧假等休假期间,用人单位应当支付其工资。

第二十条　妇女节、青年节等部分公民节日期间,用人单位安排劳动者休息、参加节日活动的,应当视同其正常劳动支付工资;劳动者照常工作的,可以不支付加班工资。

第二十一条　劳动者患病或者非因工负伤的,在病休期间,用人单位应当根据劳动合同或集体合同的约定支付病假工资。用人单位支付病假工资不得低于本市最低工资标准的80%。

第二十二条　劳动者在事假期间,用人单位可以不支付其工资。

第二十三条　劳动者生育或者施行计划生育手术依法享受休假期间,用人单位应当支付其工资。劳动者因产前检查和哺乳依法休假的,用人单位应当视同其正常劳动支付工资。

第二十四条　劳动者在工作时间内依法参加社会活动,或者担任集体协商代表履行代表职责、参加集体协商活动期间,用人单位应当视同其正常劳动支付工资。

第二十五条　劳动者被人民法院判处管制或者拘役适用缓刑、有期徒刑适用缓刑或者被假释、监外执行、取保候审期间,用人单位未与其解除劳动合同,劳动者继续在原单位正常劳动的,用人单位应当按照劳动合同的约定以及本单位规章制度的规定支付其工资。

第二十六条　用人单位因生产经营困难暂时无法按时支付工资的,应当向劳动者说明情况,并经与工会或者职工代表协商一致后,可以延期支付工资,但最长不得超过30日。

第二十七条　非因劳动者本人原因造成用人单位停工、停业的,在一个工资支付周期内,用人单位应当按照提供正常劳动支付劳动者工资;超过一个工资支付周期的,可以根据劳动者提供的劳动,按照双方新约定的标准支付工资,但不得低于本市最低工资标准;用人单位没有安排劳动者工作的,应当按照不低于本市最低工资标准的70%支付劳动者基本生活费。国家或者本市另有规定的从其规定。

第二十八条　用人单位破产、终止或者解散的,经依法清算后的财产应当按照有关法律、法规、规章的规定优先用于支付欠付的劳动者工资和社会保险费。

第二十九条　建设单位、施工总承包企业、专业承包企业(以下统称为发包单位)或者劳务分包企业,有发包、分包或者转包给不具备用工主体资格的组织或者个人的违法行为,该组织或者个人拖欠劳动者工资时,发包单位或者劳务分包企业应当直接向劳动者支付所拖欠的工资。

建设单位、施工总承包企业或者专业承包企业未按合同约定支付工程款或者分包价款,专业承包企业或者劳务分包企业拖欠劳动者工资的,在拖欠的工程款或者分包价款支付后,专业承包企业和劳务分包企业应当将所得款项优先用于支付拖欠的劳动者工资。

第四章　保　障　与　救　济

第三十条　本市建立企业欠薪应急保障制度。在本市重点行业的企业中试行设立工资预留账户制度,企业预留部分资金专项用于发生欠薪时支付劳动者工资的应急保障。

试行设立工资预留账户的行业由市人民政府批准,具体管理办法由市劳动保障部门会同有关行政主管部门制定并公布。

第三十一条　用人单位有下列情形之一的,劳动者有权向劳动保障部门举报,也可以依法申请调解、仲裁和提起诉讼:

(一)未按照约定支付工资的;

(二)低于本市最低工资标准支付工资的;

(三)克扣或者无故拖欠工资的;

(四)拒不支付或者不按规定支付加班工资的;

(五)违反工资支付规定的其他情形。

本市国家机关、事业单位和社会团体与劳动者发生有关工资支付争议申请仲裁的,由人事争议仲裁机构受理并依法裁决;对其裁决不服的,可以依法向人民法院提起诉讼。

第三十二条　劳动保障部门应当建立健全工资支付违法行为的举报处理制度,公布举报电话,为劳动者举报提供便利条件。

劳动保障部门接到举报后,应当在7个工作日内作出是否立案的决定;立案后应当及时依法调查处理,并在60日内将处理结果告知举报人。

第三十三条　劳动争议仲裁委员会审理劳动争议案件时,对其中工资支付争议事实清楚且不及时支付会造成劳动者生活困难的,可以部分裁决先予支付。

第三十四条　市劳动保障行政部门和有关行政管理部门应当按照《北京市行政机关归集和公布企业信用信息管理办法》的规定,将用人单位及其主要负责人克扣、拖欠劳动者工资以及严重干扰、阻挠、抗拒监督检查等违法行为和处理情况,记入北京市企业信用信息系统。

第五章 法 律 责 任

第三十五条 用人单位违反本规定有下列侵害劳动者合法权益情形之一的,由劳动保障部门责令用人单位全额支付劳动者应得工资;逾期不支付的,责令用人单位按照应付金额50％以上100％以下的标准向劳动者加付赔偿金:

(一)克扣或者无故拖欠劳动者工资的;

(二)拒不支付劳动者加班工资的;

(三)低于本市规定的非全日制从业人员小时最低工资标准和法定休假日小时最低工资标准支付工资的。

第三十六条 用人单位制定工资支付制度违反法律、法规、规章规定的,由劳动保障部门给予警告,并责令改正;给劳动者造成损失的,应当承担赔偿责任。

第三十七条 用人单位违反本规定,低于本市最低工资标准支付劳动者工资的,按照《北京市最低工资规定》处理。

第三十八条 用人单位在接受劳动保障部门监督检查时,隐瞒事实真相,出具虚假工资报表,隐匿、毁灭工资支付记录、拒绝提供相关资料,以及其他严重干扰、阻挠、抗拒劳动保障部门监督检查的,劳动保障部门视其情节轻重,可以处1 000元以上1万元以下的罚款;构成犯罪的,依法追究刑事责任。

第三十九条 劳动保障部门工作人员接到举报或者对用人单位违反工资支付规定、侵害劳动者权益的行为不及时查处,玩忽职守、徇私舞弊,给劳动者造成损失的,按照国家和本市有关规定给予行政处分;构成犯罪的,依法追究刑事责任。

第六章 附 则

第四十条 本规定所称工资是指用人单位以货币形式支付给劳动者的劳动报酬,包括计时工资、计件工资、奖金、津贴和补贴、加班工资以及特殊情况下支付的工资等。

第四十一条 本规定中所称正常劳动是指劳动者按照劳动合同的约定,在法定工作时间内从事的劳动。

第四十二条 克扣工资是指除本规定第十一条规定的行为外,用人单位扣减劳动者工资的行为。无故拖欠工资是指除自然灾害、战争等不可抗力以及本规定第二十六条规定情形以外,用人单位延期支付工资的行为。

第四十三条 劳动者的日工资按照国家工时制度的规定,每月以平均工作时间20.92天折算,小时工资按日工资除以8小时折算。

第四十四条 根据本规定第十四条计算加班工资的日或者小时工资基数,根据第十九条支付劳动者休假期间工资,以及根据第二十三条第一款支付劳动者产假、计划生育手术假期间工资,应当按照下列原则确定:

(一)按照劳动合同约定的劳动者本人工资标准确定;

(二)劳动合同没有约定的,按照集体合同约定的加班工资基数以及休假期间工资标准确定;

(三)劳动合同、集体合同均未约定的,按照劳动者本人正常劳动应得的工资确定。依照前款确定的加班工资基数以及各种假期工资不得低于本市规定的最低工资标准。

第四十五条 本规定自2004年1月22日起施行。1994年11月16日市人民政府第25

号令发布、根据 1997 年 12 月 31 日市人民政府第 12 号令修改的《北京市最低工资规定》第九条同时废止。

2004 年 1 月 22 日

⑦　天津市最低工资保障规定

第一条　为了适应社会主义市场经济发展的需要，保障劳动者个人及其家庭成员的基本生活和劳动者的合法权益，依据《中华人民共和国劳动法》有关规定，结合我市情况，制定本规定。

第二条　本规定适用于本市行政区域内的各类企业、有雇工的个体经济组织（以下统称用人单位）和与之形成劳动关系的劳动者。国家机关、事业单位、社会团体、民办非企业单位和与之形成劳动关系的劳动者，依照本规定执行。

第三条　本规定所称最低工资，是指劳动者在法定工作时间或劳动合同约定的工作时间内提供了正常劳动的前提下，用人单位应支付的最低劳动报酬。包括月最低工资和非全日制劳动者的小时最低工资。

非全日制用工是指以小时计酬、劳动者在同一用人单位平均每日工作时间不超过 5 小时，累计每周工作时间不超过 30 小时的用工形式。

第四条　确定和调整月最低工资标准，应当综合参考下列因素：

（一）劳动者本人及平均赡养人口的最低生活费用；

（二）社会平均工资水平；

（三）劳动生产率；

（四）城镇就业状况；

（五）地区之间经济发展水平的差异；

（六）职工个人缴纳的社会保险费、住房公积金等情况。

第五条　非全日制劳动者实行小时工资制。确定和调整小时最低工资标准应当综合参考以下因素：

（一）月最低工资标准；

（二）单位和个人应缴纳的基本养老保险费和基本医疗保险费；

（三）工作稳定性；

（四）劳动条件和劳动强度；

（五）福利；

（六）与全日制就业人员之间的差异。

第六条　市人民政府根据地区之间经济发展水平的差异，对不同经济发展区域确定不同的最低工资标准。

第七条　最低工资标准的确定和调整，由市劳动和社会保障部门提出调整意见，报市人民政府批准后实施，并面向社会发布。

第八条　最低工资应当以货币形式支付。

第九条　下列各项不作为最低工资的组成部分：

（一）加班加点工资；

（二）中、夜班津贴和高温、低温、井下、有毒有害等特殊工作环境条件下支付的岗位津贴，集中供热采暖补贴；

（三）按照规定应当由用人单位支付给劳动者的福利待遇。

第十条 实行计件工资、提成工资等工资形式的，用人单位应当进行合理的折算，劳动者应得劳动报酬不得低于月最低工资标准。

第十一条 用人单位实行销售承包、项目承包、销售额（经济效益）同工资挂钩等内部工资分配形式的，以及从事季节性生产的，劳动者的工资待遇可以按年度计算，但劳动者的平均月工资收入不得低于月最低工资标准。

第十二条 有下列情形之一的，应视为劳动者提供了正常劳动：

（一）劳动者按规定享受探亲假、婚假、丧假、年休假、产假、计划生育手术假的。

（二）劳动者从用人单位应征入伍服义务兵役的。

（三）劳动者依法参加下列社会活动的：

1. 依法行使选举权或被选举权；

2. 当选代表出席政府、党派、工会、青年团、妇女联合会等组织召开的会议；

3. 充当法庭证明人；

4. 出席劳动模范、先进工作者大会；

5. 工会法规定的基层工会非专职委员因工会活动占用的生产或工作时间。

（四）法律、法规规定的其他情况。

第十三条 市、区县劳动和社会保障行政部门在各自的职责范围内负责对最低工资保障制度的执行情况进行监督检查。对违反本规定的行为按照国家和本市有关规定处理。

第十四条 劳动者、工会和其他社会组织有权依法对用人单位执行最低工资保障制度的情况进行监督，对违反本规定的行为向劳动和社会保障部门举报或投诉。

第十五条 劳动者与用人单位因最低工资发生争议的，按照国家和本市劳动争议处理的规定处理。

第十六条 本规定自 2003 年 9 月 1 日起施行。1994 年 12 月 26 日市人民政府《批转市劳动局制定的〈天津市最低工资暂行规定〉》（津政发〔1994〕95 号）和 1997 年 8 月 26 日市人民政府《批转市劳动局关于修改〈天津市最低工资暂行规定〉意见的通知》（津政发〔1997〕69 号）同时废止。

2003 年 9 月 4 日

⑧ 河北省工资支付规定

第一章 总 则

第一条 为规范工资支付行为，维护劳动者获得劳动报酬的权益，根据《中华人民共和国劳动法》及有关法律法规的规定，结合本省实际，制定本规定。

第二条 本规定适用于本省行政区域内的企业、民办非企业、个体工商户（以下统称用人单位）和与之形成劳动关系的劳动者。

第三条 用人单位应当根据省人民政府批准发布的年度工资指导线和本单位经济效益，

确定劳动者的工资,并逐步提高劳动者的工资水平。

第四条 县级以上人民政府的劳动和社会保障行政部门负责用人单位工资支付的管理和监察工作。

第二章　工　资　支　付

第五条 用人单位与劳动者签订劳动合同,应当约定以下工资支付内容:(一)支付标准;(二)支付项目;(三)支付形式;(四)支付周期和日期;(五)特殊情况下工资支付标准;(六)工资的扣除;(七)其他工资支付内容。

第六条 用人单位应当自与劳动者建立劳动关系之日起计发工资。

第七条 用人单位应当足额支付劳动者工资,不得克扣或者无故拖欠劳动者工资。

工资必须以法定货币形式支付,不得以实物或者有价证券等替代货币支付。

第八条 用人单位向提供正常劳动的劳动者(含见习、学徒人员)支付工资不得低于当地最低工资标准。

第九条 用人单位应当每个月至少支付一次工资。实行周、日、小时工资制的,可按周、日、小时计发工资。

第十条 用人单位应将工资直接支付给劳动者本人,劳动者本人因故不能领取的,可以委托他人代领。

用人单位委托银行发放工资的,应将工资存入劳动者本人名下。

第十一条 用人单位应当按照劳动合同约定的日期支付工资,并向劳动者提供个人工资清单。约定的工资支付日如遇法定节假日或者公休日,应当提前在最近的工作日支付。

对完成一次性临时劳动的劳动者,用人单位应当在完成劳动任务后即时支付工资。

第十二条 用人单位应当书面记录支付劳动者工资的数额、项目、时间和领取工资者的签字,并至少保存两年备查。

第十三条 用人单位安排劳动者在法定节假日、公休日或者法定标准工作时间以外延长工作时间的,按照以下标准支付工资:(一)在法定标准工作时间以外延长工作时间的,按照劳动合同约定的不低于本人小时工资标准的百分之一百五十支付;(二)在公休日工作的,可按同等时间补休;未能补休的,按照劳动合同约定的本人日工资标准的百分之二百支付;(三)在法定节假日工作的,按照劳动合同约定的本人日工资标准的百分之三百支付。

实行计件工资的,在完成计件定额任务后延长工作时间的,分别按照本人法定工作时间计件单价的百分之一百五十、百分之二百、百分之三百支付。

未明确劳动者工资标准的,以本人当月实发工资总额作为支付加班或者延长工作时间工资的计算标准。

第十四条 经劳动和社会保障行政部门批准实行综合计算工时工作制的,其综合计算工作时间超过法定标准工作时间的部分为延长工作时间,按照本规定第十三条第一款的规定支付劳动者工资。

第十五条 妇女节、少数民族传统节日等部分公民放假的节日期间,用人单位安排其工作或者参加社会、单位组织的庆祝活动的,可按同等时间补休;未能补休的,应当支付工资,但不按延长工作时间计算;如恰逢公休日,用人单位安排其工作的,按照公休日的工资标准支付工资。

第十六条　以下费用由用人单位从劳动者工资中代扣代缴：（一）应当由劳动者个人缴纳的税款；（二）应当由劳动者个人缴纳的社会保险费；（三）协助执行法院判决、裁定由劳动者负担的抚养费、赡养费等费用；（四）法律、法规规定的其他费用。

第十七条　以下费用用人单位可以从劳动者工资中扣除：（一）依法签订的劳动合同中明确规定的费用；（二）用人单位依法制定并经职工代表大会批准的厂规、厂纪中明确规定的费用；（三）用人单位与劳动者协商一致的费用。

按照前款（一）、（二）项规定扣除后的工资余额不得低于当地最低工资标准。

第十八条　用人单位与劳动者依法解除或者终止劳动合同的，应当自劳动合同解除或者终止之日起三日内一次性付清劳动者工资。工资计发到劳动合同解除或者终止之日。

按照国家有关规定计发的经济补偿金应当同时支付。

第三章　特殊情况下工资支付

第十九条　用人单位按照指令性计划接收军队转业干部、复员、退伍军人的，可执行国家规定的工资标准；也可按所任岗位，参照同等人员的工资标准确定其工资标准。

按所任岗位确定工资标准的，不得低于国家规定的工资标准。

第二十条　按照有关职业培训规定，劳动者经批准脱离工作岗位学习、培训时间在六个月以内的，按照本人工资标准支付工资；学习、培训时间超过六个月的，由用人单位与劳动者协商确定工资标准。

第二十一条　劳动者依法享受婚假、丧假、探亲假、年休假期间，用人单位应当按照本人工资标准支付工资。

劳动者因生育或者计划生育手术休假的，按照河北省计划生育法规的规定执行。

第二十二条　劳动者因工负伤或者患职业病停止工作在规定医疗期内的，用人单位应当按照有关规定支付工伤津贴。

劳动者因病或者非因工负伤停止工作在规定医疗期内的，用人单位应当按照国家规定标准支付病假工资或者疾病救济费。病假工资或者疾病救济费不得低于当地最低工资标准的百分之八十。

第二十三条　劳动者依法参加社会活动期间，用人单位应当支付工资。

第二十四条　劳动者休事假期间不计发工资。

第二十五条　劳动者被人民法院判处管制或者拘役适用缓刑、有期徒刑适用缓刑的，用人单位未与其解除劳动合同，且劳动者提供了正常劳动的，用人单位应当按照现工作岗位的工资标准支付工资。

第二十六条　劳动者因涉嫌犯罪被采取司法强制措施或者行政拘留，在其人身自由被限制期间，未提供正常劳动的，用人单位可以不支付工资。

第二十七条　用人单位确因生产经营困难，资金周转受到影响，暂时无法按时支付劳动者工资的，经与本单位工会代表或者职工代表协商一致，可以延期支付，但不得超过一个月。

第二十八条　非劳动者本人原因造成劳动者停工一个月以上的，用人单位应当支付生活费。生活费标准为当地最低工资标准的百分之八十。

第四章　工资支付的监督管理

第二十九条　各级工会组织根据《中华人民共和国工会法》等法律、法规和规章，对用人单位的工资支付情况进行监督。

第三十条　劳动者发现用人单位有下列情形之一的,有权向劳动和社会保障行政部门举报:(一)未按照劳动合同约定支付工资的;(二)支付劳动者工资低于当地最低工资标准的;(三)克扣或者无故拖欠劳动者工资的;(四)拒不支付劳动者加班工资的;(五)用人单位因拖欠工资有意转移财产,法定代表人或者经营负责人有意回避、逃匿的;(六)其他影响劳动者工资发放的情形。

第三十一条　因承包方拖欠工程款,造成建筑业施工企业拖欠劳动者工资的,劳动和社会保障行政部门可以责令承包方先予支付劳动者工资。

先予支付的工资款以拖欠的工程款为限。

第三十二条　企业应当在基本开户银行设立工资基金专用账户,凭《工资总额使用手册》支付工资性现金。

工资基金专用账户应当留存至少一个月的工资留转金。

第三十三条　任何单位和个人不得非法查封或者冻结用人单位的工资基金专用账户。

第五章　法　律　责　任

第三十四条　用人单位违反本规定,克扣或者无故拖欠劳动者工资、支付劳动者工资低于当地最低工资标准的,由县级以上劳动和社会保障行政部门按照《河北省劳动和社会保障监察条例》的规定予以处罚。

第三十五条　违反本规定第十二条规定的,由县级以上劳动和社会保障行政部门给予一千元以下的罚款。

第三十六条　劳动和社会保障行政部门及其工作人员,滥用职权、玩忽职守、徇私舞弊,构成犯罪的,依法追究刑事责任;未构成犯罪的,给予行政处分。

第六章　附　　则

第三十七条　本规定所称工资是指依据国家有关规定通过劳动合同的约定,用人单位以货币形式支付给劳动者的劳动报酬。

第三十八条　本规定自 2003 年 2 月 1 日起施行。

2002 年 12 月 18 日

 # 山西省最低工资规定

第一章　总　　则

第一条　为适应社会主义市场经济发展的需要,保障劳动者及其家庭成员的基本生活,促进劳动者素质的提高和企业公平竞争,根据《中华人民共和国劳动法》第四十八条之规定,结合本省实际情况,制定本规定。

第二条　本规定适用于本省行政区域内的企业、个体经济组织和与之形成劳动关系的劳动者。

国家机关、事业组织、社会团体和与之建立劳动合同关系的劳动者,依照本规定执行。

193

公务员和比照实行公务员制度的事业组织和社会团体的工作人员,以及农村劳动者(乡镇企业职工除外)、现役军人和家庭保姆等不适用本规定。

本规定所称企业、个体经济组织、国家机关、事业组织、社会团体统称用人单位。

本规定所称企业包括内资企业、港澳台商投资企业、外商投资企业。

本规定所称个体经济组织是指一般雇工在七人以下的个体工商户。

第三条 本规定所称最低工资,是指劳动者在法定工作时间内提供了正常劳动的前提下,用人单位应支付的最低劳动报酬。

本规定所称法定工作时间,是指按照国家有关法律、法规规定的工作时间制度,即全年月平均工作天数 20.92 天,月工作时间 167.4 小时,日工作时间 8 小时。

本规定所称正常劳动,是指劳动者按照劳动合同的约定,在法定工作时间内从事的劳动。

本规定所称最低工资标准,是指单位时间的最低工资数额。

第四条 省劳动保障行政部门对最低工资制度的实施实行统一管理。

第二章　最低工资标准的确定和发布

第五条 最低工资标准包括按国家统计部门规定应列入工资总额统计的工资、奖金、津贴、补贴等各项收入,不包括下列各项收入:

(一)中夜班津贴、高温、低温、井下、有毒有害、行车等特殊岗位津贴;

(二)加班加点工资;

(三)法律、法规和规章规定的社会保险(含用人单位从劳动者本人工资中代扣代缴的社会保险费)、福利待遇(含住房补贴、住房公积金);

(四)用人单位通过贴补伙食、住房等支付给劳动者的非货币性收入。

第六条 最低工资标准的确定和调整,应当综合参考下列因素:社会平均工资水平、劳动者本人及平均赡养人口的最低生活费用、城镇居民消费水平、劳动生产率、就业状况,各地之间经济发展水平、社会保险福利等改革对劳动者生活的影响等,以县(市、区)为单位分类确定。

最低工资标准实行月工资制,也可按法定工时制度折算为日或小时工资制。

最低工资标准可根据就业形式的不同,在确定全日制工作制最低工资标准同时,按照灵活就业、弹性就业等非全日制就业形式,规定相应小时最低工资标准。

第七条 最低工资标准由省劳动保障行政部门会同省经贸委、省总工会研究提出,并征求省财政、民政、统计部门及省工商联、省企业家协会意见后,报省人民政府批准后执行。

第八条 最低工资标准经省人民政府批准后,在《山西日报》和《山西经济日报》公布。

第九条 最低工资标准发布实施后,确定最低工资标准的因素发生重大变化的,应适时调整,但每年最多调整一次。

第三章　最低工资的支付

第十条 工资必须以货币形式按月支付给劳动者。用人单位必须确定每月工资支付日期,并向劳动者公布,同时报同级劳动保障行政部门备案。

第十一条 用人单位支付给劳动者的工资不得低于当地适用的最低工资标准。

劳动者加班加点的工资,应按照《中华人民共和国劳动法》关于加班加点工资支付办法进行折算；日工、小时工，可按法定工作时间折算；实行计件工资、提成工资、包干工资等形式的用人单位，也须进行合理折算，其相应的折算额均不得低于按单位时间确定的最低工资标准。

  第十二条 劳动者在规定的节日假、公休假、探亲假、婚丧假、年休假和产假、计划生育假期间，以及依法参加社会活动期间，均视为提供了正常劳动。

  第十三条 劳动者由于本人违章、违纪、失职等原因在法定工作时间内未能提供正常劳动的，用人单位应根据劳动者提供的实际劳动支付工资。

第四章 最低工资的监督检查

  第十四条 最低工资标准的执行情况由劳动保障行政部门负责监督、检查。最低工资标准监督检查的范围由省劳动保障行政部门划分。

  工会有权对最低工资标准的执行情况进行监督，发现用人单位支付劳动者工资低于最低工资标准的，有权要求纠正，并提请劳动保障行政部门处理。

  第十五条 劳动者对用人单位违反本规定的行为有权举报、控告，各级劳动保障行政部门应当按照管理权限依法处理。

  第十六条 劳动者与用人单位就工资发生争议时，按《中华人民共和国企业劳动争议处理条例》和《山西省企业劳动争议处理实施办法》的有关规定解决。

第五章 罚 则

  第十七条 用人单位违反本规定有关条款的，由劳动保障行政部门责令其限期改正，逾期未改正的，对责任人处以 500 元以上 1 000 元以下的罚款；对用人单位按其所欠劳动者工资的差额（系指所发工资未达到最低工资标准部分，下同）的 1 至 3 倍罚款。

  第十八条 用人单位发给劳动者的工资低于当地最低工资标准的，由劳动保障行政部门责令补足低于标准的部分，同时支付低于部分 25% 的经济补偿金；情节严重的，劳动保障行政部门可责令按相当于支付劳动者工资报酬、经济补偿总和的 1 至 5 倍支付劳动者赔偿金。

第六章 附 则

  第十九条 本规定由省劳动保障行政部门负责解释。

  第二十条 本规定自 2002 年 9 月 1 日起施行。

2002 年 7 月 23 日

⑩ 内蒙古自治区劳动者工资保障规定

  第一条 为了规范用人单位的工资支付行为，维护劳动者取得劳动报酬的权利，根据《中华人民共和国劳动法》和有关法律、法规，结合自治区实际，制定本规定。

  第二条 自治区行政区域内依法设立的企业、个体经济组织、民办非企业单位（以下统称用人单位）和与之形成劳动关系的劳动者，适用本规定。

  自治区行政区域内的国家机关、事业单位、社会团体和与之建立劳动合同关系的劳动者，工资支付办法可以参照本规定执行。公务员和参照《中华人民共和国公务员法》管理的工作人员的工资支付以及国家另有规定的除外。

第三条 工资应当以货币形式按时足额支付。

第四条 旗县级以上人民政府劳动和社会保障行政部门(以下简称劳动保障部门)负责本行政区域内用人单位工资支付的监督管理工作。

旗县级以上人民政府建设、工商行政管理等有关部门按照各自职责协助劳动保障部门做好用人单位工资支付的管理工作。

第五条 各级工会组织依法对用人单位工资支付行为实施监督,有权制止用人单位的违法行为。

第六条 用人单位应当依法建立本单位的工资支付制度。工资支付制度主要包括:支付项目、支付标准、支付形式、支付周期、支付日期和工资的扣除事项等内容。

第七条 工会组织或者职工代表依法向用人单位书面提出工资集体协商要求的,用人单位不得拒绝。

第八条 劳动者提供正常劳动的,用人单位应当按照劳动合同约定的日期和标准支付工资,不得克扣或者无故拖欠工资,也不得以实物或者有价证券替代货币支付。

第九条 用人单位支付劳动者的工资不得低于当地最低工资标准。

第十条 用人单位应当将工资支付给劳动者本人,并提供本人的工资清单。劳动者实际取得的工资与工资清单以及用人单位的工资支付记录应当一致。

劳动者有权查询和核对本人的工资。

第十一条 用人单位应当按照工资支付周期如实编制工资支付台账。工资支付台账应当至少保存 2 年。

工资支付台账应当包括支付日期、支付周期、支付对象姓名、工作时间、应发工资项目及数额,代扣、代缴、扣除项目和数额,实发工资数额,银行代发工资凭证或者劳动者签名等内容。

第十二条 用人单位应当自与劳动者形成事实劳动关系之日起计算劳动者工资;劳动合同另有约定的,从其约定。

劳动合同依法终止或者解除的,工资计算到劳动合同终止或者解除之日,用人单位应当自合同终止或者解除之日起 3 日内一次性付清劳动者工资。

第十三条 确定工资支付周期应当遵守下列规定:

(一)实行月、周、日和小时工资制的,工资支付周期可以按月、周、日和小时确定;

(二)实行年薪制或者按考核周期支付工资的,应当每月预付部分工资,年终或者考核周期期满后结算并付清;

(三)实行计件工资制或者其他相类似工资支付形式的,工资支付周期可以按计件完成情况确定;

(四)以完成一定工作任务计发工资的,在工作任务完成后结算并付清,结算周期超过一个月的,用人单位应当每月预付工资;

(五)建筑施工企业经与劳动者协商后实行分批支付工资的,应当每月预付部分工资,每半年至少结算一次并付清,第二年 1 月 10 日前结算并付清上年度全年工资余额。

工资发放日如遇法定休假日或者休息日,应当提前在最近的工作日支付。

第十四条 用人单位因生产经营困难无法按时支付工资的,应当向劳动者说明情况,并经与工会组织或者职工代表协商一致后,可以延期支付工资,但最长不得超过 30 日。

第十五条 用人单位依法安排劳动者在法定标准工作时间以外工作的,应当按照下列标准支付劳动者工资:

(一)在日法定标准工作时间以外延长工作时间的,按照不低于劳动合同规定的劳动者本人小时工资基数的150％支付工资;

(二)在休息日工作的,应当安排其同等时间的补休,不能安排补休的,按照不低于劳动合同规定的劳动者本人日或者小时工资基数的200％支付工资;

(三)在法定休假日工作的,按照不低于劳动合同规定的劳动者本人日或者小时工资基数的300％支付工资。

第十六条 实行计件工资制的,用人单位应当科学合理确定劳动定额和计件单价,并予以公布。

确定的劳动定额原则上应当使本单位同岗位70％以上的劳动者在法定标准工作时间内能够完成。

劳动者在完成计件定额任务后,用人单位安排其在法定标准工作时间以外工作的,应当根据本规定第十五条的规定,分别按照不低于计件单价的150％、200％、300％支付工资。

第十七条 经劳动保障部门批准实行综合计算工时工作制的用人单位,在综合计算工时周期内,其劳动者综合计算工作时间超过法定标准工作时间的部分,应当视为延长工作时间,按照本规定第十五条第(一)项的规定支付工资;在法定休假日安排劳动者工作的,应当按照本规定第十五条第(三)项的规定支付工资。

第十八条 经劳动保障部门批准实行不定时工作制的用人单位,不适用本规定第十五条的规定。

第十九条 从事非全日制工作的劳动者,实行非全日制工作小时工资制。非全日制工作小时工资由用人单位与劳动者协商确定,但不得低于当地的非全日制工作小时最低工资标准。

第二十条 劳动者因病或者非因工负伤停止工作进行治疗,在规定的治疗期内,用人单位应当按照国家有关规定支付劳动者病假期间的工资,但不得低于当地最低工资标准的80％。

劳动者因工负伤期间的工资支付按照工伤保险的有关规定执行。

第二十一条 劳动者在法定休假日、年休假、探亲假、婚假、丧假、产假、产前检查和哺乳假、计划生育手术假期间,用人单位应当视同其正常劳动并支付正常工作时间的工资。

第二十二条 劳动者在正常工作时间内依法参加下列社会活动的,用人单位应当支付正常工作时间工资:

(一)行使选举权或者被选举权;

(二)人大代表、政协委员依法履行职责;

(三)出席政府、党派以及工会、共青团、妇联组织等召开的会议;

(四)出任人民法院陪审员;

(五)出席劳动模范、先进工作者大会;

(六)基层工会组织非专职工作人员履行职责;

(七)参加集体协商、签订集体合同;

(八)参加兵役登记等应征事宜和预备役人员参加军事训练;

（九）法律、法规和规章规定的其他社会活动。

第二十三条 非因劳动者本人原因造成用人单位停工、停业的,在一个工资支付周期内,用人单位应当按照提供正常劳动支付劳动者工资;超过一个工资支付周期的,可以根据劳动者提供的劳动,按照双方新约定的标准支付工资,但不得低于当地最低工资标准;用人单位没有安排劳动者工作的,应当按照不低于当地最低工资标准的80％支付劳动者生活费。

第二十四条 对新开工的建设工程项目实行工资支付保证金制度。建设单位和施工单位应当按照国家和自治区的规定预存工资支付保证金。工资支付保证金专户储存,专款专用,用于保障劳动者被拖欠时的工资支付。

第二十五条 建设单位未按照合同约定拨付或者结清工程款,致使施工单位拖欠劳动者工资的,劳动保障部门可以责令建设单位先行垫付劳动者工资,先行垫付的工资数额以未结清的工程款为限。

第二十六条 分包建设工程的发包人违法分包、转包或者违法允许他人以本企业名义承揽工程发生拖欠工资的,由分包建设工程的发包人垫付劳动者工资。

分包建设工程的承包人拖欠或者克扣劳动者工资的,分包建设工程的发包人在未结清的工程款额度内先行垫付劳动者工资,垫付部分抵扣工程款。

第二十七条 劳动保障部门应当建立健全对用人单位工资支付行为的监督检查制度,规范监督检查程序。

劳动保障部门依法对用人单位工资支付情况进行监督检查时,用人单位应当如实报告情况,并提供必要的资料和证明。

第二十八条 劳动保障部门应当建立健全包括工资支付情况在内的用人单位劳动守法诚信档案,推行劳动守法诚信评价制度。对克扣、无故拖欠劳动者工资情况严重的用人单位,劳动保障部门应当定期向社会公布。

第二十九条 用人单位有下列情形之一的,劳动者有权向劳动保障部门举报投诉:

（一）未按照劳动合同约定支付劳动者工资的;

（二）未以货币形式支付劳动者工资的;

（三）支付劳动者工资低于当地最低工资标准的;

（四）克扣或者拖欠劳动者工资的;

（五）其他影响劳动者工资发放的情形。

第三十条 用人单位因拖欠劳动者工资经劳动保障部门责令限期支付后仍拒不改正的,不得招用新的劳动者。

第三十一条 用人单位未以货币形式支付劳动者工资的,由劳动保障部门责令限期改正;逾期不改正的,按照受侵害的劳动者每人500元以下的标准计算,处以罚款;对其法定代表人或者主要负责人处以1000元以上1万元以下的罚款。给劳动者造成损失的,用人单位应当承担赔偿责任。

第三十二条 用人单位有下列情形之一的,由劳动保障部门责令限期支付劳动者应得的工资,逾期不支付的,责令用人单位按照应付金额的50％以上100％以下的标准计算,向劳动者加付赔偿金:

（一）克扣或者无故拖欠劳动者工资的;

（二）低于当地最低工资标准支付劳动者工资的。

第三十三条　用人单位未经劳动保障部门批准,擅自实行综合计算工时和不定时工作制的,由劳动保障部门责令其向劳动者支付延长工作时间的工资,并补办审批手续,拒不执行的,处以 5 000 元以上 1 万元以下罚款。

第三十四条　用人单位违反本规定,隐瞒事实真相,出具虚假工资报表,隐匿、毁灭工资支付记录的,或者拒绝提供必要的资料,阻挠、抗拒劳动保障部门监督检查的,由劳动保障部门视其情节轻重,处 2 000 元以上 2 万元以下的罚款。

第三十五条　违反本规定招用新的劳动者的,由劳动保障部门对用人单位按照实际新招用人数每人每月 50 元以上 100 元以下的标准计算,处以罚款。

第三十六条　劳动保障部门及其工作人员有下列行为之一的,视情节轻重,给予主要负责人及直接责任人员行政处分;构成犯罪的,由司法机关依法追究刑事责任:

(一)对侵害劳动者合法工资权益行为的举报、投诉不依法处理或者故意拖延查处的;

(二)泄露用人单位的商业秘密或者有关保密资料的;

(三)其他玩忽职守、徇私舞弊、滥用职权的行为。

第三十七条　本规定自 2007 年 7 月 1 日起实施。

2007 年 5 月 11 日

⑪　吉林省企业工资支付暂行规定

第一章　总　　则

第一条　为规范企业工资支付行为,维护劳动者取得合法劳动报酬权益,根据《中华人民共和国劳动法》及有关法律、法规的规定,结合我省实际,制定本规定。

第二条　本规定适用于本省行政区域内的各类企业、民办非企业单位、个体经济组织(以下简称企业)和与之形成劳动关系的劳动者。

第三条　本规定所称工资是指企业按照国家和我省有关规定,依据劳动合同的约定,以货币形式支付给劳动者的劳动报酬。

第四条　企业在依法与劳动者平等协商的基础上,合理确定劳动者的工资水平,但不得低于省人民政府发布的企业所在地最低工资标准。

企业应根据劳动保障部门发布的企业工资指导线,结合人力资源市场工资指导价位和本企业的经济效益情况,建立正常的工资增长机制,逐步提高劳动者的工资水平。

企业应将工资集体协商作为工资决定的基本形式。暂不具备开展工资集体协商条件的企业,应通过其他民主方式决定本企业的工资分配事宜。

第二章　一　般　规　定

第五条　企业应当在与劳动者签订的劳动合同中约定劳动报酬事项。

企业与工会或者职工代表签订集体合同的,集体合同中应包括劳动报酬的事项。企业也可以就劳动报酬事项与工会或者职工代表协商签订工资协议。

第六条　企业与劳动者订立的劳动合同中劳动报酬不得低于集体合同规定的标准。

第七条　企业应依法制定工资支付办法。工资支付办法应包括以下内容:

（一）工资支付项目；

（二）工资支付标准；

（三）工资支付形式；

（四）工资支付对象；

（五）工资支付时间；

（六）特殊情况下的工资支付；

（七）工资扣除事项；

（八）其他工资支付内容。

第八条 工资应当以法定货币支付，不得以实物或有价证券等其他形式替代货币支付。

第九条 企业应当将工资直接支付给劳动者本人，劳动者本人因故不能领取工资时，可以委托他人代领。受托人代领工资时应出具本人身份证、委托人的书面委托证明及身份证复印件。

企业可以委托银行代发工资，并应将工资按时足额存入劳动者本人账户。

第十条 企业应编制工资支付表，并至少保存两年备查。工资支付表应包括劳动者姓名、支付工资时间、应支付工资项目和数额、扣减项目和数额、实际支付的工资数额及领取工资者的签名等事项。企业在支付工资时应向劳动者提供一份其个人的工资清单。

第十一条 工资必须在企业与劳动者约定的日期支付。如遇法定节假日或者休息日，则应提前在法定节假日或休息日之前的工作日支付。

企业应当至少每月向劳动者支付一次工资。实行周、日、小时工资制度的可按周、日、小时支付工资。实行年薪制或按照考核周期支付工资的，企业应当按月支付基本薪金，且不低于当地最低工资标准，年末或考核期末时企业应按照有关规定或考核结果支付劳动者应得到而企业尚未支付的工资。

第十二条 实行法定标准工时的用人单位以周、日、小时支付劳动者工资的，其折算工资时应按照月平均工资标准除以相应的法定标准工作时间。

集体合同和劳动合同约定工时低于法定标准工时的，按集体合同和劳动合同约定执行。

第十三条 企业应当按时足额支付劳动者工资，不得克扣或无故拖欠其工资。有下列情形之一的，企业可以代扣劳动者工资：

（一）企业代扣代缴的个人所得税；

（二）企业代扣代缴的应由劳动者个人负担的各项社会保险费用；

（三）企业代扣代缴的由劳动者个人负担的住房公积金；

（四）企业执行法院判决、裁定由劳动者负担的抚养费、赡养费等费用；

（五）法律、法规规定可以从劳动者工资中扣除的其他费用。

第十四条 企业不得随意扣除劳动者工资。

除法律、法规规定的事项外，企业扣除劳动者工资应当符合依法签订的集体合同、劳动合同的约定或经职代会讨论通过的企业依法制定的内部规章制度。

因劳动者本人原因给企业造成经济损失的，企业可按照相关规定或约定扣除劳动者工资，但每月扣除后的余额不得低于当地最低工资标准。

第十五条 企业与劳动者双方依法终止（解除）劳动合同时，企业应当在劳动合同终止（解除）之前，一次性付清劳动者应得的工资。

第三章　特殊规定

第十六条　企业依法安排劳动者在法定标准工时以外工作的,应按下列标准支付劳动者加班工资:

(一)企业依法在工作日安排劳动者延长工作时间的,按照不低于劳动合同约定的劳动者本人小时工资标准的150%支付加班工资。若劳动者和企业协商一致,对劳动者实行补休且补休时间不少于加班时间的,则可不支付加班工资。

(二)企业依法在休息日安排劳动者工作的,应首先安排其补休,补休时间不得少于加班时间;不能安排其补休的,按照不低于劳动合同约定的劳动者本人日或小时工资标准的200%支付加班工资。

(三)企业依法安排劳动者在法定休假日工作的,按照不低于劳动合同约定的劳动者本人日或小时工资标准的300%支付加班工资。除劳动者本人同意补休且企业安排补休时间不少于加班时间的三倍以外,企业不得以安排补休替代支付加班工资。

第十七条　实行计件工资制的,劳动者在完成计件定额任务后,企业安排其在约定的工作时间以外工作的,应根据本规定第十六条的规定,分别按照不低于其本人法定工作时间计件单价的150%、200%、300%支付加班工资。

第十八条　经劳动保障行政部门批准实行综合计算工时工作制的,劳动者在综合计算周期内总的工作时间超过总法定标准工时的部分,视为延长工作时间,并应按本规定第十六条第(一)项的规定支付加班工资;法定节假日安排劳动者工作的,按照本规定第十六条第(三)项规定支付加班工资。

第十九条　经劳动保障行政部门批准实行不定时工时制度的企业,不执行本规定第十六条规定。

第二十条　企业应当对从事非全日制工作的劳动者,实行小时工资制,小时工资由企业与劳动者协商确定,但不得低于企业所在地小时最低工资标准。

非全日制用工工资支付周期最长不得超过十五日。

本规定第十六条、第十七条有关规定不适用于从事非全日制工作的劳动者。

第二十一条　劳动者依法享受年休假、探亲假、婚假、丧假、计划生育(产)假等假期期间,企业应按有关规定或劳动合同约定的标准支付劳动者工资。有关规定或劳动合同约定不明确的,按照本人休假前12个月实得的平均工资为基数支付应付劳动者的工资。

第二十二条　劳动者在法定标准工时内依法参加社会活动期间,企业应视同其提供了正常劳动支付其工资。

由企业内部依法产生的集体协商代表参加集体协商期间,企业应视同其提供了正常劳动支付其工资。

第二十三条　妇女节、青年节等部分公民节日期间,企业安排劳动者工作或参加庆祝活动的,不享受加班工资待遇。

少数民族传统节日期间,企业安排少数民族劳动者工作的,按照国家和本省有关规定执行。

第二十四条　劳动者患病或者非因工负伤停止工作进行治疗,在规定医疗期内,企业应当按照国家和本省有关规定支付其病假工资或者疾病救济费。病假工资或者疾病救济费不得低于当地最低工资标准的 80%。

第二十五条 劳动者被依法拘留、逮捕或者其他被依法限制人身自由,使劳动合同中止履行的,企业可以不支付劳动合同中止期间的工资。

劳动者被人民法院判处管制、缓刑,或被假释、取保候审、监外执行等没有被完全限制人身自由,企业未与其解除劳动合同,且劳动者提供了正常劳动的,企业应当按照劳动合同约定的工资标准支付其工资;工作岗位变动的,企业应及时与劳动者变更劳动合同有关内容,并按劳动合同约定支付其工资。

第二十六条 企业确因生产经营困难,暂时无法按时足额支付劳动者工资的,应当向劳动者说明情况,并经与工会或者职工代表协商一致后,可以延期支付工资,但最长不得超过30 日。

第二十七条 非因劳动者本人原因造成单位停工停产,未超过一个工资支付周期的,企业应按劳动合同的约定支付劳动者工资。超过一个工资支付周期,企业可与劳动者重新协商变更劳动合同中有关工资支付的内容,并按变更后的劳动合同约定支付劳动者工资。

第二十八条 企业依法破产时,应按《中华人民共和国企业破产法》的规定,支付应付劳动者的工资。

企业合并或者分立、关闭、注销前拖欠劳动者工资的,参照本条第一款规定执行。

第二十九条 建设单位、施工总承包企业、专业承包企业(以下统称为发包单位)将建筑工程项目或承揽工程项目分包、发包给不具备用工主体资格的组织或个人的,以及劳务分包企业将劳务作业转包给其它组织或者个人的,该组织或者个人拖欠劳动者工资,劳务分包企业应当直接向劳动者支付所拖欠的工资,建设单位、施工总承包企业、专业承包企业应当承担连带责任或直接向劳动者支付所拖欠的工资。因转包、违法分包工程造成拖欠劳动者工资的,由建设单位、施工总承包企业、专业承包企业承担全部责任。

因建设单位、施工总承包企业或者专业承包企业未按合同约定支付工程款或者分包价款,而致使专业承包企业或者劳务分包企业拖欠劳动者工资的,在拖欠的工程款或者分包价款支付后,专业承包企业和劳务分包企业应当将所得款项首先用于支付拖欠的劳动者工资。

第四章 监 督 管 理

第三十条 劳动保障行政部门依法对企业执行工资分配法律、法规和规章的情况进行监督检查,依法纠正和查处违法行为。企业在接受监督检查时应当如实报告情况,并按要求提供相关的资料和证明。

第三十一条 建立企业工资支付监控制度。凡拖欠劳动者工资两个月以上(含两个月)的企业,应纳入重点监控范围,并向社会公示。

列入工资支付重点监控的企业,在 6 个月内未再拖欠劳动者工资的,应当解除重点监控,并向社会公示。

第三十二条 全面实行《工资总额使用手册》制度。企业从银行提取工资时,凡属工资总额组成内容的支出,不论采取现金提取,还是通过转账储蓄或者信用卡代发等形式,均应当使用经劳动保障行政部门审核签章的《工资总额使用手册》,通过开户银行支取。

第三十三条 企业在办理《工资总额使用手册》时,需提供以下材料:

(一)企业营业执照副本原件及其复印件;

（二）劳动合同鉴证名册；

（三）企业为职工缴纳的社会保险凭证；

（四）《企业工资支付情况表》；

（五）上年度《工资总额使用手册》。

第三十四条 实行企业欠薪报告制度。企业确因生产经营困难等原因需要延期支付工资的，必须征得企业工会或者职工代表的同意，并向同级劳动保障行政部门、当地工会组织报告后，方可延期支付工资。

第三十五条 企业欠薪报告应当包括以下内容：

（一）延期支付工资的原因、时间、金额和涉及职工人数；

（二）企业目前的生产经营和财务状况；

（三）偿还工资计划和解决措施等；

（四）企业工会或者职工代表的意见。

第三十六条 企业欠薪报告按下列规定程序办理：

（一）于下一个工资支付日 10 日前，向本企业工会或者职工代表报告；

（二）企业与本企业工会或者职工代表报告后的 5 日内进行平等协商，确定偿还职工工资的计划，签订书面协议，并按要求填写《企业欠薪报告表》，上报企业主管部门；

（三）企业主管部门接到报告后 5 日内，应当对该欠薪企业生产经营和财务状况以及偿还工资计划和措施的可行性进行调查核实，提出处理意见，向同级劳动保障行政部门、当地工会组织报告。

无主管部门的企业在 5 日内直接向同级劳动保障行政部门、当地工会组织报告。

第三十七条 对被纳入工资支付重点监控的企业实行工资保证金制度。企业应当按照规定在指定的开户银行预存工资保证金。

工资保证金账户由劳动保障行政部门或建设行政部门在指定银行设立，实行专户进行管理，用于本企业偿还拖欠职工工资。

第三十八条 工资保证金按照下列标准预存：

（一）对被纳入工资支付重点监控的建设企业按照建设工程合同价款的 1%—4% 预存工资保证金。

（二）其他被纳入工资支付重点监控的企业，按照本企业上年度职工工资总额的 10% 预存工资保证金。

第三十九条 劳动保障行政部门应当依法监督检查企业工资支付情况，受理劳动者的举报，依法查处和纠正违反工资支付规定的行为。违反治安管理处罚法的，由公安机关给予处罚。构成犯罪的，依法追究刑事责任。

第四十条 各级工会组织对企业遵守工资支付法律、法规和规章的情况依法进行监督，对企业的违法行为，工会有权提出意见或者要求纠正。对拒不改正的企业，基层工会可依法向上级工会反映或向当地劳动保障行政部门举报。

第四十一条 所有建设企业都要按照合同约定及时拨付工程款项，建设资金不落实的，建设部门不得发放施工许可证，不得批准开工报告。

第五章 附 则

第四十二条 企业应当根据本规定，通过职工大会、职工代表大会或者其他形式协商制定内部分配规章制度,并告之本企业全体劳动者。

第四十三条 正常劳动是指劳动者按照依法签订的劳动合同约定,在法定工作时间或劳动合同约定的工作时间内从事的劳动。

第四十四条 法定标准工时是指每天工作 8 小时、每周工作 40 小时、每月平均工作20.92天。

第四十五条 克扣工资是指除本规定第十三条、第十四条规定的情形外,企业扣减劳动者应得工资的行为。

无故拖欠工资是指除自然灾害、战争等不可抗力以及本规定第二十六条规定的情形外,企业未按时足额支付工资的行为。

第四十六条 本规定自发布之日起实施。

2007 年 9 月 25 日

⑫ 上海市企业职工最低工资规定

第一条 为了保护职工的合法权益,保障职工及其家庭成员的基本生活,有利于企业之间的公平竞争,根据《中华人民共和国劳动法》及其他有关规定,结合本市实际情况,制定本规定。

第二条 本规定适用于本市范围内的企业及与其形成劳动关系的职工。

第三条 本规定所称的最低工资,是指职工在法定工作时间内提供正常劳动后所在企业必须支付的最低劳动报酬。

第四条 最低工资分为月最低工资和小时最低工资。全日制劳动合同关系适用于月最低工资;非全日制劳动合同关系适用于小时最低工资。最低工资应当以货币形式按时支付。

第五条 最低工资由国家统计部门规定的应当列入工资总额的各项工资性收入剔除下列项目后构成:

(一)延长法定工作时间所得的工资报酬;

(二)中班、夜班、高温、低温、井下、有毒有害等特殊工作环境条件下的津贴;

(三)劳动者个人依法缴纳的社会保险费和住房公积金,不得列入最低工资。

(四)市人力资源社会保障局规定的不列入最低工资的其他收入。法律、法规、规章规定的职工劳动保险、福利待遇,不得列入最低工资。

第六条 实行计件或者提成工资形式的,职工的月实际劳动报酬不得低于月最低工资。

形成全日制劳动合同关系的职工因个人原因,在法定工作时间内提供的正常劳动不满一个月的,其月最低工资按照实际提供的劳动时间进行折算。

形成全日制劳动合同关系的职工享受法定的休假日和婚丧假以及依法参加社会活动,视为提供了正常劳动。

第七条 确定和调整最低工资标准应当综合参考下列因素:

(一)职工本人及平均赡养人口的最低生活费用;

(二)社会平均工资水平;

(三)劳动生产率;

(四)就业状况;

（五）本市城乡之间经济发展水平的差异。

确定和调整小时最低工资标准,还应当综合考虑非全日制工作的职业稳定、福利待遇等因素。

第八条　确定和调整最低工资标准由市人力资源社会保障局会同市总工会和企业界代表提出方案,报市人民政府批准后实施,并报国务院备案。

最低工资标准应当每年公布 1 次。

第九条　企业支付的最低工资可以全额列入成本。

第十条　工会组织有权对最低工资标准的执行情况进行监督,发现企业支付职工的工资低于最低工资标准的,可以提请人力资源社会保障行政部门处理。

第十一条　企业违反本规定,支付职工的工资低于最低工资标准的,由人力资源社会保障行政部门责令其限期补发按最低工资标准计算的欠付数额,并按国家有关规定支付补偿金。

第十二条　职工对企业违反本规定的行为,有权向人力资源社会保障行政部门举报;对支付最低工资发生争议的,可以依法向劳动人事争议仲裁委员会申请仲裁。对仲裁裁决不服的,可以依法向人民法院起诉。

第十三条　企业对人力资源社会保障行政部门的具体行政行为不服的,可以按照《中华人民共和国行政复议法》和《中华人民共和国行政诉讼法》的规定,申请行政复议或者提起行政诉讼。

第十四条　企业因生产经营发生困难,按有关规定经政府或者有关部门批准或者裁定而关闭、整顿或者进入破产程序的,不适用本规定。

职工病假、事假期间的工资待遇,按有关病假、事假的规定执行。

第十五条　本规定第二条以外的其他劳动者,其最低劳动报酬参照本规定执行。

第十六条　本规定的具体应用问题由市人力资源社会保障局负责解释。

第十七条　本规定自公布之日起施行。

2002 年 8 月 21 日

⑬　江苏省工资支付条例

第一章　总　　则

第一条　为了保护劳动者取得劳动报酬的权利,规范用人单位的工资支付行为,加强对用人单位工资支付行为的监督管理,根据《中华人民共和国劳动法》和有关法律、行政法规,结合本省实际,制定本条例。

第二条　在本省行政区域内的企业、个体工商户、民办非企业单位(以下统称用人单位)和与之形成劳动关系的劳动者,适用本条例。

国家机关、事业单位、社会团体和与之形成劳动合同关系的劳动者,依照本条例执行。公务员和参照公务员管理的人员工资支付以及国家另有规定的除外。

第三条　县级以上地方人民政府根据本地区社会经济发展和劳动力供求状况等,定期制定和发布工资水平宏观调控指导政策。

用人单位应当按照政府工资分配的宏观调控指导政策的要求,结合劳动力市场价格和本单位经济效益,合理确定本单位的工资水平。

用人单位应当建立正常的工资增长机制,根据本单位的经济效益增长情况、当地政府发布的工资指导线、工资指导价位和本地区、行业的职工平均工资水平等,逐步增加劳动者的工资。

第四条 工资分配应当遵循按劳分配的原则,实行同工同酬;工资支付应当遵循诚实信用的原则,按时以货币形式足额支付。

第五条 县级以上地方人民政府劳动和社会保障行政部门(以下简称劳动保障行政部门)负责对本行政区域内的工资支付行为进行指导和监督检查。

县级以上地方人民政府人事、经贸、建设、工商管理、人民银行等部门在各自职责范围内,依法对本行政区域内的工资支付行为进行管理和监督。

工会、妇联等组织依法维护劳动者获得劳动报酬的权利。

第二章 一般规定

第六条 用人单位(个体工商户除外)应当就工资分配、工资支付等事项依法制定规章制度。制定规章制度应当听取本单位职工代表大会(职工大会)或者工会组织的意见,并及时在本单位公布,告知本单位全体劳动者。对职工代表大会(职工大会)或者工会组织提出的合理意见,用人单位应当采纳。

第七条 工资分配制度应当包括以下内容:

(一)各岗位的工资分配办法;

(二)工资正常增长分配办法;

(三)奖金分配办法;

(四)津贴、补贴分配办法;

(五)患病、休假等特殊情况下的工资分配办法。

第八条 工资支付制度应当明确以下内容:

(一)工资支付项目、标准、形式;

(二)工资支付周期和日期;

(三)加班加点工资计算标准;

(四)假期工资支付标准;

(五)依法代扣工资的情形及标准。

第九条 用人单位与职工一方就职工年度工资调整水平和调整部分的分配办法等签订集体合同或者工资专项集体合同,应当采取集体协商的方式。

第十条 用人单位与劳动者应当在劳动合同中约定与其岗位相对应的工资分配及支付办法等事项,双方的约定不得违反本单位工资分配和支付制度、集体合同或者工资专项集体合同。

第十一条 实行计件工资制的,用人单位确定、调整劳动定额或者计件报酬标准应当遵循科学合理的原则;确定、调整的劳动定额应当使本单位同岗位百分之九十以上劳动者在法定工作时间内能够完成。

第十二条 劳动者提供了正常劳动,用人单位应当按照劳动合同约定的工资标准支付劳动者工资。劳动合同约定的工资标准不得低于当地最低工资标准。

　　劳动者有下列特殊情形之一,但提供了正常劳动的,用人单位支付给劳动者的工资不得低于当地最低工资标准,其中非全日制劳动者的工资不得低于当地小时最低工资标准:

　　(一) 在试用期内的;

　　(二) 因用人单位实行预付部分工资、分批支付工资的;

　　(三) 违反用人单位依法制定的规章制度,被用人单位扣除当月部分工资的;

　　(四) 给用人单位造成经济损失,用人单位按照劳动合同的约定以及依法制定的规章制度的规定需要从工资中扣除赔偿费的;

　　(五) 因用人单位生产经营困难不能按工资标准支付工资,经用人单位与本单位工会或者职工代表协商一致后降低工资标准的。

　　前款第(三)项规定的情形,用人单位扣除劳动者当月工资的部分并不得超过劳动者当月应发工资的百分之二十;第(四)项规定的情形,用人单位和劳动者在经济损失发生后另有约定的除外。

　　当地最低工资标准由设区的市人民政府根据省人民政府公布的最低工资标准确定;最低工资标准每两年至少调整一次。

　　劳动合同履行地与用人单位所在地的当地最低工资标准不一致的,适用当地最低工资标准时应当遵循有利于劳动者的原则。

　　第十三条　用人单位应当自劳动者实际履行劳动义务之日起计算劳动者工资。

　　工资支付周期最长不得超过一个月。确定工资支付周期应当遵守下列规定:

　　(一) 实行月、周、日、小时工资制的,工资支付周期可以按月、周、日、小时确定;

　　(二) 实行年薪制或者按考核周期支付工资的,应当每月预付部分工资,年终或者考核周期期满后结算并付清;

　　(三) 实行计件工资制或者其他相类似工资支付形式的,工资支付周期可以按计件完成情况约定;

　　(四) 以完成一定工作任务计发工资的,在工作任务完成后结算并付清。结算周期超过一个月的,用人单位应当每月预付工资;

　　(五) 建筑施工企业经与劳动者协商后实行分批支付工资的,应当每月预付部分工资,每半年至少结算一次并付清,第二年一月份上旬前结算并付清上年度全年工资余额。

　　第十四条　用人单位应当在与劳动者约定的日期支付工资;没有约定工资支付日期的,按照用人单位规定的日期支付工资。

　　工资支付日期如遇法定节假日或者休息日,应当在此之前的工作日提前支付。

　　第十五条　用人单位应当以货币形式支付劳动者工资,不得以实物、有价证券等形式替代,不得规定劳动者在指定地点、场合消费,也不得规定劳动者的消费方式。

　　第十六条　用人单位可以与银行签订代为支付工资协议,在银行设立工资专用账户,并在本单位工资支付日前将劳动者工资足额纳入工资专用账户,由银行在协议约定的时间内代为支付劳动者工资。

　　第十七条　用人单位应当书面记录支付劳动者工资的应发项目及数额、实发数额、支付日期、支付周期、依法扣除项目及数额、领取者姓名等内容。

　　用人单位应当建立劳动考勤制度,书面记录劳动者的出勤情况,每月与劳动者核对并由劳动者签字。用人单位保存劳动考勤记录不得少于二年。

用人单位不得伪造、变造、隐匿、销毁工资支付记录及劳动者出勤记录。

第十八条　用人单位应当将工资支付给劳动者本人,并同时提供本人的工资清单。劳动者实际取得的工资与工资清单以及用人单位的工资支付记录应当一致。

劳动者有权查询和核对本人的工资。

第十九条　用人单位与劳动者依法解除或者终止劳动关系的,应当在劳动关系解除或者终止之日起两个工作日内一次性付清劳动者工资。双方另有约定的除外。

劳动者死亡的,用人单位应当按照满一个工资支付周期支付其工资。

第三章　特殊规定

第二十条　用人单位安排劳动者加班加点,应当按照下列标准支付劳动者加班加点的工资:

(一) 工作日延长劳动时间的,按照不低于本人工资的百分之一百五十支付加点工资;

(二) 在休息日劳动又不能在六个月之内安排同等时间补休的,按照不低于本人工资的百分之二百支付加班工资;

(三) 在法定休假日劳动的,按照不低于本人工资的百分之三百支付加班工资。

前款第(一)项、第(三)项的加班加点工资支付周期自加班加点当日起最长不得超过一个月;第(二)项的加班工资支付周期自加班当日起最长不得超过六个月,但劳动合同履行期限不足六个月的,应当在劳动合同剩余时间内支付完毕。

第二十一条　实行计件工资制的,劳动者在完成计件定额任务后,用人单位安排其在法定工作时间以外加班加点的,应当根据本条例第二十条的规定,分别按照不低于其本人法定工作时间计件单价的百分之一百五十、百分之二百、百分之三百支付加班加点工资。

第二十二条　经劳动保障行政部门批准实行综合计算工时工作制的,劳动者在综合计算周期内总的工作时间超过总法定工作时间的部分,视为延长工作时间,用人单位应当依照本条例第二十条第一款第(一)项的规定支付劳动者加点工资。劳动者在法定休假日劳动的,用人单位应当依照本条例第二十条第一款第(三)项的规定支付劳动者加班工资。

第二十三条　实行轮班工作制的,劳动者在法定休假日遇轮班的,用人单位应当执行本条例第二十条第一款第(三)项的规定。

第二十四条　妇女节、青年节等国家规定部分公民节日放假期间,用人单位安排劳动者休息、参加节日活动的,应当视同其正常劳动支付工资。节日与休息日为同一天,用人单位安排劳动者加班的,应当执行本条例第二十条第一款第(二)项的规定。

第二十五条　经劳动保障行政部门批准实行不定时工作制的,不执行本条例第二十条的规定。

第二十六条　劳动者有下列情形之一的,用人单位可以不予支付其期间的工资:

(一) 在事假期间的;

(二) 无正当理由未提供劳动的;

(三) 由于劳动者本人的原因中止劳动合同的。

第二十七条　劳动者患病或者非因工负伤停止劳动,且在国家规定医疗期内的,用人单位应当按照工资分配制度的规定以及劳动合同、集体合同的约定或者国家有关规定,向劳动者支付病假工资或者疾病救济费。

病假工资、疾病救济费不得低于当地最低工资标准的百分之八十。国家另有规定的,从其规定。

第二十八条 对依法被列为甲类传染病或者采取甲类传染病控制措施的疑似病人或者其密切接触者,经隔离观察排除是病人或者疑似病人的,其隔离观察期间,用人单位应当视同劳动者提供正常劳动并支付其工资。

第二十九条 劳动者依法享有的法定节假日以及年休假、探亲假、婚丧假、晚婚晚育假、节育手术假、女职工孕期产前检查、产假、哺乳期内的哺乳时间、男方护理假、工伤职工停工留薪期等期间,用人单位应当视同劳动者提供正常劳动并支付其工资。

第三十条 劳动者因依法参加下列社会活动占用工作时间的,用人单位应当视同劳动者提供正常劳动并支付其工资:

(一)行使选举权或者被选举权;

(二)人大代表、政协委员依法履行职责;

(三)当选代表,出席政府、党派以及工会、青年团、妇联等召开的会议;

(四)出任人民法院陪审员;

(五)出席劳动模范、先进工作者大会;

(六)基层工会非专职工作人员履行职责;

(七)担任集体协商代表期间,参加集体协商、签订集体合同;

(八)参加兵役登记等应征事宜和预备役人员参加军事训练;

(九)法律、法规、规章规定的其他社会活动。

第三十一条 用人单位非因劳动者原因停工、停产、歇业,在劳动者一个工资支付周期内的,应当视同劳动者提供正常劳动支付其工资。超过一个工资支付周期的,可以根据劳动者提供的劳动,按照双方新约定的标准支付工资;用人单位没有安排劳动者工作的,应当按照不低于当地最低工资标准的百分之八十支付劳动者生活费。国家另有规定的,从其规定。

第三十二条 用人单位依照本条例第二十七条、第三十一条的规定,按照当地最低工资标准的百分之八十支付给劳动者病假工资、疾病救济费和生活费的,必须同时承担应当由劳动者个人缴纳的社会保险费和住房公积金。

第三十三条 劳动者依法被取保候审、判处管制、适用缓刑或者被假释、监外执行期间,劳动合同未解除且劳动者继续在原单位正常劳动的,用人单位应当按照劳动合同的约定以及本单位的规章制度支付其工资。

第三十四条 用人单位依法变动劳动者工作岗位降低其工资水平,应当符合用人单位依法制定的规章制度的规定,但不得违反诚信原则滥用权力,对劳动者的工作岗位作出不合理的变动。

第三十五条 除下列款项外,用人单位不得从劳动者的工资中代扣:

(一)劳动者应当缴纳的个人所得税;

(二)劳动者个人应当缴纳的社会保险费和住房公积金;

(三)人民法院发生法律效力的法律文书中载明应当由劳动者承担的扶养费、抚养费、赡养费等;

(四)法律、法规规定代扣的其他款项。

第四章　保 障 规 定

第三十六条　用人单位未按时足额支付劳动者工资的,应当自拖欠发生之日起五日内向县级劳动保障行政部门书面报告,并提出处理方案。

第三十七条　用人单位按照劳动合同约定或者经与劳动者协商一致指派劳动者到其他单位(以下称实际用人单位)工作,实际用人单位克扣、无故拖欠劳动者工资的,由用人单位承担对劳动者的义务,实际用人单位承担连带责任。

第三十八条　合伙企业克扣、无故拖欠劳动者工资的,合伙人承担连带责任。企业无力支付或者合伙人逃匿的,其他合伙人应当支付劳动者的工资。

第三十九条　建设工程项目发包人可以采取措施督促承包人将工资支付给劳动者本人。

建设工程项目发包人或者总承包人未按合同约定支付工程款,承包人克扣、无故拖欠劳动者工资的,当地劳动保障行政部门或者建设行政部门可以决定由发包人或者总承包人先行垫付劳动者工资,先行垫付的工资数额以未结清的工程款为限。

第四十条　由于不可抗力原因,导致延期支付劳动者工资的,应当在不可抗力原因消除后三十日内支付劳动者工资。

用人单位确因生产经营困难,资金周转受到严重影响无法在约定的工资支付周期内支付劳动者工资的,应当以书面形式向劳动者说明情况,在征得工会或者职工代表大会(职工大会)的同意后,可以延期支付工资,但最长不得超过三十日。

第四十一条　县级以上地方人民政府根据本行政区域内工资支付的实际情况,建立欠薪预警制度。对连续拖欠劳动者工资二个月以上或者累计拖欠达三个月以上的用人单位,劳动保障行政部门视其欠薪情况,可以实施工资支付重点监察,并可以向社会公布。

纳入工资支付重点监察的用人单位,必须按照政府欠薪预警制度的规定提交由金融机构出具的保函或者预交工资支付保证金。工资支付保证金专户储存,专款专用,用于保障该单位劳动者的工资支付。

纳入工资支付重点监察的用人单位付清原拖欠的劳动者工资,且在六个月期限内未再发生新的拖欠的,劳动保障行政部门应当解除其重点监察。纳入工资支付重点监察时向社会公布的,应当在原公布范围内公示解除重点监察。

第四十二条　国有资金投资或者国家融资的建设项目、服务项目以及政府采购项目的招标人,应当限制已实施工资支付重点监察,且经劳动保障行政部门认定属于恶意拖欠劳动者工资的用人单位投标。

前款所列项目招标人应当向劳动保障行政部门征询有关投标人的工资支付信用情况,劳动保障行政部门应当及时出具意见。

第四十三条　用人单位破产、撤销或者解散的,经依法清算后的财产应当优先安排偿还所欠的劳动者的工资、应当缴纳的社会保险费、经济补偿金。

第五章　监督检查和争议处理

第四十四条　劳动保障行政部门应当建立健全对用人单位工资支付行为的监督检查制度,规范监督检查程序,依法对用人单位工资支付情况进行监察,对违法行为进行处理。

劳动保障行政部门依法对用人单位工资支付情况进行执法检查时,用人单位应当如实报告情况,提供用人情况、工资支付记录、考勤记录、财务账册、财务报表、开户银行账号等必要资料和证明,不得弄虚作假、阻碍、拒绝。

第四十五条 劳动保障行政部门应当建立健全对工资支付违法行为的举报制度,设立举报信箱,公布举报电话,为劳动者举报提供便利条件,并为举报人保密。

劳动保障行政部门接到举报后,应当在七个工作日决定是否立案并告知举报人;立案后对违法行为的查处,应当自立案之日起三十日内办结;情况复杂确需延长时间的,应当经劳动保障行政部门负责人批准,但延长时间最长不得超过三十日。

第四十六条 劳动保障行政部门应当建立健全包括工资支付情况在内的用人单位劳动守法诚信档案,推行劳动守法诚信评价制度;对克扣、无故拖欠劳动者工资情况严重的用人单位,可以通过传播媒体或者在职业介绍场所、用人单位工作场所等地点予以公布,并将有关情况告知工商行政管理、公安、税务、人民银行等有关部门。

第四十七条 县级以上地方人民政府应当加强对劳动保障行政部门工资支付执法情况的监督检查。上级劳动保障行政部门应当加强对下级劳动保障行政部门工资支付执法情况的监督检查,发现下级劳动保障行政部门对用人单位 工资支付的违法行为不作为或者作出的行政处理决定违法、不当的,应当责令其限期改正。

第四十八条 工会组织依法对用人单位遵守有关工资支付的法律、法规、规章的情况进行监督,发现违法违规行为,有权要求其改正。用人单位拒不改正的,工会可以向本级劳动保障行政部门提出处理建议;劳动保障行政部门在接到工会的建议后,应当依照本条例第四十五条第二款的规定依法作出处理,并将处理结果告知工会。

劳动者申请劳动仲裁或者提起诉讼的,工会应当依法予以支持和帮助。

第四十九条 因用人单位克扣、无故拖欠劳动者工资引发停工、怠工事件的,工会应当代表职工与用人单位进行交涉。用人单位应当及时采取措施,按照规定支付劳动者工资。工会应当协助用人单位恢复生产、工作秩序。

第五十条 用人单位有下列情形之一的,劳动者有权举报,也可以依法申请调解、仲裁,或者依法提起诉讼:

(一)未按照约定支付劳动者工资的;

(二)违反最低工资保障规定的;

(三)克扣、无故拖欠劳动者工资的;

(四)不按照规定支付劳动者加班加点工资的;

(五)未按照劳动合同、集体合同的约定增加劳动者工资的;

(六)其他侵害劳动者劳动报酬等合法权益的行为。

第五十一条 用人单位对工资支付承担举证责任。用人单位拒绝提供或者在规定时间内不能提供有关工资支付凭证等证据材料的,劳动保障行政部门、劳动争议仲裁委员会和人民法院可以按照劳动者提供的工资数额及其他有关证据直接作出认定。

用人单位和劳动者都不能对工资数额举证的,由劳动保障行政部门、劳动争议仲裁委员会和人民法院参照本单位同岗位的平均工资或者当地在岗职工平均工资水平,按照有利于劳动者的原则计算确定。

第五十二条 劳动争议仲裁委员会和人民法院审理劳动争议案件时,对不及时支付工资可能造成劳动者生活困难的,可以部分裁决先予支付劳动者部分工资。

第五十三条 用人单位与劳动者之间因工资支付发生劳动争议的,劳动争议发生之日应当从用人单位明示拒绝支付工资之日起算;用人单位未明示拒绝支付工资的,应当从劳动者实际追偿之日起算。

第六章 法 律 责 任

第五十四条 用人单位有下列行为之一的,由劳动保障行政部门责令其在规定时间内支付劳动者应得的工资,并可以责令其按照劳动者应得工资的一倍以上三倍以下支付赔偿金;情节严重的或者被实施工资支付重点监察二个月以上并且尚未解除的,可以责令其按照劳动者应得工资的三倍以上五倍以下支付赔偿金:

(一)克扣、无故拖欠劳动者工资的;

(二)拒不支付劳动者加班加点工资的;

(三)违反最低工资规定支付劳动者工资的。

第五十五条 用人单位违反本条例第六条规定,未制定、公布工资分配、工资支付规章制度,或者制定工资分配、工资支付规章制度未听取本单位职工代表大会(职工大会)或者工会组织的意见的,由劳动保障行政部门责令限期改正;逾期不改正的,处以一千元以上一万元以下的罚款,并可以对其法定代表人或者主要负责人处以一千元以上五千元以下的罚款。

用人单位违反本条例第十七条、第十八条第一款规定,未记录、提供劳动者工资清单,或者未记录劳动者出勤情况、出勤记录保存期限少于二年的,由劳动保障行政部门处以一千元以上一万元以下的罚款,并可以对其法定代表人或者主要负责人处以一千元以上五千元以下的罚款。

第五十六条 违反本条例第十二条第二款第(五)项规定,用人单位降低劳动者工资标准未与本单位工会或者职工代表协商一致,给劳动者造成工资损失的,由劳动保障行政部门责令限期改正;逾期不改正的,可以责令给予劳动者工资损失的一倍以上二倍以下的赔偿。

第五十七条 用人单位违反本条例第十五条规定,未以货币形式支付劳动者工资,或者指定劳动者消费地点、场合、限制消费方式的,由劳动保障行政部门责令限期改正;逾期不改正的,可以责令给予劳动者同等金额一倍的赔偿,并可以对用人单位处以五千元以上二万元以下的罚款,对其法定代表人或者主要负责人处以一千元以上一万元以下的罚款。

第五十八条 用人单位违反本条例第三十六条规定未报告的,由劳动保障行政部门责令限期改正;逾期不改正的,处以一千元以上五千元以下的罚款。

第五十九条 用人单位违反本条例第四十四条第二款规定,弄虚作假或者阻碍、拒绝监督检查的,由劳动保障行政部门予以警告,处以一千元以上一万元以下的罚款,并可以对其法定代表人或者主要负责人以及直接责任人处以一千元以上一万元以下的罚款;构成违反治安管理行为的,由公安机关依法予以处罚;构成犯罪的,依法追究刑事责任。

第六十条 劳动保障行政部门及其工作人员违反本条例规定,有下列行为之一的,由其上级行政机关或者监察机关责令改正;情节严重的,对直接负责的主管人员和其他直接责任人员依法给予行政处分:

(一)未如实向社会公布用人单位克扣、无故拖欠工资等有关情况的;

(二)未建立用人单位工资支付违法行为举报制度的;

(三)未为举报人保密的;

（四）未依法及时处理劳动者举报或者工会组织处理建议的。

第六十一条　劳动保障行政部门及其工作人员违反本条例规定有下列行为之一的，由其上级行政机关或者监察机关对直接负责的主管人员和其他直接责任人员依法给予行政处分；构成犯罪的，依法追究刑事责任：

（一）玩忽职守、滥用职权的；

（二）利用职权谋取利益的；

（三）泄露用人单位的商业秘密或者其他保密资料的。

第七章　附　　则

第六十二条　本条例所称工资是指用人单位根据国家规定或者劳动合同的约定，依法以货币形式支付给劳动者的劳动报酬，包括计时工资、计件工资、奖金、津贴和补贴、加班加点工资以及特殊情况下支付的工资等，不包括用人单位承担的社会保险费、住房公积金、劳动保护、职工福利和职工教育费用。

第六十三条　本条例所称正常劳动是指劳动者按照依法签订的劳动合同，在法定工作时间或者劳动合同约定的工作时间内从事的劳动。

克扣工资是指用人单位违反本条例规定扣减劳动者工资的行为。

无故拖欠工资是指用人单位除本条例第四十条规定外，延期未支付或者未足额支付劳动者工资的行为。

第六十四条　本条例第二十条用于计算劳动者加班加点工资的标准，第二十四条、第二十八条、第二十九条、第三十条用于计算劳动者提供正常劳动支付月工资的标准，第二十六条用于计算不予支付月工资的标准应当按照下列原则确定：

（一）用人单位与劳动者双方有约定的，从其约定；

（二）双方没有约定的，或者双方的约定标准低于集体合同或者本单位工资支付制度标准的，按照集体合同或者本单位工资支付制度执行；

（三）前两项无法确定工资标准的，按照劳动者前十二个月平均工资计算，其中劳动者实际工作时间不满十二个月的按照实际月平均工资计算。

第六十五条　劳动者的工资需要折算为日工资和小时工资的，应当按照法定的日、小时工作时间计算。劳动者全年月平均工作天数和工作时间分别为 20.92 天和 167.4 小时。

国家有关部门或者行业确定、推荐的日工资标准或者劳动定额、计件报酬标准低于以当地最低工资标准折算后的日工资标准的，以当地最低工资标准折算后的日工资标准为准。

第六十六条　本条例自 2005 年 1 月 1 日起施行。本条例施行前本省制定的有关工资支付的规定与本条例不一致的，以本条例为准。

2004 年 10 月 26 日

⑭ ## 辽宁省最低工资规定

第一条　为了维护劳动者获得劳动报酬的权利，保障劳动者个人及其家庭成员的基本生活，根据《中华人民共和国劳动法》，结合我省实际，制定本规定。

第二条　本规定适用于我省行政区域内的各类企业、有雇工的个体工商户、民办非企业

213

单位和与之形成劳动关系的劳动者。国家机关、事业单位、社会团体和与之建立劳动合同关系的劳动者,依照本规定执行。

第三条　本规定所称最低工资,是指在法定工作时间或者依法签订的劳动合同约定的工作时间内,劳动者提供了正常劳动,企业、有雇工的个体工商户、民办非企业单位和有关的国家机关、事业单位、社会团体(以下统称用人单位)依法应当支付的最低劳动报酬。正常劳动,是指劳动者在法定工作时间或者依法签订的劳动合同约定的工作时间内从事的劳动。劳动者依法享受带薪年休假、探亲假、婚丧假、生育假、节育手术假等期间,以及在法定工作时间内依法参加社会活动期间,视为提供了正常劳动。

第四条　省、市、县(含县级市、区,下同)劳动保障行政部门负责本行政区域最低工资的监督管理工作。工会组织有权对用人单位执行最低工资情况进行监督,发现用人单位支付劳动者工资违反本规定的,有权要求当地劳动保障行政部门处理。

第五条　最低工资标准采取月最低工资标准和小时最低工资标准的形式。月最低工资标准适用于全日制就业劳动者,小时最低工资标准适用于非全日制就业劳动者。

第六条　确定月最低工资标准,应当参考当地就业者及其赡养人口的最低生活费用、城镇居民消费价格指数、职工个人缴纳的社会保险费、住房公积金、职工平均工资、经济发展水平、就业状况等因素。确定小时最低工资标准,应当在月最低工资标准的基础上,考虑用人单位应缴纳基本养老保险费和基本医疗保险费因素,以及非全日制劳动者在工作稳定性、劳动条件和劳动强度、福利待遇等方面与全日制就业人员之间的差异因素。最低资标准的测算方法,按照国家劳动保障行政部门的有关规定执行。

第七条　最低工资标准公布施行后,确定最低工资标准的相关因素发生变化时,应当适时调整最低工资标准。最低工资标准每两年至少调整一次。

第八条　省最低工资标准的确定或者调整方案(含最低工资确定或者调整的依据、适用范围、分档分类标准和说明,下同),由省劳动保障行政部门会同省有关部门和工会拟订,经征求国务院劳动保障行政部门和省有关行业协会(商会)的意见后,报省人民政府批准。

第九条　市人民政府根据省人民政府公布的省最低工资标准和本地经济、社会发展实际,可以在省最低工资标准上下浮动20%的范围内,拟订本市最低工资标准,报省人民政府批准后施行。国家和省批准的经济开发区、高新技术产业开发区、边境经济合作区、保税区执行的最低工资标准,可以与本市其他区域有所差别。

第十条　省、市劳动保障行政部门应当在最低工资标准确定或者调整方案批准后7日内,将最低工资标准在本级人民政府公报和本行政区域公开发行的报纸上公布。用人单位应当在最低工资标准公布后10日内,将该标准向本单位全体劳动者公示。

第十一条　除由于劳动者本人原因造成在法定工作时间或者依法签订的劳动合同约定的工作时间内未提供正常劳动的以外,用人单位支付给提供正常劳动的劳动者工资,在剔除下列各项后,不得低于当地最低工资标准:

(一)延长工作时间工资;

(二)中班、夜班、高温、低温、井下、有毒有害等特殊工作环境和条件下的津贴;

(三)法律、法规和国家统一规定的劳动者福利待遇等。实行计件工资或者提成工资等工资形式的用人单位,应当科学、合理地界定劳动定额,其支付给劳动者的工资不得低于相应的最低工资标准。

第十二条　县以上劳动保障行政部门应当建立健全劳动保障信用记录制度。

第十三条　用人单位违反本规定第十一条的,由县以上劳动保障行政部门责令其限期补发所欠劳动者工资,并可以责令其按所欠工资的1至5倍支付赔偿金。

第十四条　劳动者与用人单位之间因执行最低工资标准发生争议的,依法按照劳动争议处理的有关规定处理。

第十五条　劳动保障行政部门及其工作人员在最低工资监督管理工作中滥用职权、徇私舞弊、玩忽职守的,由其所在单位或者上级主管机关给予行政处分;构成犯罪的,依法追究刑事责任。

第十六条　本规定自2004年12月1日起施行。1994年12月3日辽宁省人民政府发布的《辽宁省企业最低工资暂行规定》同时废止。

2004年11月4日

⑮ 浙江省最低工资规定

一、加大对《规定》的宣传力度

各地要充分利用报纸、电视、广播等各种媒体,采取讲座、咨询活动、印发小册子等方式,加大对《规定》的宣传力度,增强劳动者的维权意识和企业主的守法意识。目前,一些个私企业为保持其低成本优势,将最低工资标准这一最底线直接作为支付劳动者的工资标准。而最低工资标准本身并不是工资支付的一个实际标准,是向提供了正常劳动的劳动者支付报酬的法定最低限。针对这一问题,各地要重点向一些个私企业做好宣传,改变企业主在执行最低工资标准问题上的模糊的认识。

二、进一步明确有关政策规定

(一)我省的最低工资标准包含职工个人缴纳的社会保险费(包括养老、医疗、失业保险费)和住房公积金。

(二)省政府每次调整最低工资标准后,各地应在1个月内选择确定当地的最低工资标准,并报我厅备案。各地调整后的实施时间必须与省政府规定的实施时间一致。

(三)各地在最低工资标准调整后,必须在当地主要报纸上发布,并要求用人单位在最低工资标准发布后10日内将该标准向本单位全体劳动者公示。

三、加强对《规定》执行情况的监督检查

近期,各地要以《规定》的出台为契机,对服装加工、机械加工、食品加工等劳动密集型的企业尤其是个私企业执行最低工资制度的情况进行检查,对违反《规定》的行为,要依法严肃处理,特别是加班加点较频繁企业,在剔除加班加点工资等《规定》第十二条规定的项目后,劳动者法定标准工作时间内的月工资如低于最低工资标准的,要按《浙江省企业工资支付管理办法》规定处理。

2004年3月3日

⑯ 安徽省最低工资规定

第一条　为了维护劳动者的合法权益,保障劳动者个人及其家庭成员的基本生活,根据

《中华人民共和国劳动法》《中华人民共和国劳动合同法》和有关法律、法规,结合本省实际,制定本规定。

第二条 本省行政区域内的企业、个体经济组织、民办非企业单位等组织(以下简称用人单位)和与之形成劳动关系的劳动者,适用本规定。

国家机关、事业单位、社会团体和与之建立劳动关系的劳动者,依照本规定执行。

第三条 本规定所称最低工资标准,是指省人民政府规定的,在劳动者提供正常劳动的条件下,用人单位支付劳动者最低报酬的标准。

本规定所称正常劳动,是指劳动者在法定工作时间或者劳动合同约定的工作时间内从事的劳动。劳动者在国家和省规定的年休假、产假、计划生育手术假、探亲假、婚丧假等假期内休假,以及在工作时间内依法参加社会活动,视为提供正常劳动。

第四条 最低工资标准分为月最低工资标准、小时最低工资标准两种形式。月最低工资标准适用于全日制劳动者;小时最低工资标准适用于非全日制劳动者。

第五条 月最低工资标准的确定和调整,主要参考当地的下列因素:

(一)社会平均工资水平;

(二)劳动者及其赡养人口的最低生活费用;

(三)居民消费价格指数;

(四)经济社会发展水平和就业状况。

小时最低工资标准的确定和调整,在参考前款规定因素的基础上,还应当参考非全日制劳动者在工作稳定性、劳动条件、劳动强度、福利等方面与全日制劳动者之间的差异。

第六条 最低工资标准的确定和调整,应当按照下列程序进行:

(一)省人力资源社会保障部门会同统计、物价等部门和省总工会、企业联合会、工商业联合会,在测算相关因素的基础上,拟订全省各市、县最低工资标准方案。

(二)省人力资源社会保障部门将全省各市、县最低工资标准方案送设区的市人民政府征求意见;必要时,听取用人单位和劳动者代表的意见。

(三)省人力资源社会保障部门根据各方意见,对全省最低工资标准方案修改完善后,报省人民政府批准。

各级人民政府网站、县级以上人民政府人力资源社会保障部门网站和安徽日报,应当向社会公布省人民政府批准的最低工资标准。县级以上人民政府人力资源社会保障部门应当以适当形式向本行政区域内的用人单位和劳动者宣传最低工资标准。

第七条 最低工资标准每两至三年至少调整一次。

第八条 在劳动者提供正常劳动的条件下,用人单位支付的工资不得低于当地最低工资标准。

实行计件工资、提成工资等工资形式的用人单位,应当确定合理的劳动定额,支付劳动者的工资不得低于当地最低工资标准。

第九条 以劳务派遣形式用工的,劳动合同期内的被派遣劳动者无工作期间,劳务派遣单位支付不低于当地最低工资标准的工资。

第十条 在确定用人单位支付劳动者的工资是否低于当地最低工资标准时,下列项目不计入用人单位支付给劳动者的工资:

(一)延长工作时间工资;

（二）中班、夜班、高温、低温、井下、有毒有害等特殊工作环境、条件下的津贴；

（三）用人单位和劳动者个人依法缴纳的社会保险费和住房公积金；

（四）用人单位支付给劳动者的伙食、交通、通讯、培训、住房补贴；

（五）用人单位支付给劳动者的一次性奖励；

（六）用人单位按照国家规定为劳动者提供的其他福利待遇。

第十一条　人力资源社会保障部门依法对用人单位执行最低工资标准情况进行监督检查。发现违法行为或者接到劳动者举报、投诉的，应当依法处理。

第十二条　工会组织依法对本规定执行情况进行监督，发现用人单位违反本规定的，有权要求用人单位改正。用人单位拒不改正的，工会组织可以提请当地人力资源社会保障部门依法处理。

第十三条　劳动者对用人单位违反本规定的行为，有权向县级以上人民政府人力资源社会保障部门举报或者投诉。

劳动者与用人单位因执行最低工资标准发生劳动争议的，可以与用人单位协商，或者向调解组织申请调解，或者向劳动争议仲裁委员会申请仲裁。

第十四条　用人单位支付劳动者的工资低于当地最低工资标准的，由县级以上人民政府人力资源社会保障部门责令限期支付低于最低工资标准的差额部分。超过限期支付的，责令用人单位按下列标准向劳动者加付赔偿金：

（一）超过限期 10 日以内的，赔偿金数额为应付金额的 50%；

（二）超过限期 10 日以上不满 20 日的，赔偿金数额为应付金额的 70%；

（三）超过限期 20 日的，赔偿金数额为应付金额的 100%。

用人单位拒不依照前款规定支付最低工资标准的差额、加付赔偿金的，由作出责令支付决定的人力资源社会保障部门，按每拒付 1 名职工罚款 2 000 元的标准给予行政处罚。

第十五条　本规定自 2017 年 2 月 1 日起施行。

2016 年 11 月 22 日

⑰　江西省最低工资规定

第一章　总　　则

第一条　为了适应社会主义市场经济发展的需要，保障劳动者个人及其家庭成员的基本生活，保护劳动者的合法权益，促进劳动者素质的提高和企业公平竞争，根据《中华人民共和国劳动法》，制定本规定。

第二条　本规定适用于本省境内的各种经济类型的企业、个体经济组织（以下统称用人单位）和与之形成劳动关系的劳动者（以下简称劳动者）。其中乡镇企业和与之形成劳动关系的劳动者适用本规定的问题，由当地县（市、区）人民政府根据实际情况具体规定，但不得低于本省最低适用区域的标准。

国家机关、事业组织、社会团体和与之建立劳动合同关系的劳动者，依照本规定执行。

在国家规定的学徒期、熟练期、见习期内的劳动者，不适用本规定。

第三条　本规定所称下列用语的含义是：

（一）最低工资,是指劳动者提供了正常劳动的前提下,其所在用人单位应当支付的最低劳动报酬;

（二）最低工资标准,是指单位劳动时间的最低工资数额;

（三）正常劳动,是指劳动者按劳动合同的约定,在法定工作时间内从事的劳动;

（四）法定工作时间,为每日工作时间不超过 8 小时,平均每周工作时间不超过 40 小时。国家对某些特殊工种工作时间另有规定的,从其规定。

第二章 最低工资标准的确定和发布

第四条 最低工资标准依据本省各地劳动者及平均赡养人口的最低生活费用、社会平均工资水平、城镇就业状况、劳动生产率和地区之间经济发展水平等因素确定,分别适用不同区域。

第五条 全日制用工最低工资标准的单位劳动时间为月,非全日制用工最低工资标准的单位劳动时间为小时。

第六条 最低工资标准及其适用区域的确定和调整,由省人力资源和社会保障厅会同省总工会、省工业和信息化委员会研究提出方案,并向省工商业联合会、省财政厅、省统计局、省民政厅等部门咨询。

第七条 最低工资标准及其适用区域必须报经省人民政府批准,并于批准后 7 日内在《江西日报》《江西政报》上公布。

第八条 用人单位应当在省人民政府发布最低工资标准后 10 日内将该标准告知本单位全体劳动者。

第三章 最低工资的支付

第九条 最低工资应当以法定货币形式支付给劳动者本人。

第十条 最低工资按国家统计部门规定的应当列入工资总额统计的工资、奖金、津贴、补贴等各项收入组成。

下列各项不作为最低工资的组成部分:

（一）加班加点工资;

（二）国家规定的中、晚班津贴和高温、低温、井下、露天采矿、有毒有害等特殊工作环境、条件下的艰苦岗位津贴;

（三）国家法律、法规和政策规定的劳动者保险、福利待遇;

（四）用人单位通过贴补伙食等支付给劳动者的非货币性收入。

第四章 最低工资的保障与监督

第十一条 用人单位应当按本单位与劳动者约定的日期足额支付劳动者工资,不得克扣或拖欠。用人单位支付劳动者的工资不得低于当地最低工资标准。

对实行计件工资或提成工资的劳动者,用人单位应当进行合理折算,其折算额不得低于按时、日、周、月适用的当地最低工资标准。

第十二条 由于劳动者本人原因造成在法定工作时间内未提供正常劳动的,不适用第十一条的规定。

国有企业、城镇集体企业因生产经营困难处于停产、半停产和实行有限期放假的,劳动者在停工、待工及放假期间的工资或生活费,按国家和省人民政府有关规定执行。

濒临破产进行法定整顿或因特殊原因生产经营发生严重困难的国有企业、城镇集体企业,在征得本单位工会或职工代表大会同意,经主管部门审核并报同级劳动行政部门批准后,可暂不执行最低工资标准,但暂不执行期最长不得超过 3 个月。经批准暂不执行最低工资标准的企业,应当按国家和省人民政府的有关规定发给劳动者基本生活费。

第十三条 劳动者按国家有关规定享受探亲假、节日假、年休假、生育假、婚丧假和荣誉性休(疗)养期间,以及因工(公)负伤医疗期间,不影响最低工资标准的执行;劳动者依法参加社会活动期间,视为提供了正常劳动。

第十四条 省人力资源和社会保障厅对全省最低工资规定实行统一管理。

第十五条 用人单位应当定期向当地劳动行政部门报告执行最低工资规定的情况,主动向劳动行政部门检查人员提供劳动者工资发放情况的有关资料,并配合调查人员对有关违反最低工资规定的情况和人员进行调查。

第十六条 各级工会组织有权依法对本地区、本单位最低工资规定的执行情况进行监督,发现用人单位违反本规定的,有权要求有关部门处理。

第十七条 劳动者对用人单位违反最低工资规定的情况有权向当地劳动行政部门、工会举报并要求进行处理。

劳动者与用人单位之间就最低工资发生争议时,依据国家和本省有关劳动争议处理的法律、法规、规章规定处理。

219

第五章 法 律 责 任

第十八条 用人单位违反本规定第八条、第九条、第十条、第十三条规定的,由当地劳动行政部门责令其限期改正;逾期未改正的,视情节轻重,给予 1 000 元至 3 000 元的罚款,并给予单位主要负责人 100 元至 500 元罚款。

第十九条 用人单位违反本规定欠付劳动者最低工资的,由当地劳动行政部门责令限期补发,并按其欠付工资时间的长短向劳动者支付赔偿金:

(一) 欠付 1 个月以下的支付所欠部分 20%;

(二) 欠付 1 个月以上 2 个月以下的支付所欠部分 30%;

(三) 欠付 2 个月以上 3 个月以下的支付所欠部分 40%;

(四) 欠付 3 个月以上 6 个月以下的支付所欠部分 50%;

(五) 欠付 6 个月以上的支付所欠部分 100%。

逾期不执行的给予所欠部分和赔偿金总额 1 至 2 倍的罚款(其中 50% 用于支付所欠工资和赔偿金),并给予单位主要负责人 500 元至 1 000 元罚款。

第二十条 依据本规定进行罚款处罚时,应当使用财政部门统一印制的票据,所罚款项除用于支付所欠工资和赔偿金的部分外,一律上交同级财政。

第二十一条 当事人对处罚决定不服的,可以依法申请行政复议,提起行政诉讼。复议或诉讼期间,不影响行政处罚决定的执行。当事人不履行的,作出处罚决定的劳动行政部门可以依法申请人民法院强制执行。

第六章 附 则

第二十二条 本规定所称以上,不含本数;以下,含本数。

第二十三条 本规定自公布之日起施行。

2010 年 11 月 29 日

⑱ 河南省最低工资规定

第一条 为实施最低工资保障制度,维护劳动者取得劳动报酬的合法权益,保障劳动者个人及其家庭成员的基本生活,依据《中华人民共和国劳动法》和有关法律、法规,结合本省实际,制定本规定。

第二条 本规定适用于本省行政区域内的企业、民办非企业单位、有雇工的个体工商户(以下统称用人单位)和与之形成劳动关系的劳动者。

国家机关、事业单位、社会团体和与之建立劳动合同关系的劳动者,依照本规定执行。

第三条 各级人民政府应当加强对最低工资保障工作的领导。

县级以上人力资源社会保障行政部门负责本行政区域最低工资的监督管理工作。

第四条 本规定所称最低工资标准,是指劳动者在法定工作时间或者依法订立的劳动合同约定的时间内提供正常劳动的前提下,用人单位依法应当支付的最低劳动报酬。

本规定所称正常劳动,是指劳动者按依法订立的劳动合同约定,在法定工作时间或者劳动合同约定的工作时间内从事的劳动。劳动者依法享受带薪年休假、探亲假、婚丧假、生育(产)假、节育手术假等国家规定的假期间,以及法定工作时间内依法参加社会活动期间,视为提供了正常劳动。

第五条 最低工资标准采取月最低工资标准和小时最低工资标准形式。月最低工资标准适用于全日制就业劳动者,小时最低工资标准适用于非全日制就业劳动者。

实行计件工资、提成工资等工资形式的用人单位,应当制定科学合理的劳动定额,并确定合理的计件(提成)工资标准和计算办法,支付给劳动者的工资不得低于本省公布的最低工资标准。

第六条 用人单位支付给劳动者的最低工资不包括下列各项:

(一)加班加点工资;

(二)中班、夜班、高温、低温、井下、有毒有害等特殊工作环境、条件下的津贴;

(三)用人单位通过贴补伙食、住房等支付给劳动者的非货币性收入;

(四)用人单位依法为劳动者缴纳的各项社会保险费和住房公积金;

(五)用人单位按照国家规定为劳动者提供的福利待遇。

第七条 月最低工资标准的确定和调整主要参考下列因素:

(一)当地劳动者及其赡养人口的最低生活费用;

(二)城镇居民消费价格指数;

(三)职工个人缴纳的社会保险费和住房公积金;

(四)职工平均工资;

(五)经济发展水平和就业状况;

(六)劳动生产率。

第八条 确定和调整小时最低工资标准,应当在月最低工资标准的基础上,主要参考下列因素:

（一）用人单位应当缴纳的基本养老保险费和基本医疗保险费；

（二）非全日制就业劳动者在工作稳定性、劳动条件和劳动强度、福利等方面与全日制就业劳动者之间的差异。

第九条 省人力资源社会保障行政部门应当根据省辖市市区、县（市）经济社会发展水平和生活消费水平的差异，拟定相应的最低工资标准。

第十条 最低工资标准按照下列程序确定：

（一）省人力资源社会保障行政部门提出最低工资标准方案后，应当与省总工会、省企业联合会/省企业家协会、省工商业联合会进行协商，根据协商意见，拟订最低工资标准方案；

（二）最低工资标准方案应当征求各省辖市人民政府意见，必要时应当向用人单位和劳动者公开征求意见；

（三）省人力资源社会保障行政部门应当充分吸收各省辖市人民政府及用人单位和劳动者的意见，对原方案进行修改。确定最低工资标准方案后，报省人民政府批准，并报国务院人力资源社会保障行政部门备案。

最低工资标准应当于省人民政府批准后 7 日内，在河南省人民政府门户网站和全省性报纸上公布。

第十一条 最低工资标准每两年至少调整一次。本规定第七条所规定的相关因素发生变化时应当适时调整。

第十二条 用人单位应当在最低工资标准公布后 10 日内将该标准向本单位全体劳动者公示。

第十三条 用人单位与劳动者订立的劳动合同中约定的劳动报酬不得低于本省公布的最低工资标准。

劳动者已提供正常劳动的，用人单位应当支付给劳动者的工资不得低于本省公布的最低工资标准。

第十四条 用人单位在劳动者试用期内向其支付的工资不得低于当地的最低工资标准。

实行劳务派遣用工形式的，用人单位在劳动者无工作任务期间，应当按照不低于用人单位所在地的最低工资标准，按月向劳动者支付工资。

第十五条 用人单位应当按照下列规定向劳动者支付工资：

（一）采用全日制用工形式的，按月为周期支付工资；

（二）采用非全日制用工形式的，可以按周、日、小时等为周期支付工资，但是支付周期最长不得超过 15 日。

用人单位支付给劳动者的工资应当采用法定货币形式，不得以实物或者有价证券等替代支付。

第十六条 各级工会组织依法对本规定执行情况进行监督，发现用人单位违反本规定的，有权要求用人单位予以改正。用人单位拒不改正的，工会组织可以提请当地人力资源社会保障行政部门依法处理。

第十七条 劳动者对用人单位违反本规定的行为，有权向县级以上人力资源社会保障行政部门举报或者投诉，人力资源社会保障行政部门应当依法查处，并将查处结果告知举报、投诉人。

第十八条 县级以上人力资源社会保障行政部门在检查用人单位执行本规定情况时，用人单位应当如实提供劳动者工资发放的资料。人力资源社会保障行政部门及其工作人员不得泄露用人单位的商业秘密。

第十九条 县级以上人力资源社会保障行政部门根据劳动者举报、投诉或者在日常检查过程中,发现用人单位支付给劳动者的工资低于本省规定的最低工资标准的,应当责令用人单位限期向劳动者支付差额部分;逾期不支付的,责令用人单位按照应付金额 50% 以上 1 倍以下的标准计算,向劳动者加付赔偿金,并可以对用人单位处以 2 000 元以上 20 000 元以下罚款。

用人单位拖欠劳动者工资构成犯罪的,依法追究刑事责任。

第二十条 县级以上人力资源社会保障行政部门及其工作人员违反本规定,有下列行为之一的,对直接负责的主管人员和其他直接责任人员,依法给予行政处分;构成犯罪的,依法追究刑事责任:

(一)拒不受理劳动者举报、投诉或者拒不查处用人单位违反本规定行为的;

(二)泄露在履行职责过程中知悉的用人单位的商业秘密,给用人单位造成较大经济损失的;

(三)其他滥用职权、玩忽职守、徇私舞弊的行为。

第二十一条 劳动者与用人单位因执行最低工资标准发生的争议,依照国家有关劳动争议处理规定处理。

第二十二条 本规定自 2011 年 10 月 1 日起施行。1995 年 6 月 30 日河南省人民政府颁布的《河南省企业最低工资暂行规定》同时废止。

2011 年 8 月 10 日

⑲ 湖南省最低工资规定

第一条 为了维护劳动者取得劳动报酬的合法权益,保障劳动者个人及其家庭成员的基本生活,根据《中华人民共和国劳动法》和国家有关规定,结合本省实际,制定本规定。

第二条 本规定适用于本省行政区域内的各类企业、民办非企业单位、有雇工的个体工商户(以下统称用人单位)和与之形成劳动关系的劳动者。

国家机关、事业单位、社会团体和与之建立劳动合同关系的劳动者,依照本规定执行。

第三条 本省实行最低工资保障制度,依法确定最低工资标准。

用人单位与劳动者签订的劳动合同中所约定的工资和用人单位支付给劳动者的工资不得低于政府确定的最低工资标准。

第四条 省人民政府劳动保障行政部门负责对全省最低工资保障制度的实施进行统一管理和监督检查。

设区的市、自治州和县市区人民政府劳动保障行政部门负责本行政区域内最低工资保障制度的组织实施和监督检查。

省、设区的市、自治州人民政府统计部门负责提供确定最低工资标准所需要的统计数据。

第五条 本规定所称最低工资,是指劳动者在法定工作时间内或者依法签订的劳动合同约定的时间内提供了正常劳动,用人单位必须支付的最低劳动报酬。

本规定所称的正常劳动,是指劳动者在法定工作时间内或者劳动合同约定的工作时间内,从事劳动合同约定或者用人单位安排的工作。劳动者在国家规定的带薪年休假、探亲假、婚丧假、生育(产)假、节育手术假等假期内休假,以及在工作时间内依法参加社会活动或者按照用人单位指派从事劳动合同约定以外的工作,视为提供了正常劳动。

第六条 本规定的最低工资,不包括下列项目:

(一)用人单位支付给劳动者的延长工作时间工资;

(二)用人单位支付给劳动者的中班、夜班、高温、低温、井下、有毒有害等特殊工作环境、条件下的津贴;

(三)用人单位支付给劳动者的奖励性工资;

(四)用人单位通过提供伙食、住房等支付给劳动者的非货币性收入;

(五)用人单位为劳动者缴纳的社会保险费及住房公积金;

(六)国家规定的劳动者福利待遇。

第七条 最低工资标准分为月最低工资标准和小时最低工资标准。

全日制劳动者适用月最低工资标准;非全日制劳动者适用小时最低工资标准。

实行计件工资或者提成工资形式的用人单位,应当制定科学合理的劳动定额,支付给劳动者的工资不得低于相应的最低工资标准。

第八条 月最低工资标准按照下列公式测算:

月最低工资标准(元)=全省上年度城镇居民人均最低月生活费用支出×每一个就业者的平均赡养人口系数+调整数。

前款所指调整数的确定,主要考虑当地全部职工平均工资水平、就业状况、劳动者个人交纳的社会保险费和住房公积金、地区间经济发展水平差异和实际工资增长水平等因素。

第九条 小时最低工资标准按照下列公式计算:

小时最低工资标准(元)=月最低工资标准÷21.75天÷8小时×(1+单位应当交纳的基本养老保险费比例+单位应当缴纳的基本医疗保险费比例)×(1+浮动系数)。

本条第二款所指21.75天,为每月计薪天数,其计算公式为:(全年365天-104天休息日)÷12月。

本条第二款所指8小时,为每天法定工作时间。

本条第二款所指保险费比例,以法律、法规、规章或者政府规定的标准为准。

本条第二款所指浮动系数的确定,主要考虑非全日制劳动者的工作稳定性、劳动条件、劳动强度、福利等方面与全日制就业人员之间的差异等因素。

第十条 最低工资标准根据我省经济发展情况适时调整。最低工资标准每三年至少调整一次。

第十一条 最低工资标准按下列程序确定:

(一)设区的市、自治州人民政府劳动保障行政部门会同本级人民政府统计部门和同级总工会、企业家协会等单位,于每年4月份前根据本规定和当地实际情况测算当地最低工资标准,并将该标准和测算方案报省人民政府劳动保障行政部门。

(二)省人民政府劳动保障行政部门会同省人民政府统计部门和省总工会、省企业家协会等单位,对设区的市、自治州上报的最低工资标准及测算方案进行审议,拟定适用于全省的最低工资标准的若干档次,经向社会公示征求意见和报国务院劳动保障行政部门审查后,报省人民政府审定公布,并报国务院劳动保障行政部门备案。

（三）设区的市、自治州人民政府劳动保障行政部门根据省人民政府公布的最低工资标准档次,结合当地实际情况,拟定本地区各县市区的最低工资标准,经向社会公示征求意见后,报设区的市、自治州人民政府审定公布,并报省人民政府劳动保障行政部门备案。

第十二条 最低工资标准发布后,用人单位应当在10日内向本单位全体劳动者公布。

第十三条 劳动者应当完成劳动任务,遵守劳动纪律和用人单位规章制度。

第十四条 用人单位不得克扣或者拖欠劳动者工资。

第十五条 县级以上人民政府劳动保障行政部门应当加强对最低工资保障制度执行情况的监督检查,公布投诉、举报电话,及时纠正和处理违反本规定的行为,维护劳动者的合法权益。

第十六条 县级以上人民政府劳动保障行政部门在检查用人单位执行最低工资保障制度情况时,用人单位应当如实提供劳动者工资发放资料。

县级以上人民政府劳动保障行政部门及其工作人员不得泄露用人单位的商业秘密。

第十七条 各级工会依法对用人单位执行最低工资标准制度情况进行监督,发现用人单位支付给劳动者工资低于最低工资标准的,可以提请县级以上人民政府劳动保障行政部门处理。

第十八条 劳动者对用人单位违反本规定的行为,有权向县级以上人民政府劳动保障行政部门举报或者投诉。劳动保障行政部门应当依法查处,并向举报、投诉者告知查处结果。

劳动者与用人单位因执行最低工资保障制度发生的争议,依照国家有关劳动争议处理规定处理。

第十九条 县级以上人民政府劳动保障行政部门及其工作人员玩忽职守、徇私舞弊、滥用职权的,依法给予行政处分;构成犯罪的,依法追究刑事责任。

第二十条 用人单位违反本规定,克扣或者拖欠劳动者工资,支付给劳动者的工资低于最低工资标准的,由县级以上人民政府劳动保障行政部门责令限期支付劳动者的工资、劳动者工资低于当地最低工资标准的差额;逾期不支付的,责令用人单位按照应付金额50%以上1倍以下的标准,向劳动者加付赔偿金;拒不支付的,对用人单位处2 000元以上2万元以下的罚款。

第二十一条 本规定自2006年7月1日起施行。1995年7月24日发布的《湖南省最低工资规定》(省政府令第44号)同时废止。

2006年3月22日

⑳ 广西壮族自治区职工最低工资办法

第一条 为了适应建立社会主义市场经济体制的需要,保障劳动者个人及其家庭成员的基本生活,促进劳动者素质的提高和企业公平竞争,根据《中华人民共和国劳动法》和有关法律、法规规定,结合本自治区实际情况,制定本办法。

第二条 本办法适用于本自治区境内的企业、个体经济组织(以下简称用人单位)和与之建立劳动关系的劳动者。国家机关、事业组织、社会团体和与之建立劳动合同关系的劳动者,依照本办法执行。

福利性质的用人单位和与之建立劳动关系或劳动合同关系的劳动者,不执行本办法。

第三条 本办法所称最低工资,是指劳动者在法定工作时间内提供了正常劳动后,用人单位应支付的法定最低劳动报酬。

本办法所称最低工资标准是指自治区人民政府规定的月最低工资额。

第四条 最低工资包括：用人单位发给劳动者个人的基本工资、生活物价津贴、补贴等项劳动报酬。最低工资不包括：用人单位发给劳动者个人的奖金、加班加点工资、艰苦岗位津贴、住房补贴，国家法律、法规和政策规定的劳动者保险福利待遇。

第五条 县以上劳动行政部门在本行政区域内负责本办法的组织实施和监督检查，处理违反本办法规定的行为；各级人民政府有关部门应予配合。

第六条 最低工资标准及其适用范围，由自治区劳动行政部门会同自治区总工会等有关部门根据自治区统计部门提供的劳动者本人及平均赡养人口的最低生活费用、社会平均工资水平、劳动生产率、城镇就业状况、地区之间经济发展水平的差异等因素分地区提出方案，报自治区人民政府批准后公布施行。

最低工资标准公布施行后，可根据前款规定的程序和因素变化适时调整，但每年最多调整一次。

最低工资标准应高于当地的社会救济金和失业保险金标准，低于全部职工平均工资。

第七条 最低工资标准及其适用范围由自治区人民政府在政府公报和至少一种全区性报纸上发布。

第八条 用人单位必须将最低工资的有关规定告知本单位的劳动者。

第九条 用人单位支付劳动者的工资，不得低于最低工资标准。

劳动者在法定的探亲、婚丧、计划生育和节假日、公休假日期间休假，以及依法参加国家和社会活动的，视为提供了正常劳动。

第十条 实行不同工资形式的用人单位，必须将工资按法定工时制度进行合理折算，折算后时、日、周、月工资数额不得低于相应的最低工资标准。

第十一条 用人单位应确定每月发放工资的日期，按时、日、周计算工资的必须在协议规定的时间内全额支付。最低工资应以货币按时支付。

第十二条 各级工会有权对最低工资规定执行情况进行监督，有权要求劳动行政部门对用人单位违反本办法的行为依法进行处理。

任何组织和个人对于违反本办法的行为有权检举和控告。

第十三条 劳动者与用人单位就最低工资发生争议时，按国家和自治区有关规定处理。

第十四条 用人单位支付劳动者的工资报酬低于当地最低工资标准或者无故拖欠最低工资的，由劳动行政主管部门责令其限期补发所欠工资和支付相当于所欠部分百分之二十五的经济补偿金，并可责令按相当于支付劳动者工资报酬、经济补偿金总和的一至五倍支付劳动者赔偿金。

第十五条 除本办法第十四条规定外，用人单位有其他违反本办法的行为的，劳动行政主管部门有权制止，并责令改正。

第十六条 对劳动行政主管部门所作出的具体行政行为不服的，当事人可以依法申请行政复议或者提起行政诉讼。当事人逾期不申请复议、不起诉又不履行具体行政行为规定的义务的，劳动行政主管部门可以申请人民法院强制执行。

第十七条 本办法自发布之日起施行。

2004 年 6 月 29 日

225

㉑ **海南省最低工资规定**

第一条 为了维护劳动者取得劳动报酬的合法权益,保障劳动者个人及其家庭成员的基本生活,依据《中华人民共和国劳动法》,结合本省实际,制定本规定。

第二条 本规定适用于本省行政区域内的国家机关、事业单位、社会团体、企业、民办非企业单位、有雇工的个体工商户等各类用人单位(以下简称用人单位)及与其建立劳动合同关系的劳动者。

第三条 省劳动保障行政主管部门对全省最低工资制度的实施实行统一管理。

市、县、自治县劳动保障行政主管部门对本市、县、自治县行政区域内最低工资制度的实施进行检查监督。

第四条 本规定所称"最低工资",是指劳动者在国家工时制度规定的时间内按劳动合同约定的数量与质量提供正常劳动的前提下,所应当获得的最低劳动报酬。

第五条 用人单位支付给劳动者的工资,不得低于当地最低工资标准。

工资应以法定货币支付给劳动者。

第六条 劳动者在国家规定的节假、公休、探亲、婚丧和计划生育等带薪假期间休假,以及依法参加社会活动,视为提供正常劳动。事假、病假等其他假期内的工资支付标准按劳动合同的约定执行。

第七条 非因劳动者本人原因造成用人单位停工、停产未超过一个工资支付周期的,用人单位应当视同劳动者提供正常劳动支付工资。超过一个工资支付周期的,劳动合同双方可以重新约定其岗位工资标准,用人单位按照双方新约定的标准支付工资,但不得低于当地规定的最低工资标准。

第八条 确定和调整月最低工资标准,应当以就业者及赡养人口的最低生活费用、城镇居民消费价格指数、职工个人缴纳的社会保险费和住房公积金、职工平均工资、就业状况和经济发展水平等因素为依据,按国家规定的测算方法测算。

第九条 最低工资标准的确定和调整方案由省劳动保障行政主管部门拟订,报省人民政府批准后依照有关规定公布实施。

最低工资标准每两年至少调整一次。

第十条 用人单位应当在最低工资标准发布后 10 日内将该标准向本单位全体劳动者公示。

第十一条 最低工资标准一般按月确定,也可以按时、日、周确定。实行计件工资或提成工资等形式的,应当进行合理折算,其相应的折算额不得低于按时、日、周、月确定的最低工资标准。

第十二条 本规定的最低工资标准,包括用人单位支付给劳动者的按统计部门规定列入工资总额统计的基本工资、补贴、奖金。不包括:

(一)加班加点工资;

(二)福利待遇;

(三)依法由用人单位承担的劳动者的社会保险费及住房公积金;

(四)中班、夜班、高温、低温、井下、有毒有害以及特别繁重等特殊工种的岗位津贴。

第十三条 各级工会发现用人单位支付劳动者的工资低于最低工资标准的,有权要求劳动保障行政主管部门处理。

第十四条　劳动者与用人单位因工资报酬发生争议时,按劳动争议处理有关规定处理。

第十五条　用人单位违反本规定,未按最低工资标准支付劳动者工资,或者拖欠劳动者工资的,由劳动保障行政主管部门责令其限期补发所欠劳动者工资,并可责令其按所欠工资的1至5倍支付劳动者赔偿金。

第十六条　劳动保障行政主管部门对用人单位违反本规定的行为有权制止,并责令改正。对拒不改正或拖欠劳动者工资3个月以上的,当地劳动保障行政主管部门可以视情节轻重给予警告或处以所欠工资总额1至3倍的罚款,但罚款数额不能超过3万元。

第十七条　当事人对行政处罚决定不服的,可以依法申请行政复议或者向人民法院起诉。逾期不申请复议也不起诉,又不履行处罚决定的,作出处罚决定的行政机关可以依法向人民法院申请强制执行。

第十八条　本规定具体应用方面的问题由省劳动保障行政主管部门负责解释。

第十九条　本规定自公布之日起施行。1994年12月7日省人民政府公布的《海南省企业最低工资规定》同时废止。

2005年2月26日

㉒ 重庆市最低工资保障规定

第一条　为适应社会主义市场经济发展需要,保障劳动者本人及平均赡养人口的基本生活,根据《中华人民共和国劳动法》和国家有关规定,结合本市实际,制定本规定。

第二条　本市行政区域内的各类企业、个体经济组织和与之形成劳动关系的劳动者确定的工资适用本规定。

市人民政府人事行政主管部门制定与国家机关、事业组织、社会团体建立劳动合同关系的劳动者的工资规定,不得与本规定相抵触。

第三条　各级人民政府应加强对本规定实施工作的领导。

各级劳动保障行政部门负责本规定的组织实施和监督检查,有关部门协助配合。

第四条　各级工会组织依法维护劳动者的合法权益,有权对用人单位执行本规定的情况进行监督。

任何组织和个人有权检举和控告违反本规定的行为。

第五条　劳动者有获得最低工资保障的权利,用人单位有执行最低工资保障规定的义务。

第六条　本规定所称最低工资,是指劳动者在法定工作时间内提供正常劳动所应该取得的劳动报酬的最低限额。

最低工资不包括下列各项:

(一)加班加点工资;

(二)中班、夜班、高温、低温、井下、有毒有害等特殊工作条件或者特殊工作环境下的津贴;

(三)用人单位支付给劳动者的非货币性补贴;

(四)法律、法规、规章、政策规定的非工资性劳动保险福利待遇。

第七条　本规定所称正常劳动,是指劳动者在法定工作时间内按照劳动合同的约定从事的劳动。

劳动者依照法律、法规的规定休假、探亲以及依法参加社会活动的,不得扣减工资。

第八条 最低工资标准按月、日计算。实行计件工资、提成工资等支付形式的,应当按照不低于月、日最低工资标准额进行折算。

第九条 全市最低工资标准,由市劳动保障行政部门进行测算并提出方案,由市人民政府确定并下达执行。

在同一区县(自治县、市)行政区域内必须执行同一最低工资标准。

最低工资标准每年 7 月 1 日前确定或调整一次。

第十条 确定最低工资标准,主要参考上年和当年度的下列因素:

(一)劳动者本人及平均赡养人口的最低生活费用;

(二)社会平均工资水平;

(三)劳动生产率;

(四)就业状况;

(五)经济发展水平。

第十一条 用人单位与劳动者签订劳动合同时约定的工资待遇,用人单位实际支付给劳动者的工资待遇,均不得低于所在区县(自治县、市)执行的最低工资标准。

第十二条 用人单位支付给劳动者的劳动报酬低于劳动者所在区县(自治县、市)执行的最低工资标准的,由县级以上劳动保障行政部门责令限期补发最低工资差额,并可以按照下列规定责令支付赔偿金:

(一)欠付时间 1 个月以上不满 3 个月的,向劳动者支付所欠最低工资差额 20% 的赔偿金;

(二)欠付时间 3 个月以上不满 6 个月的,向劳动者支付所欠最低工资差额 50% 的赔偿金;

(三)欠付时间 6 个月以上的,向劳动者支付所欠最低工资差额 100% 的赔偿金。

第十三条 用人单位拒绝补发最低工资差额和拒绝支付赔偿金的,劳动保障行政部门可给予警告,仍不改正的,可处以欠付最低工资差额和赔偿金总额 1 至 3 倍的罚款。

第十四条 用人单位按照当年确定的最低工资标准支付确有困难的,应当与本单位工会协商,没有建立工会组织的,与半数以上职工同意推举的代表协商,达成协议后,可向县级以上劳动保障行政部门申请在一定时期内暂缓执行。

劳动保障行政部门审批暂缓执行本规定的申请时,应当征求同级工会的意见。

第十五条 因执行本规定发生劳动争议的,按照《重庆市劳动争议处理实施办法》处理。

第十六条 本规定适用中的具体问题,由市劳动保障行政部门负责解释。

第十七条 本规定自 2001 年 1 月 1 日起施行。

2000 年 12 月 4 日

㉓ **云南省最低工资规定**

第一条 为了实施最低工资保障制度,维护劳动者的合法权益,根据《中华人民共和国劳动法》的有关规定,结合本省实际,制定本规定。

第二条　本省行政区域内的各类企业、有雇工的个体工商户（以下统称用人单位）和与之形成劳动关系的劳动者适用本规定。

国家机关、事业单位、民办非企业单位、社会团体和与之建立劳动合同关系的劳动者依照本规定执行。

第三条　省劳动保障行政部门负责对本规定的实施进行统一管理和监督检查。

州、市、县、区劳动保障行政部门负责对本行政区域内用人单位和有关单位执行本规定情况进行监督检查。

各级工会组织对用人单位执行本规定情况进行监督。

各级有关部门按照各自职责做好本规定的实施工作。

公民、法人或者其他组织有权对违反本规定的行为进行检举和控告。

第四条　本规定所称的最低工资，是指劳动者在法定工作时间或者劳动合同约定时间内提供了正常劳动，用人单位必须支付的最低劳动报酬。

最低工资的项目范围，包括国家规定列入工资总额的计时工资、计件工资、奖金、津贴、补贴和特殊情况下支付的工资，但不包括国家规定列入工资总额的加班加点工资、补偿劳动者特殊或者额外劳动消耗的津贴以及国家规定不列入工资总额的其他项目。

本规定所称的正常劳动，是指劳动者在能够组织正常生产经营活动或者开展正常工作的用人单位，在法定工作时间或者劳动合同约定时间内从事的劳动。

劳动者在国家规定的带薪假期以及依法参加社会活动或者履行有关法定义务期间，视为提供了正常劳动。

第五条　本规定所称的最低工资标准，是指由省人民政府依照法定程序确定和批准调整的用人单位必须支付劳动者按单位劳动时间计算的最低工资的数额。

最低工资标准分为月最低工资标准和小时最低工资标准。全日制劳动者适用月最低工资标准；非全日制劳动者适用小时最低工资标准。

实行日工资、周工资或者其他支付周期工资以及实行计件工资的，所适用的最低工资标准按照月最低工资标准折算。

第六条　最低工资标准应当适时调整，一般每年调整一次，特殊情况可以适当延长调整时间，但最长不超过两年。

最低工资标准由省劳动保障行政部门会同有关部门和组织根据《中华人民共和国劳动法》、本规定和劳动保障部公布的《最低工资规定》及《最低工资标准测算方法》的有关规定拟订。

本省最低工资标准按照县级行政区域的经济社会发展水平分为三类，具体适用范围在调整最低工资标准时确定。

第七条　依照第六条规定拟订的最低工资标准报省人民政府批准后，由省劳动保障行政部门于7个工作日内在省人民政府公报、云南日报和有关政务网站上向社会公布。

州、市、县、区劳动保障行政部门应当采取适当方式将适用于当地的最低工资标准向社会公布。

第八条　用人单位应当将劳动保障行政部门公布的适用于当地的最低工资标准及时告知本单位的劳动者。

用人单位支付劳动者的最低工资不得低于适用于当地的最低工资标准，并应当按时支付。

第九条　用人单位违反本规定,支付劳动者的最低工资低于适用于当地的最低工资标准或者克扣、拖欠劳动者最低工资的,依照有关法律、法规、规章追究法律责任。

第十条　劳动者与用人单位就支付最低工资发生争议的,依照劳动争议处理的有关法律、法规、规章执行。

第十一条　本规定自 2004 年 9 月 1 日起施行。1994 年 12 月 17 日云南省人民政府令第 20 号发布的《云南省最低工资规定》同时废止。

2004 年 7 月 26 日

㉔　西藏自治区最低工资规定

第一条　为了优化劳动力资源配置,维护劳动者获得劳动报酬的权利,保障劳动者个人及其家庭成员的基本生活,根据《中华人民共和国劳动法》和有关法律法规规定,结合自治区实际,制定本规定。

第二条　本规定适用于自治区行政区域内的各类企业、有雇工的个体工商户、民办非企业单位(以下统称用人单位)和与之形成劳动关系的劳动者。

机关、事业单位、社会团体和与之建立劳动关系的劳动者,依照本规定执行。

第三条　自治区实行最低工资保障制度,依法确定最低工资标准。

用人单位与劳动者签订的劳动合同中所约定的工资和用人单位支付给劳动者的工资不得低于当地最低工资标准。

第四条　本规定所称最低工资,是指劳动者在法定工作时间或者依法签订的劳动合同约定的工作时间提供了正常劳动,用人单位应当支付的最低劳动报酬。

本规定所称正常劳动,是指劳动者在劳动合同约定的工作时间或者法定工作时间内从事的劳动。劳动者在国家和自治区规定的带薪年休假、探亲假、婚丧假、生育(产)假、节育手术假等其他法定假期内休假,以及在工作时间内依法参加社会活动,视为提供了正常劳动。

第五条　最低工资标准一般采取月最低工资标准和小时最低工资标准。月最低工资标准适用于全日制就业劳动者,小时最低工资标准适用于非全日制就业劳动者。

第六条　确定和调整月最低工资标准,应当参考当地就业者及其赡养人口的最低生活费用、城镇居民消费价格指数、职工个人缴纳的社会保险费和住房公积金、职工平均工资、经济发展水平、就业状况、自然环境、气候条件、海拔高度等因素。

确定和调整小时最低工资标准,应当以月最低工资标准为基准,综合单位应缴纳的基本养老保险费、基本医疗保险费和非全日制劳动者在工作稳定性、劳动条件、劳动强度和福利等方面与全日制就业人员的差异等因素。

月最低工资标准和小时最低工资标准的测算方法,按照国家《最低工资规定》和自治区有关规定执行。

第七条　最低工资标准公布施行后,确定最低工资标准的相关因素发生变化时,应当适时调整最低工资标准。最低工资标准每两年至少调整一次。

第八条　自治区最低工资标准的确定和调整方案,由自治区人力资源和社会保障行政部门会同国资委、总工会、工商联、企业家协会等单位拟订,报经自治区人民政府批准后公布实施,并报国务院人力资源和社会保障部备案。方案内容包括最低工资确定和调整的依据、适用范围、拟定标准和说明。

各地(市)行署(人民政府)应当在自治区人民政府公布实施的最低工资标准后的 15 个工作日内,选择适合本地实际的最低工资标准,报经自治区人力资源和社会保障行政部门审核公布后实施。

第九条 用人单位应当在最低工资标准公布后 10 日内将该标准向本单位全体劳动者公示,依法执行最低工资标准。

第十条 最低工资不包括下列各项:

(一)用人单位支付给劳动者的非货币性补贴;

(二)延长工作时间或者加班加点工资;

(三)中班、夜班、高温、低温、低压、井下、有毒有害等特殊工作环境、条件下领取的津贴;

(四)法律、法规和国家统一规定的劳动者福利待遇等。

实行计件工资或者提成工资等支付形式的用人单位,应科学合理确定劳动定额,其支付劳动者的工资不得低于相应的最低工资标准。

第十一条 用人单位必须按照国家和自治区的规定或者劳动

合同约定的不低于所在地(市)最低工资标准的金额支付劳动者工资,不得因实施最低工资规定而降低劳动者工资待遇,不得以增加劳动强度或者延长劳动时间变相降低劳动者工资待遇,不得克扣或者无故拖欠劳动者工资。

第十二条 自治区人力资源和社会保障行政部门负责对本规定的实施情况进行监督检查。具体履行下列职责:

(一)拟定全区最低工资标准调整方案;

(二)审核、公布各地(市)最低工资标准;

(三)监督检查最低工资制度执行情况;

(四)建立最低工资信息网络平台,对最低工资执行情况实行动态监管。

地(市)、县(市、区)人力资源和社会保障行政部门负责对本行政区域内用人单位执行最低工资标准的情况进行监督检查。

第十三条 各级工会依法对用人单位执行最低工资标准制度情况进行监督,发现用人单位支付给劳动者工资低于最低工资标准的,可以提请县级以上人民政府人力资源和社会保障行政部门处理。

第十四条 县级以上人民政府人力资源和社会保障行政部门应当公布投诉、举报电话,及时受理举报、投诉,查处违反本规定的行为,维护劳动者的合法权益。

第十五条 对用人单位违反本规定的行为,劳动者有权向县级以上人民政府人力资源和社会保障行政部门举报和投诉。人力资源和社会保障行政部门应当依法查处,并向举报、投诉者告知查处结果。

第十六条 县级以上人民政府人力资源和社会保障行政部门在检查用人单位执行最低工资保障制度情况时,用人单位应当如实提供支付劳动者工资报酬的相关资料。

县级以上人民政府人力资源和社会保障行政部门及其工作人员不得泄露用人单位的商业秘密。

第十七条 用人单位违反本规定第九条规定的,由人力资源和社会保障行政部门责令其限期改正;违反本规定第十一条规定的,由人力资源和社会保障行政部门责令其限期补发所欠劳动者工资,并根据《中华人民共和国劳动合同法》、《劳动保障监察条例》等法律法规的规定支付劳动者赔偿金。

第十八条　因执行最低工资标准发生争议的,劳动者或者用人单位可以依法向劳动争议仲裁机构申请仲裁。

第十九条　县级以上人民政府人力资源和社会保障行政部门工作人员玩忽职守、徇私舞弊、滥用职权的,依法给予行政处分;涉嫌犯罪的,移送司法机关处理。

第二十条　本规定自 2012 年 2 月 1 日起施行。2003 年 8 月西藏自治区人民政府公布的《西藏自治区企业最低工资暂行规定》同时废止。

2011 年 12 月 30 日

㉕ 陕西省最低工资规定

第一条　为了维护劳动者取得劳动报酬的合法权益,制定本规定。

第二条　本省行政区域内符合下列条件之一的用人单位和劳动者,适用本规定:

(一)各种经济类型的企业、有雇工的个体工商户、民办非企业单位与劳动者形成劳动关系的;

(二)政府机关、事业单位、社会团体与劳动者建立劳动合同关系的;

(三)在试用期、熟练期、见习期内的劳动者。

第三条　本规定所称最低工资,是指劳动者在法定工作时间或者依法签订的劳动合同约定的工作时间内提供正常劳动,用人单位应当依法支付的最低劳动报酬。

本规定所称正常劳动,是指劳动者在法定工作时间或者依法签订的劳动合同约定的工作时间内从事的劳动。劳动者依法享受带薪年休假、探亲假、婚丧假、生育假、节育手术假等国家规定的假期间,以及法定工作时间内依法参加社会活动期间,视为提供了正常劳动。

第四条　最低工资不包括下列各项:

(一)加班加点工资;

(二)中班、夜班、高温、低温、井下、有毒有害等特殊工作环境的津贴;

(三)法律、法规和国家规定的用人单位负担的劳动者社会保险费用、职工住房公积金以及劳动者的福利费用、劳动保护费用、职工教育费用、用人单位与劳动者解除劳动关系支付的一次性补偿费用等。

第五条　省人民政府劳动保障行政部门对全省最低工资制度实行统一管理,具体履行下列职责:

(一)拟定全省最低工资制度实施方案;

(二)划分全省最低工资标准的地区类别;

(三)确定和调整最低工资标准;

(四)监督检查全省最低工资制度执行情况。

第六条　最低工资标准一般采用月最低工资标准和小时最低工资标准的形式。月最低工资标准适用于全日制就业劳动者,小时最低工资标准适用于非全日制就业劳动者。

第七条　月最低工资标准应当按照最低工资标准高于当地社会救济金,低于平均工资的原则确定和调整。主要依据下列因素：

（一）当地劳动者及其赡养人口的最低生活费用；

（二）城镇居民消费价格指数；

（三）职工个人缴纳的社会保险费和住房公积金；

（四）职工平均工资；

（五）经济发展水平对就业的需求。

第八条　确定和调整小时最低工资标准，应当在颁布的月最低工资标准的基础上，主要依据下列因素：

（一）单位应缴纳的基本养老保险费、基本医疗保险费、职工住房公积金；

（二）非全日制就业劳动者在工作稳定性、劳动条件、劳动强度、劳保福利等方面与全日制就业劳动者的差异。

月最低工资标准和小时最低工资标准具体测算方法见附件。

第九条　确定和调整全省最低工资标准方案，由省人民政府劳动保障行政部门拟定，履行有关手续后，报省人民政府批准。

全省最低工资标准方案批准后7日内，在《陕西省人民政府公报》和全省性报纸公布。

第十条　最低工资标准每两年至少调整一次。当本规定第七条所规定的相关因素发生重大变化时，应当适时调整。

第十一条　用人单位应当执行所在县（市、区）的最低工资标准，并在最低工资标准发布后10日内，将该标准向本单位全体劳动者公示。

第十二条　用人单位支付给劳动者的劳动报酬不得低于其所在地的最低工资标准。实行计件工资或者提成工资等工资形式的用人单位，必须进行合理的折算，其相应的折算额不得低于规定的最低工资标准。

第十三条　劳动者由于本人原因造成在法定工作时间或依法签订的劳动合同约定的工作时间内未提供正常劳动的，不适用本规定；非本人原因的，按照有关规定执行。

第十四条　县级以上人民政府劳动保障行政部门负责对本行政区域内用人单位执行本规定的情况进行监督检查。

各级工会组织依法对本规定执行情况进行监督，发现用人单位违反本规定的，有权要求当地劳动保障行政部门处理。

任何组织和个人对于违反本规定的行为有权举报和投诉。

第十五条　用人单位违反本规定第二条、第三条、第四条、第十一条、第十二条、第十三条，由县级以上人民政府劳动保障行政部门责令其改正。

用人单位低于最低工资标准支付劳动者工资的，由劳动保障行政部门责令其限期支付所欠劳动者工资，逾期不支付的，责令用人单位按所欠工资50%以上1倍以下的标准计算，向劳动者加付赔偿金。

第十六条　劳动者与用人单位之间就执行最低工资标准发生争议，按劳动争议处理有关规定处理。

第十七条　本规定自2006年7月1日起施行。1994年12月27日陕西省人民政府发布的《陕西省最低工资规定》（陕西省人民政府令第8号）同时废止。

2006年7月1日

参 考 文 献

[1]大卫,李嘉图.政治经济学及赋税理论[M].北京:商务印书馆,1976.

[2]李明甫.国外最低工资的确定及其调整机制[J].中国劳动科学,1995(5):37-40.

[3]陈志刚,路书明,刘海华,徐微.最低工资保障制度实行中的问题及对策[J].工会理论与实践,1996(3):40-42.

[4]杰拉尔德·斯塔尔.最低工资——实践与问题的国际评述[M].马小丽,译.北京:经济管理出版社,1997.

[5]马扬,陈茁.最低工资制度若干问题的思考[J].金融科学,1997(3):26-29.

[6]赵履宽,杨题仁,姚先国,王建新.劳动经济学[M].北京:中国劳动出版社,1998.

[7]赵人伟.中国居民收入分配再研究[M].北京:中国财政经济出版社,1999.

[8]李实,赵人伟.中国居民收入分配再研究[J].经济研究,1999(4):3-16.

[9]蔡昉,王德文.中国经济增长可持续性与劳动贡献[J].经济研究,1999(10):62-68.

[10]M Neri, G. Gonzaga, J. M. Camargo.最低工资:灯塔效应和贫困[J].经济政策评论,2001(2):78-90.

[11]蔡昉.城乡收入差距与制度变革的临界点[J].中国社会科学,2003(5):16-25.

[12]杨云彦,徐映梅,向书坚.就业替代与劳动力流动:一个新的分析框架[J].经济研究,2003(8):70-75.

[13]何晓琦.最低工资政策的影响及确定[J].福建论坛人文社会科学版,2004(3):28-32.

[14]张芸晖.最低工资立法与劳动力市场效率分析[J].市场周刊,2004(12):57-58.

[15]宁光杰.劳动力市场买方垄断、剥削与最低工资保障[J].2005年第五届经济学年会论文,2005.

[16]魏章进.最低工资制度及其统计测算模型研究[D].广州:暨南大学,2005.

[17]杨劲帆.中国最低工资研究[D].北京:北京交通大学,2005.

[18]蔡昉,都阳.我们需要什么样的劳动力市场制度[J].吉林大学社会科学学报,2005(5):29-35.

[19]韩兆洲.劳动工资与社会保障——广东最低工资调研与统计测算模型研究[M].北京:经济科学出版社,2006.

[20]韩兆洲,魏章进.我国最低工资标准的实证分析[J].统计研究,2006(1):35-38.

[21]李晓芳.最低工资对我国农民工就业的影响[J].湖南大学硕士学位论文,2006.

[22]王冰.最低工资增加就业的可能性研究[D].浙江大学,2006.

[23]丁守海.提高最低工资标准的就业效应及福利后果研究——方法论的演进[J].中州学刊,2009(1):59-63.

［24］龚强.最低工资制度对企业和劳动者福利的影响——基于一般均衡模型的扩展分析[J].南京大学报,2009(2).

［25］宁光杰.中国工资差距问题的综合分析——完善工资形成机制、注重初次分配公平的视角[J].中央财经大学学报,2009(2):26-35.

［26］田松青.我国最低工资制度制定及执行中的问题及对策研究[J].北京行政学院学报,2009(3):92-95.

［27］丁守海.提高最低工资标准对农民工离职率的影响分析——基于北京市827名农民工的调查[J].中国农村观察,2009(4):26-36.

［28］刘险峰.市场分割条件下的最低工资制度效应研究——以农民工市场为例[J].经济体制改革,2009(5):92-95.

［29］罗小兰,丛树海.基于攀比效应的中国企业最低工资标准对其他工资水平的影响[J].统计研究,2009(6):60-65.

［30］陈萍.最低工资法、集体协议与国民收入初次分配格局[J].财经问题研,2009(8):90-95.

［31］王晓玲.我国最低工资保障制度实施的个案研究[J].经济纵横.2009(10):69-71.

［32］丁守海.最低工资管制的就业效应分析——兼论《劳动合同法》的交互影响[J].中国社会科学,2010(1):85-102.

［33］龚强.最低工资制在完全与不完全市场中的影响:一个理论分析框架[J].南开经济研究,2010(1):97-110.

［34］信卫平.国际金融危机与中国最低工资标准[J].中国劳动关系学院学报,2010(1):1-5.

［35］吕敏哲.最低工资的经济学分析与对我国的启示[D].上海:复旦大学经,2010.

［36］苟正金.农民工改革成果分享问题研究——以最低基本工资为中心[J].中南民族大学学报:人文社会科学版,2010(1):147-150.

［37］沈艳杰.金融危机下最低工资标准的适度性研究[D].北京:北京交通大学.2010.

［38］蔡火娣.我国最低工资标准统计测算及调整决策支持研究[D].广州:暨南大学.2010.

［39］周培煌,赵履宽.我国最低工资的就业效应及其作用机制:基于建筑业面板数据的研究[J].中南财经政法大学学报,2010(1):22-28.

［40］李晓春,何平.最低工资线的农民工就业效应——以长三角地区为例[J].江苏社会科学,2010(4):59-66.

［41］陈叶,朱必祥.最低工资就业效应的实证研究——以南京为例[J].河北工程大学学报:社会科学版,2010(4):41-45.

［42］任小平.最低工资:如何在争议中前行?[J].中国工人,2010(5):19-21.

［43］石娟.最低工资对中国就业的影响研究[D].武汉:华中科技大学,2010.

［44］张智勇.当前美国最低工资水平的变动机制[J].社会保障研究,2010(6):100-106.

［45］张智勇.农民工最低工资覆盖现状及其效应分析[J].武汉科技大学学报:社会科学版.2010(6):34-38.

［46］温暖.最低工资标准能缩小城乡收入差距吗[D].南京:南京财经大学,2011.

［47］李琼.经济结构调整与最低工资对就业的影响[D].武汉:华中科技大学,2011.

235

［48］傅端香.中国最低工资就业效应研究［D］.北京:北京交通大学,2011.

［49］蔡昉.超越人口红利［M］.北京:社会科学文献出版社,2011.

［50］张世伟,周闯,贾朋.东北地区城镇家庭劳动供给行为研究——基于劳动供给离散选择模型的经验分析［J］.中国人口科学,2011(1):54-63.

［51］宁光杰.中国最低工资标准制定和调整依据的实证分析［J］.中国人口科学,2011(1):26-34.

［52］彭冲.湖南省最低工资标准提高对农民工影响的一般均衡研究［D］.长沙:湖南大学,2011.

［53］韩兆洲,魏章进.最低工资标准:问题与对策研究［J］.广东社会科学,2011(1):192-200.

［54］彭仁贤,韩兆洲.最低工资文献综述［J］.改革与战略,2011(1):183-187.

［55］王弟海.从收入分配和经济发展的角度看我国的最低工资制度［J］.浙江社会科学,2011(2):11-17.

［56］罗小兰.最低工资对农村贫困的影响:基于中国农民工的实证分析［J］.经济科学.2011(3):68-78.

［57］权衡,李凌.上海提高最低工资标准的收入分配效应:实证与模拟［J］.上海经济研究,2011(4):96-109.

［58］黄岩,杨方.最低工资制度的保障性程度分析——以广东省深圳市为例［J］.中国人口科学,2011(4):

［59］屈曙光,彭璧玉.国外最低工资人力资本形成效应研究述评［J］.人口科学,2011(4):92-99.

［60］孙中伟,舒玢玢.最低工资标准与农民工工资——基于珠H角的实证研究［J］.管理世界,2011(8):45-56.

［61］罗小兰.垄断劳动市场下的最低工资减贫效应:以中国农村为例［J］.中央财经大学学报,2011(8):60-65.

［62］曾牧,韩兆洲.最低工资和就业的理论与实证分析［J］.统计与决策,2011(19):64-67.

［63］罗伯特·波林,马克·布伦纳,等.衡量公平:生存工资与最低工资经济学:美国的经验［M］.孙劲悦,译.辽宁:东北财经大学出版社,2012.

［64］王梅.最低工资与中国劳动力市场［M］.北京:中国经济化版社,2012.

［65］贾朋.最低工资的就业效应和收入分配效应［D］.吉林:吉林大学,2012.

［66］周晋三.低保与最低工资对劳动者就业积极性的影响［J］.人口与经济,2012(s1):37-38.

［67］贾朋,张世伟.最低工资标准提升的劳动供给效应［J］.中国人口科学,2012(2):25-35.

［68］吴慧萍.最低工资标准调整机制研究［J］.经济论坛,2012(2):134-135.

［69］付文林.最低工资、调整成本与收入分配效应的结构差异［J］.中国人口科学,2012(2):85-95.

［70］陈静.最低工资标准的就业效应和收入分配效应［D］.重庆:重庆师范大学,2012.

［71］赵卓,王敏.最低工资与经济增长——基于中国省级面板数据的实证分析［J］.现代管理科学,2012(5):71-73.

［72］贾朋,张世伟.最低工资标准提升的就业效应——一个基于自然实验的经验研究[J].
财经科学,2012(5):89-98.

［73］马双,张喆,朱喜.最低工资对中国就业和工资水平的影响[J].经济研究,2012
(5):132-146.

［74］贾朋.最低工资的就业效应和收入分配效应[D].长春:吉林大学,2012.

［75］杨勇宜,朱小玉.我国最低工资标准合理区间实证研究[J].中国物价,2012(6):29-31.

［76］胡远华,柯慧飞.最低工资制度对农民工就业和收入的影响[J].商业研究,2012(11):
83-91.

［77］盛龙飞.最低工资、劳动力社会成本与经济效益——一个制度经济学分析框架[J].浙
江社会科学,2012(12):18-23.

［78］刘玉成,童光荣.最低工资标准上涨与城镇正规部门女性就业挤出——基于中国城镇
单位省际面板数据的实证研究[J].经济与管理研究,2012(12):66-76.

［79］胡阳.中美最低工资制度比较研究[D].武汉:武汉科技大学,2013.

［80］刘玉成.最低工资对就业性别差异的影响研究:基于中国省级面板数据和行业数据
[D].武汉:武汉大学,2013.

［81］黄伟,魏薇,孙贺.北京市最低工资制度实施状况与就业影响中介效应分析[J].经济社
会体制比较,2013(1):217-227.

［82］卿洁.最低工资标准的就业效应和收入分配效巧研究[D].重庆:西南政法大学,2013.

［83］李盛基,吕康银,朱金霞.我国最低工资制度的完善对策[J].经济纵横,2013
(3):62-65.

［84］胡涛,杜丽群.最低工资的经济影响:一般均衡分析[J].经济科学,2013(4):16-25.

［85］李承政,邱俊杰.二元经济下最低工资的就业效应[J].经济体制改革,2013(4):15-19.

［86］贾朋,张世伟.最低工资标准提升的波纹效应[J].统计研究,2013(4):37-41.

［87］李盛基,吕康银,徐雄彬.最低工资对劳动市场的影响及地区差距的分析[J].东北师大
学报(哲学社会科学版),2013(5):39-44.

［88］王丹.最低工资的收入分配效应[D].古林:吉林大学,2013.

［89］沈正祺.最低工资对经济增长的影响[D].南京:南京财经大学,2013.

［90］王美艳.中国最低工资制度的设计和执行[J].宏观经济研究.2013(7):18-25.

［91］张倩倩,李恩平.最低工资标准的现状分析与区域比较[J].中国劳动,2013(7):10-14.

［92］赵秋运,张建武.中国劳动收入份额的变化趋势及其驱动机制新解——基于国际贸易
和最低工资的视角[J].金融研究,2013(12):44-56.

［93］王晓晨.最低工资标准国际比较借鉴研究[D].长春:东北师范大学,2014.

［94］侯茜.血汗劳工与英国最低工资法研究[D].西安:陕西师范大学,2014.

［95］贾东岚.国外最低工资[M].北京:中国劳动社会保障出版社,2014.

［96］马双,甘犁.最低工资对企业在职培训的影响分析[J].经济学季刊,2014(1):1-26.

［97］付文林.最低工资、调整成本与收入分配效应的结构差异[J].中国人口科学,2014(1):
85-95.

［98］苏永照.二元经济结构下最低工资的收入分配效应研究——基于劳动力市场的视角
[J].当代经济管理,2014(3):24-30.

237

[99] 戴小勇,成力为. 最低工资标准提升的结构性就业效应[J]. 管理理论与实践,2014(5):
105-113.

[100] 马小丽. 我国最低工资制度发展的政策性建议[J]. 中国劳动,2014(8):4-10.

[101] 刘玉成. 最低工资对我国就业性别差异的影响研究[J]. 商业经济与管理,2014
(9):86-96.

[102] 丘汉伟. 最低工资标准提升对就业和工作时间的影响[D]. 广州:暨南大学,2015.

[103] 贾朋,都阳. 中国的最低工资制度:标准与执行[J]. 劳动经济研究,2015(1):67-95.

[104] 厉以宁,吴敬琏,周其仁等. 读懂中国改革 3:新常态下的变革与决策[M]. 北京:中信出
版社,2015.

[105] 田青久. 最低工资制度中外比较研究[D]. 长春:东北师范大学,2015.

[106] 蔡昉,张车伟. 中国人口与劳动问题报告 No.16[M]. 北京:社会科学文献出版社,2015.

[107] 吴建芳. 最低工资对城镇居民收入差距的影响[D]. 杭州:浙江大学,2015.

[108] 翁杰,徐圣. 最低工资制度的收入分配效应研究——以中国工业部口为例[J]. 中国人
口科学,2015(3):17-31.

[109] 吴满雯,曾晓慧. 最低工资标准评估——基于广东省 2014 年数据的分析[J]. 中国劳动,
2015(7):10-13.

[110] 赵梧钧. 最低工资对收入分配影响的研究[D]. 南京:南京财经大学,2015

[111] 刘苓玲,黄钢. 最低工资标准的就业效应研究——基于 30 个省际面板数据的实证分析
[J]. 产经评论,2015(1):143-160.

[112] 敬嵩,钟鑫. 新常态下最低工资制度发展刍议[J]. 中国劳动,2015(6):8-10.

[113] 叶林祥,T. H. Gindling,李实,熊亮. 中国企业对最低工资政策的遵守——基于中国六
省市企业与员工匹配数据的经验研究[J]. 经济研究,2015(6):19-32.

[114] 邸俊鹏,韩清. 最低工资标准提升的收入效应巧究[J]. 数量经济技术经济研究,2015
(7):90-103.

[115] 叶静怡,杨洋. 最低工资标准及其执行差异:违规率与违规深度[J]. 经济学动态,2015
(8):51-63.

[116] 胡宗万. 新常态下完善最低工资标准调整机制的思考[J]. 中国劳动,2015(12):4-10.

[117] 孙少芳,提高最低工资标准对工资分配的影响分析[D]. 兰州:兰州财经大学,2016.

[118] 范玉波,刘小鸽. 最低工资的经济结构效应——基于省际面板数据的实证检验[J]. 产
业经济研究,2016(1):40-48.

[119] 王莹. 中国最低工资制度对就业影响的性别差异研究[D]. 长春:东北师范大学,2016.

[120] 赵小菲. 最低工资制度对产业结构升级的影响研究[D]. 杭州:浙江工商大学,2017 年.

[121] George J. Stigler. The Economics of Minimum Wage Legislation[J]. The American
Economic Review,1946(36):358-365.

[122] R. A. Lester. Employment Efects of Minimum Wages [J]. Industrial and
LaborRelation Review,1960,13(12):254-264.

[123] M. Benewitz, R. E. Weintraub. Employment Effects of a Local Minimum Wage[J].
Industry & Labor Relations Review,1964,17(2):276-288.

[124] F. J. Frank. A Note on Monopsony, Minimum Wages, and Empolyment[J]. American

Economist, 1966(10):39-42.

[125] A. Katz. Teenage Employment Efects of State Minimum Wages[J]. Journal of Human Resources, 1973, 8(3):250-256.

[126] F. Welch. Minimum Wage Legislation in the United States[J]. Economic Inquiry, 1974(12):285-318.

[127] E. Gramlich, M. Impact of Minimum Wages on other wages, Employment and FamilyIncomes [J]. Brookings Papers on Economic Activity, 1976(2):409-451.

[128] J. Mincer. Unemployment Effects of Minimum Wages[J]. The Journal of Political Economy, 1976(84):87-104.

[129] F. Welch, J. Cunningham. Effects of Minimum Wages on the Level and Age Composition of Youth Employment[J]. Review of Economics &. Statistics, 1978, 60 (2):140-145.

[130] O. Ashenfelter, R. S. Smith. Compliance with the Minimum Wage Law[J]. Journal of Political Economy, 1979(87):333-350.

[131] Charles Brown, Curtis Gilroy, Andrew Kohen. The Efect of Minimum Wageon Employment and Unemployment: a Survey[J]. NBER Working Paper, 1982.

[132] Jean Baldwin Grossman. The Impact of the Minimum Wage on Other Wages[J]. The Journal of Human Resources, 1983(18):359-378.

[133] R. H. Meyer, D. A. Wise. The Efects of the Minimum Wage on the Employment and Earnings of Youth[J]. Journal of Labor Economics, 1983, 1(12):66-100.

[134] G. Solon. The Minimum Wage and Teenage Employment: A Reanalysis with Atention to Serial Correlation and Seasonality [J]. Journal of Human Resources, 1985, 20(3): 292-297.

[135] W. T. Alpert, J. B. Guerard Jr. Employment, Unemployment and the Minimum Wage: A Causality Model[J]. Applied Economics, 1988(20):1453-1464.

[136] W. Groot. Heterogeneous Jobs and Re-employment Probabilities[J]. Oxford Bulletion of Economics and Statistics, 1990(52):253-267.

[137] B. G. M. Main. The Efect of the Youth Training Scheme on Employment Probability [J]. Applied Economics, 1991(23):367-372.

[138] A. J. Wellington. Effects of the Minimum Wage on the Employment Status of Youths [J]. Journal of Human Resources, 1991(26):27-46.

[139] D. Card. Using Regional Variation in Wages to Measure the Efects of the Federal Minimum Wage[J]. Industrial and Labor Relation Review, 1992(46):22-37.

[140] D. Card. Do Minimum Wages Reduce Employment? A Case Study of California ,1987-89[J]. Industrial and Labor Relations Review, 1992, 46(10):38-54.

[141] L. F. Katz, A. B. Krueger. The Effect of the Minimum Wage on the Fast-food Industry[J]. Industrial and Labor Relations Review, 1992, 46(1):6-21.

[142] David Neumark, William Wascher. Employment Efects of Minimum and Subminimum Wages: Panel Data on State Minimum Wage Laws[J]. Industrial &. Labor Relations

Review, 1992, 46(1):55-81.

[143] Alan B. Krueger. The Effect of the Minimum Wage when it Really Bites Areexamination of the Evidence from Puerto Rico[J]. NBER Working Paoer ,1994.

[144] D. Card, A. Krueger. Minimum Wages and Employment: A Case Study of the Fast-Food Industry in New Jersey and Pennsylvania[J]. American Economic Review, 1994, 84(4):772-793.

[145] David Neumark, William Wascher. Minimum Wage Effects and Low-Wage Labor Market: A Disequilibrium Approach[J]. NBER Working Paper, 1994.

[146] D. Card, Alan B. Krueger. Myth and measurement. The new economics of the minimum wage, Princeton University Press,1995.

[147] D. Deere, K. M. Murphy, F. Welch. Employment and the 1990-1991minimum-wage hike[J]. American Economic Review, 1995, 85(5):232-237.

[148] D. Hamermesh. What a Wonderful World This Would Be, in Review Symposiumon Card and Krueger's Myth and Measurement: the New Economics of theMinimum Wage [J]. Industries and Labor Relations Review, 1995(48):835-838.

[149] T. Kim, L. J. Taylor. The Employment Efect in Retail Trade of California's 1988 Minimum Wage Increase [J]. Journal of Business and Economic Statistics, 1995,13 (4):175-182.

[150] M. S. Mohanty, T. Larson. Impact of the Worker's Employment Probability onWage Rates[J]. Applied Economics,1995(27):225-230.

[151] Cubbit, Hargeraves Heap. Minimum Wage Legislation, Investment and Human Capital [J]. Mineo Economics Research Centre, University of East Anglia, Norwich, UK,1996.

[152] J. Currie, B. C. Fallick. The Minimum Wage and the Employment of Youth[J]. Journal of Human Resources, 1996,31(3):404-428.

[153] J. P. Azam. Efficiency Wage and the Family: An Explanation for the Impact of the Agricultural Minimum Wage in Morocco[J]. Kyklos, 1997, 50(3):369-372.

[154] R. V. Burkhauser, K. A. Couch, D. C. Wittenburg. Who Minimum Wage Increases Bite: An Analysis Using Monthly Data from the SIPP and CPS, mimeo[J]. Center for Policy Research,Syracuse University,New York,1997.

[155] A. Seltzer. An Evaluation of the International Evidence on the Employment Efects of Minimum Wage Legislation [J]. The Australian Economic Review, 1997, 30 (6):208-214.

[156] M. Zavodny. Why Minimum Wage Hikes May Not Reduce Employment [J]. Economic Review,1998(83):18-28.

[157] J. M. Abowd, Francis Kramarz, David N. Margolis. Minimum Wages and Employment in France and the United States[J]. CEPR Discussion Papers,1999.

[158] P. R. Agenor, J. Aizenman. Macroeconomic adjustment with segmented labor markets [J]. Journal of Development Economics,1999, 58(2):277-296.

[159] R. Dickens, S. Machin, A. Manning. The Effect of Minimum Wages on Employment: Theory and Evidence from Britain[J]. Journal of Labor Economics, 1999(17):1-11.

[160] G. Fraja. Minimum Wage Legislation, Productivity and Employment[J]. Economica, 1999,66(264):473-488.

[161] M. Dessing. Labor Supply, the Family and Poverty: the S-shaped Labor Supply Curve [J]. Journal of Economic Behavior & Organization, 2002(49):433-458.

[162] A. Leigh. Employment Efects of Minimum Wages: Evidence from a Quasi-Experiment [J]. The Australian Review, 2003,36(12):361-373.

[163] S. Machin, L, Rahman, A. Manning. Where the Minimum Wage Bites Hard: Introduction of Minimum Wages to a Low Wage Sector[J]. Journal of the European Economic Association, 2003,1(3):154-170.

[164] M. Dessing. Implication for Minimum-wage Policies of an S-shaped Labor-supply Curve[J]. Journal of Economic Behavior & Organization, 2004(53):543-568.

[165] Justin Lin. Gewei Wang, Yaohui Zhao. Regional Inequality and Labor Transfers in China[J]. Economic Development and Cultural Change,2004,52(3):587-603.

[166] M. B. Stewart. The Impact of the Introduction of the U. K. Minimum Wage on the Employment Probabilities of Low-wage Workers [J]. Journal of the EuropeanEconomic Association,2004, 2(3):67-97.

[167] G. Pacheco. Revisiting the Link Between Minimum Wage and Wage Inequality: Empirical Evidence from New Zealand[J]. Economics Letters, 2009, 105(3):336-339.

[168] K. Muller, V. Steiner. Would a Legal Minimum Wage Reduce Poverty? A Micro-simulation Study for Germany[J]. Journal of Income Distribution,2009(18):131-151.

[169] X. Y. Xiao, B. L. Xiang. The Impact of Minimum Wage Policy on Wages and Employment in China [J]. International Conference on Information Management, Innovation Management and Industrial Engineering,2009(183):102-105.

[170] H. Doucouliagos, T. Stanley. Publication Selection Bias in Minimum-wage Research? A Meta-regression Analysis [J]. British Journal of Industrial Relations, 2009, 47(2):406-428.

[171] M. Bosch, M. Manacorda. Minimum Wages and Earnings Inequality in Urban Mexico [J]. Applied Economics,2010,2(4):128-149.

[172] J. Wadsworth. Did the National Minimum Wage Affect UK Prices? [J]. Fiscal Studies, 2010, 31(1):81-120.

[173] Josph J. Sabia, R. V. Burkhauser. Minimum Wages and Poverty: Will a $9. 50 Federal Minimum Wage Really Help the Working Poor? [J]. Sourthern Economic Journal,2010,76(3):592-623.

[174] M. Draca, S. Machin, J. Reenen. Minimum Wages and Firm Profitability [J]. American Economic Journal: Applied Economics, 2011, 1(3):129-151.

[175] J. Wang, M. Gunderson. Minimum Wage Impacts in China: Estimates from a Prespecified Research Design, 2000—2007[J]. Contemporary Economic Policy,2011,

29(3):392-406.

[176] J. Ni, G. Wang, X. Yao. Impact of Minimum Wages on Employment: Evidence from China[J]. The Chinese Economy, 2011, 44(1):18-38.

[177] K. Pauw, M. Leibbrandt. Minimum Wages and Household Poverty: General Equilibrium Macro-Micro Simulations for South Africa[J]. World Development, 2012, 40(4):771-783.

[178] Mark B. Stewart. Wage Inequality, Minimum Wage Effects, and Spillovers[J]. Oxford Economic Papers, 2011(64):616-634.

[179] Mark B. Stewart. Quantile Estimates of Counterfactual Distribution Shifts and the Effect of Minimum Wage Increases on the Wage Distribution[J]. Journal of the Royal Statistical Society: Series A (Statistics in Society), 2012, 175(1): 263-287.

[180] J. Sabia, R. Burkhauser, B. Hansen. Are the Effects of Minimum Wage Increases Always Small? New Evidence from a Case Study of New York State [J]. Industrial & Labor Relations Review, 2012, 65(2): 350-376.

[181] T. Butcher, R. Dickens, A. Manning. Minimum Wagse and Wage Inequality: Some Theory and an Application to the UK. CEP Discussion[J]. Working Paper, 2012.

[182] J. Schmitt. Why Does the Minimum Wage Have No Discernible Effect on Employment? [J]. CEPR Working Paper, 2013.

[183] J. Meer, J. West. Effects of the Minimum Wage on Employment Dynamics [J]. Working Paper, 2013.

[184] C. Sakellariou, Zheng Fang. The Vietnarm Reforms, Change in Wage Inequaliyt and the Role of the Minimum Wage[J]. Economics of Transition, 2014, 22(2):313-340.

[185] Y. Huang, P. Loungani, G. Wang. Minimum Wages and Firm Employment: Evidence from China [J]. 2014, Working Paper.

[186] P. Jia. Employment and Working Hour Effects of Minimum Wage Increase: Evidence from China [J]. China & World Economy, 2014, 22(2):61-80.

[187] A. Garnero, S. Kampelmann, F. Rycx. Minimum Wage Systems and Earning Inequalities: Does Institutional Disversity Matter? [J]. European Journal of Industrial Relations, 2014(13):1-16.

[188] M Campolieti, M. Gunderson, B. Lee. Minimum Wage Effects On Permanent Versus Temporary Minimum Wage Employment[J]. Contemporary Economic Policy, 2014, 32(3): 578-591.

[189] M. Campolieti. Minimum Wages and Wage Spillovers in Canada[J]. Canadian Public Policy, 2015, 41(1): 15-34.